高职高专素质教育系列教材

大学生
心理健康教育

主　编　唐颖彦　胡　燕
副主编　梁　霞　李　月　闵　星

清华大学出版社
北京

内容简介

本书依据心理学的基本理论和方法，内容设计上较好地遵循了高职高专大学生心理发展规律，从大学生的心理健康、认识自我、人格完善、学习心理、职业生涯规划与择业心理、网络心理调适、情绪管理、人际关系、压力调适、恋爱与性、生命教育、心理危机应对与幸福人生等方面，通过对典型案例和问题的分析，拓展知识讲解，帮助大学生掌握心理调适的方法，学会应对学习生活中的困难挫折的方法和策略，具有较强的针对性、实践性和可操作性。书中穿插有大量朋辈心理微课、课堂互动、知识拓展、资源链接二维码，读者可扫码查看。

本书可作为各类高职高专院校心理健康教育课程的教材，也可供其他相关人员学习参考。

本书封面贴有清华大学出版社防伪标签，无标签者不得销售。
版权所有，侵权必究。举报：010-62782989，beiqinquan@tup.tsinghua.edu.cn。

图书在版编目(CIP)数据

大学生心理健康教育/唐颖彦，胡燕主编. —北京：清华大学出版社，2023.1(2023.7 重印)
高职高专素质教育系列教材
ISBN 978-7-302-61442-5

Ⅰ.①大… Ⅱ.①唐… ②胡… Ⅲ.①大学生－心理健康－健康教育－高等职业教育－教材 Ⅳ.①G444

中国版本图书馆 CIP 数据核字(2022)第 133666 号

责任编辑：左卫霞
封面设计：傅瑞学
责任校对：刘　静
责任印制：朱雨萌

出版发行：清华大学出版社
　　　网　　址：http://www.tup.com.cn，http://www.wqbook.com
　　　地　　址：北京清华大学学研大厦 A 座　　邮　编：100084
　　　社 总 机：010-83470000　　　　　　　　　邮　购：010-62786544
　　　投稿与读者服务：010-62776969，c-service@tup.tsinghua.edu.cn
　　　质量反馈：010-62772015，zhiliang@tup.tsinghua.edu.cn
　　　课件下载：http://www.tup.com.cn，010-83470410
印 装 者：北京同文印刷有限责任公司
经　　销：全国新华书店
开　　本：185mm×260mm　　　印　张：14　　　字　数：340 千字
版　　次：2023 年 3 月第 1 版　　　　　　　　　印　次：2023 年 7 月第 2 次印刷
定　　价：49.00 元

产品编号：093365-01

FOREWORD 前言

竞争从根本上说是人才的竞争,科技的发展和知识经济的腾飞必须以人才的培养为基础。良好的心理素质是人的全面素质中的重要组成部分,是未来人才素质中的一项十分重要的内容。心理健康是一个人健康的重要组成部分。随着生活和工作节奏的加快、应激状态的持续等,在工作、学习、生活等方面可能遇到心理失衡的现象。

跟随国家职业教育改革的大趋势及部分本科院校的转型,鼓励更多的学生接受高等职业教育,高职院校大学生的人数与日俱增。高职院校大学生的生源层次不一,学生的综合素质参差不齐。各项研究表明,高职大学生的身心健康水平有待提升,心理健康教育课程作为大学生心理素质提升的手段之一,教材和课程的科学合理设置至关重要。

当前国内大学生心理健康教育课程、教材具有以下三个特点:一是心理健康教育课程为公共必修课或选修课,且开设周期为一个学期,课程安排紧密,不利于学生吸收和巩固知识;二是心理健康教育教材的框架体系和内容大多是以本科及以上大学生层次为教学对象,不能直接沿用到高职院校大学生;三是心理健康教育教材中理论知识较多,学生实践操作较少,与实际联系不紧密。鉴于此,我们几位长期从事心理健康教育、教学工作的教师决定编写一本适合高职院校学生身心发展特点的心理健康教育教材。

结合高职院校"2.5+0.5"学制特点,心理健康教育共计开设32课时,可分两个学期或四个学期开设,按照高职高专院校大学生入学后身心发展规律,本书科学设置教材框架体系和内容。教材内容共分四篇,每篇包含四章,共计16章,每一章设置章节导言、学习目标、本章小结、资源链接,每一节设置课前思考、案例导入、理论讲解,在正文中穿插知识拓展、朋辈心理微课、课堂互动,帮助学生更好地学习和吸收理论知识;同时每篇单独设置一章心理素质拓展,帮助学生练习和巩固本篇的知识内容,学以致用。

本书特色与创新如下。

一是紧紧围绕立德树人,融入课程思政元素。深入学习贯彻党的二十大精神,把思想政治教育的理论知识、价值理念以及精神追求等融入教材内容中,潜移默化地对学生的思想意识、行为举止产生影响,逐步构建全员、全程、全课程育人格局,将心理健康课与思想政治理论课同向同行,形成协同效应。

二是教学内容注重阶段性,遵循大学生的心理发展规律。针对高职高专大学生在学习生活中可能会遇到的阶段性问题,从入学适应、学习提升、自我管理、珍爱生命四个部分依次进行设计,遵循学生心理问题出现的时机,能较好地发挥心理健康教学在学生心理危机预防和干预中的主阵地作用。

三是教学内容注重针对性,服务学生身心健康,服务专业和职业能力。针对高职高专大学生及专业特点,在章节的设计中,增强教学内容的针对性,尽量选取贴合高职高专院校学生的相关专业案例,引导学生结合自身专业、未来职业发展和岗位需求进行自我认知和心理调适,服务学生专业和职业能力发展。

四是教学手段注重课堂内外实践性,拓展学生的心理素质。课堂内,采用案例分析、讨论、活动等途径与形式讲授教学内容,锻炼学生综合素质;课堂外,结合学生重点掌握的心理素质,本书在每一篇都安排了心理素质拓展板块,采用当下学生较为感兴趣的心理测验、活动体验、情境扮演、课后学生实践等促进心理健康教育知识的宣传,实现学生助人自助。

五是鼓励学生自主发展,强化朋辈教育力量。结合一体化和工作手册式教材编写理念,重点打造微课和拓展链接资源,引入学生讲授并拍摄的"成为更好的自己""如何防止心理感冒""认识自我""认识成长型思维""大学生涯规划""大学生情绪调适法则""大学生人际交往之'3A法则'""拥抱压力""心若向阳,花自盛开""大学生心理危机自我调适"10个朋辈心理微课视频。

本书由成都工贸职业技术学院唐颖彦、胡燕担任主编,梁霞、李月、闵星担任副主编,具体分工如下:唐颖彦设计教材整体框架,编写第一章、第三章第二节、第三章第三节、第七章、第十五章、第十六章;胡燕编写第四章、第五章、第十一章、第十四章;梁霞编写第九章、第十章、第十二章;李月编写第六章、第八章、第十三章;闵星编写第二章、第三章第一节。本书得到中铁二局第三工程有限公司高级政工师邓丽的大力支持,对于本书选取案例及涉及企业用人和职业规划的内容进行了指导和修改。特别感谢成都工贸职业技术学院通识教育学院陈艳书记和赖敏副院长在教材编写中多次对教材内容和章节设计进行耐心的指导与审核,感谢学校相关部门和学院为我们提供了优秀学生案例,感谢刘姝蓉、谢世赋、刘格、袁悦航、何浪、雷宇、卓铖、姚国君、张铭池,积极发挥他们的主观能动性,在课余时间拍摄了精彩的朋辈心理微课,使得本书的内容和知识更丰富,更容易引起同学们的共鸣。

由于编者水平有限,书中难免存在不足之处,恳请专家及读者批评指正,以便我们不断完善。

编　者
2022 年 10 月

目 录

第一篇 入学适应

第一章 心理健康概述 1
- 第一节 认识大学生活,适应校园环境 2
- 第二节 关注心理健康 5
- 第三节 大学生常见的心理困扰及异常心理 9

第二章 认识自我 18
- 第一节 自我意识概述 18
- 第二节 大学生自我意识发展特点及常见偏差 25
- 第三节 大学生完善自我意识的途径 27

第三章 人格完善 31
- 第一节 人格概述 31
- 第二节 大学生人格特点及常见人格缺陷 37
- 第三节 大学生完善人格的途径 41

第四章 心理素质拓展——认识自我,接纳自我 45

第二篇 学习提升

第五章 学习心理 48
- 第一节 认识学习 49
- 第二节 常见的学习心理困惑及调适 54
- 第三节 学会学习 60

第六章 职业生涯规划与择业心理 67
- 第一节 职业生涯规划的内涵与意义 67
- 第二节 职业生涯规划的程序与方法 71
- 第三节 择业心理困扰与调适策略 76

第七章 网络心理调适 82
- 第一节 网络与当代大学生 82

第二节　大学生网络心理障碍及应对 …………………………………………… 88

第八章　心理素质拓展——做好职业规划，迈向美好人生 …………………………… 94

第三篇　自我管理

第九章　情绪管理 ……………………………………………………………………… 97
　　第一节　大学生的情绪特点 …………………………………………………… 98
　　第二节　大学生常见的情绪问题及管理 ……………………………………… 104
　　第三节　大学生的积极情绪及养成 …………………………………………… 116

第十章　建立良好的人际关系 ………………………………………………………… 122
　　第一节　大学生人际交往概述 ………………………………………………… 122
　　第二节　大学生人际交往中常见的心理困扰及调适 ………………………… 126
　　第三节　构建和谐的人际关系的技巧及原则 ………………………………… 129

第十一章　压力调适 …………………………………………………………………… 137
　　第一节　认识压力和挫折 ……………………………………………………… 137
　　第二节　大学生常见压力与挫折分析 ………………………………………… 143
　　第三节　压力管理与挫折应对 ………………………………………………… 149

第十二章　心理素质拓展——心若向阳，花自盛开 …………………………………… 155

第四篇　珍爱生命

第十三章　恋爱与性心理调适 ………………………………………………………… 158
　　第一节　爱情的内涵 …………………………………………………………… 159
　　第二节　大学生恋爱常见的心理问题及调适策略 …………………………… 163
　　第三节　维护性心理健康 ……………………………………………………… 169

第十四章　生命教育 …………………………………………………………………… 175
　　第一节　认识和珍爱生命 ……………………………………………………… 175
　　第二节　重视生命的意义 ……………………………………………………… 180
　　第三节　提升生命的价值 ……………………………………………………… 188

第十五章　心理危机应对与幸福人生 ………………………………………………… 192
　　第一节　大学生心理危机概述 ………………………………………………… 192
　　第二节　大学生心理危机预防与干预 ………………………………………… 197
　　第三节　积极心理与幸福人生 ………………………………………………… 202

第十六章　心理素质拓展——感悟生命，珍爱生命 …………………………………… 212

参考文献 ………………………………………………………………………………… 218

第一篇 入学适应

第一章

心理健康概述

▶ 章节导言

随着高中时代的结束,进入大学校园,同学们也开启了人生的新征程。在同学们满怀期待的同时,大学期间的学习、生活、人际关系等方面也悄然发生着改变,需要经历从依赖走向独立、从幼稚走向成熟的过程。随着社会竞争力的不断加大,机遇与挑战并存,对大学生心理健康水平的要求越来越高,大学生对自己的心理健康状况了解与否,直接影响学习和生活的质量。通过本章内容的学习,能够了解健康与心理健康的概念、标准,认识自身可能存在的心理困扰及产生的原因,从而掌握促进心理健康的方法,并形成自觉维护良好心态的意识。

▶ 学习目标

【知识目标】
1. 了解大学生活的特点和培养目标;
2. 了解健康与心理健康的概念、内涵。

【能力目标】
1. 领会心理健康的标准,能判断心理健康的水平;
2. 认识高职学生常见的心理困扰及异常心理。

【课程思政】
1. 树立正确的人生观;
2. 自觉养成维护良好心态的意识。

第一节 认识大学生活,适应校园环境

课前思考:从手机翻出一张所在大学的照片,思考以下问题。
(1) 你的大学生活是什么样的?与高中的生活有什么不一样?
(2) 你是否对自己的大学生活进行了规划?

案例导入

2017年的9月,我坐了整夜的火车来到大学报到,一晚没睡的我在报到后的两天一直觉得有点恍惚,不知是感叹还是惋惜,我都有点被动地接收着新鲜的一切,同时了解着我所属的系部和即将学习三年的专业——电气系工业机器人技术。

理科一向是我的弱项,但在当时我却在内心暗自较劲:自己一定要好好学,把不擅长的变为擅长!也是在当时自己有了升本科的想法,但对升本要求和难度以及流程,心里却一概不知。和所有人一样,内心的迷茫与憧憬纠缠在一起,让初来的我紧张且辗转反侧。

感性的情绪过后,我决定内心暂且放下这些,好好享受自己的大学时光。在这个过程中,我渐渐发现自己专业的课程学起来并不是那么枯燥,"电路基础"实用且丰富、"模拟电子技术"复杂但耐人寻味、PLC多变且创新、机器人的实训有趣且好玩……当我主动放下抵触情绪去融入学习时,我发现自己也能多次获得奖学金。

因为以前有过主持经验,同时我也喜欢配音和唱歌,对声音这方面有着浓厚的兴趣,所以,在大一我就加入了学院的广播站,内心许诺:把擅长的、喜欢的坚持下去!在大一我便参与了电气工程学院的"金话筒主持人大赛",获得了比赛第一名,仿佛这是个开端,从那以后我就开始主持学校和学院的大小活动或晚会,也因此在学校有了一点点的知名度。我想说的是,自己决心去做的事,不要因台下欢呼而忘我,也不要因无人欣赏而落寞,静下心来,做好该做的、想做的,那就是在奔赴一个更好的自己。我期待着能有更多的学习经历和就业选择……

这是电气工程学院2017级工业机器人技术专业林俊锡同学的事迹材料。正值青春年华的大学生就应该像林俊锡同学一样,来到大学后认真调整自己的心态,努力适应新的环境,认清自己的能力,规划好自己的人生,踏实走好每一步,用心创造出属于自己的未来。

一、大学生活的特点

曾有人这样对比中学和大学:中学教师鼓励学生考上大学,而大学教师鼓励学生走向社会;中学教师采取"填鸭式"教育,而大学更注重"启发式"教育;中学教师"逼"着学生走,而大学学生"追"着教师走;中学学生是被动式学习,而大学强调学生自主性学习;中学学习教师帮你掌握,而大学学习需要自己经常"反省";中学大家忙一样,而大学大家不一样的忙;中学强调标准,而大学鼓励创新;中学学生学习上遇到的问题越少越好,而大学希望学生学习上遇到的问题越多越好;中学靠别人管自己,而大学靠自己来管自己;中学需要别人帮助学生规划,而大学要学生自己规划自己。

那么大学生活的特点到底是什么？我们应该怎样来调整自身节奏以适应大学生活。这些是每一个大学新生需要解决的首要问题。

1. 生活环境的变化

大学环境比起中学，在内容、空间和方式上都有着显著的变化。进入大学后，能接触到更多来自五湖四海的同学，从原来的与父母一起生活，转变为集体生活。生活状态从"封闭型"进入"松散型"，衣、食、住、行等方面的自由支配度提升。

2. 活动更加丰富多彩

大学阶段，除学习这个主要任务之外，学校还会安排非常丰富的文化教育活动，同学们可以利用自己的课余时间参加第二课堂，拓展自己的朋友圈，培养和强化社交能力、实践能力等。

3. 自我管理、自主发展凸显

进入大学后，从原来的被父母、教师督促学习，变成了主动学习，不再一味强调背公式、题海战术，而是更注重学生的个性化发展。学习和锻炼的内容不再局限于书本上的专业知识，而是体现在生活、发展、实践的方方面面，这就要求同学们培养高度的自觉性，通过自我管理、约束、自主发展等方式，不断将自己培养成为德、智、体、美、劳全面发展的高技能人才。

二、大学的培养目标

大学的基本功能有四个：人才培养、文明传承、科学研究、服务社会。其中人才培养是教育的基本功能，是高校核心价值的目标追求和社会效益的集中体现。在大学阶段，如何让自己成为一个对社会有用的人才，是当今的大学生需要思考的问题。

大学除要传授学生专业课程和专业知识以外，还要培养学生具有以下几个能力。

1. 较强的适应能力

适应主要包括感觉的适应和主观对客观环境的顺应及对社会环境的迁就。通常情况下，大学生环境的适应功能包含主动适应和被动适应两种。大学阶段要不断培养主动融入环境和适应环境的能力，即要培养学生具备：面对逆境也有良好稳定心态的能力；能够预见可能出现的困难，并做好解决困难的准备；能够对新环境产生兴趣并主动探索，寻找发展的可能性。

朋辈心理微课：
成为更好的自己

知识拓展   **新生入学适应 12 条经验**

（1）认真阅读"学生手册"，了解学校的规章制度。

（2）大学是新的开始，以前所有都成为历史。

（3）大学的主要任务是学习，入学后第一时间制订个人三年的发展规划和学年发展计划。

（4）大学阶段除了学习，还应学会自信、自立、自强。开学后主动认识几个学长、学姐，听听他们的学习生活经验。

（5）不要轻信他人，凡是网上兼职刷单返佣金转账、走路挣钱、下载网上贷款 App 套现的一律不信。

(6) 考试作弊行为,高校都在严打,不要心存侥幸,肆意触碰高压线。

(7) 谈恋爱不是大学的必修课,不要因为别人在谈,你也跟着谈,要树立恋爱中的责任意识,而非游戏意识。

(8) 高职院校培养的是高技术、高技能人才,但需要知道用人单位选人还要看个人的综合素质能力。

(9) 大学可以适度玩游戏,但不能游戏人生,记住我们是专职学生,而不是专职游戏玩家。

(10) 学生是消费者,入学后开支项目可能会很多,但要理性消费,多体谅父母的不易。

(11) 人际交往中,度量永远比胆量更重要。

(12) 苦难也是一所大学。不要因为贫困而气馁、自卑,要正视贫困、积极进取。

2. 独立生活和自我决策的能力

要快速适应大学生活,对学生独立生活的能力提出了要求。大学生首先要具备一定的生活自理能力,学会照顾自己的饮食起居,规律作息娱乐时间,制订收支计划等;同时要培养学生自我决策的能力,即遇到问题时能够独立分析问题、提出解决问题的策略,最后实施并解决问题。具体表现在能建立和谐稳定的人际关系,能审时度势巧妙化解难题,以及规划自己的业余时间等。

课堂互动

(1) 想知道自己对新环境的适应程度吗?请扫"测一测你的适应性"二维码测试。

(2) 请至少列出五件打算在第一学期要完成的目标事件。

日期:_____ 至 _____,完成:_____;

日期:_____ 至 _____,完成:_____;

日期:_____ 至 _____,完成:_____;

日期:_____ 至 _____,完成:_____;

日期:_____ 至 _____,完成:_____。

测一测你的
适应性

3. 自主学习和终身学习的能力

培养学生的学习能力主要包括两个方面:一是专业知识和专业技能的自学能力。大学的学习不是强调知识的灌输和背诵,更多的是对知识的主动探索,最终能达到举一反三、无师自通。大学课堂也更多地强调学习思路的启发和引导,即"授人以鱼"不如"授人以渔"的道理,更注重学习研究能力的培养。二是终身学习不断更新知识储备的能力。时代迅速变迁,信息化发展迅猛,大学生需要时刻紧跟政治、经济、文化变革的步伐,树立终身学习的理念,不断更新自己的知识储备,不断利用新信息进行自我教育和自我学习,才有可能不被社会淘汰。

知识拓展

扫码了解终身学习相关知识。

终身学习
能力的培养

第二节　关注心理健康

> 课前思考：拿出手机，查看下载安装了几个健康App？思考以下问题。
> (1) 与心理健康和身体健康相关的App分别有哪些？
> (2) 哪几个App使用的频率最高？
> (3) 通过使用App对自己心理和身体健康的帮助有多大？
> (4) 身体和心理健康的判断标准有哪些？

案例导入

每年大学新生入学后，我们经常会看到这样一些报道：

大一新生国庆节回家，带回来一大包脏衣服，回家后很沉闷，一问方知，她在学校倍感孤独，而且发现同宿舍的人看她的眼神斜斜的，很不友好。

一名大学新生在入学军训五天后选择了退学，他的理由是，不能天天洗澡，伙食太差，日常生活无法忍受！

大学的主要任务就是要培养同学们逐步成为一个对身边事物应付自如、有着健全个性的人，即实现社会化的过程。以上报道中的两名学生都是社会适应性程度较差的表现，社会适应性归根结底取决于生理和心理的健康状况。

一、健康和心理健康

1. 健康的内涵

健康是指一个人在身体、精神和社会等方面都处于良好的状态。健康包括两个方面的内容：一是主要脏器无疾病，身体形态发育良好，体形均匀，人体各系统具有良好的生理功能，有较强的身体活动能力和劳动能力，这是对健康最基本的要求；二是对疾病的抵抗能力较强，能够适应环境变化、各种生理刺激以及致病因素对身体的作用。

传统的健康观是"无病即健康"，现代人的健康观是整体健康，世界卫生组织（WHO）提出"健康不仅是躯体没有疾病，还要具备心理健康、社会适应良好和有道德"。具体来讲包括以下四层含义。

(1) 躯体健康，即人格结构完整，生理功能正常。

(2) 心理健康，即情绪稳定，具有责任心和自信心，热爱生活，乐于交往，与人相处和睦，适应环境，行为符合年龄特征。

(3) 社会适应，即在不同的时间和不同的环境时各种角色的适应良好，能胜任不同的角色。

(4) 道德健康，即不能损坏他人的利益来满足自己的需要，具有辨别真伪、善恶、荣辱等是非观念的能力。

 知识拓展

你知道判断一个人健康的标准吗？扫码了解一下！

健康的标准

2. 生理健康与心理健康的关系

现代健康的含义是多元的、广泛的，归根结底取决于生理和心理的素质状况。心理健康是身体健康的精神支柱，身体健康又是心理健康的物质基础。良好的情绪状态可以使生理功能处于最佳状态，反之，则会降低或破坏某种功能而引起疾病。身体状况的改变可能带来相应的心理问题，生理上的缺陷、疾病，特别是痼疾，往往会使人产生烦恼、焦躁、忧虑、抑郁等不良情绪，导致各种不正常的心理状态。因此，一个健康的人，必须是生理健康和心理健康的和谐统一，彼此互相促进。

二、心理健康的概念及标准

（一）心理健康的概念

国内外的学者对心理健康的研究由来已久，对心理健康进行了非常详尽的阐述，比较公认心理健康的含义主要有以下几种观点。

第三届国际心理卫生大会（1946年）认为，心理健康是指在身体、职能以及情感上与他人的心理健康相矛盾的范围内，将个人心境发展成最佳状态。世界卫生组织（2001年）将心理健康定义为：心理健康不仅是没有心理疾病，更是指一种幸福状态，在这种状态中，每个个体都能认识到自己的潜力，可以应对正常生活的压力，可以有效地从事工作，并能够为社会做力所能及的事。

本书认为，对心理健康的理解应从广义和狭义两个方面进行。在广义上讲，心理健康是指能够一直保持高效而满足、积极而持续的积极心理状态，个体在这种状态下能够有良好的适应力，具有生命的活力，并能充分发挥身心潜能；从狭义上讲，心理健康是指人的基本心理活动过程，认识、情感、意志、行为、人格完整和协调性良好，能顺应社会并能保持一致。

心理健康是一个动态的发展过程，常常表现为一种富有弹性、伸缩自如的相对状态。例如，一个学生在计算机上刚刚编辑完自己的论文，正准备保存时，突然计算机没电了，于是他开始大喊大叫，甚至将自己的书本乱扔在地上，试问这个学生正常吗？但是，如果我们知道他还有半个小时就必须提交论文，不提交论文就不能毕业，那么，我们对他的判断会不会改变呢？

 知识拓展　　　　　　　　　心理的实质与构成

1. 心理的实质

（1）心理是脑的机能，脑是心理活动的器官。正常发育的大脑为心理的发展提供了物质基础。人脑受到损伤，就不能进行正常的心理活动。例如，边缘系统特别是海马在记忆功能中有重要意义。海马损毁的病人，空间信息记忆和时间编码功能会受到破坏，他们不能回忆刚看过的东西，也不能回忆刚学过的词的顺序；大脑皮层的额下回后部是运动性语言中枢，如果此区受到损毁，病人知道自己想说什么，但发音困难，说话缓慢费力，不能使用复杂句法和词法。

（2）心理是客观现实的主观反映。人的心理现象是客观事物作用于人的感觉器官，通过大脑活动产生的，是人脑对客观现实的主观反映，因此客观现实是人的心理活动的源泉，客观现实对人的心理起着制约作用。客观现实包括自然界，也包括人类社会以及人类自己。

20世纪20年代,印度发现两个狼孩,他们有着健全的人的大脑,但是脱离了人类社会在狼群里长大,他们只具备了狼的本性,而不具备人的心理。可见,脱离了人类社会,即使有了人的大脑,也不能自发产生人的心理。

2. 心理的构成

个体心理由心理活动过程和个性心理特征构成。

人的心理活动过程主要包括认知过程、情感过程和意志过程。客观事物作用于感官,形成视觉、听觉、嗅觉等,之后人们为了更好地感知事物,要集中注意力,同时还要回忆以往的经验。此外,还会进行想象和思维,这是认知过程。人们对外界事物具有一定的认识后,就会产生一定的态度,如喜欢或讨厌、热爱或憎恨等,这就是情感过程。情感过程是伴随认知过程而来的。人们为了达到自己的目的,必须克服困难,坚持不懈地努力,这就是意志过程。

个体心理除心理过程之外,不同的需要、理想、信念、世界观,不同的兴趣、气质、能力和性格,构成了个体不同的心理特征。

(二)心理健康的标准

以上了解了心理健康的概念,但如何判断一个人是否具有健康的心理呢?

有关心理健康评判标准的阐述有很多,最经典的是美国心理学家马斯洛和米特尔曼的十条描述:有适度的安全感,有自尊心,对自我的成就有价值感;适度地自我批评,不过分夸耀自己,也不过分苛责自己;在日常生活中,具有适度的主动性,不为环境所左右;理智、现实、客观,与现实有良好的接触,能容忍生活中挫折的打击,无过度的幻想;适度地接受个人的需要,并具有满足此种需要的能力;有自知之明,了解自己的动机和目的,能对自己的能力作客观的估计;能保持人格的完整与和谐,个人的价值观能适应社会的标准,对自己的工作能集中注意力;有切合实际的生活目标;具有从经验中学习的能力,能适应环境的需要改变自己;有良好的人际关系,有爱人的能力和被爱的能力。

我国著名心理学家林崇德认为:"心理健康标准的核心是:凡对一切有益于心理健康的事件或活动作出积极反应的人,其心理便是健康的。"他认为心理健康主要有以下10条标准:了解自我,对自己有充分的认识和了解,并能恰当地评价自己的能力;信任自我,对自己有充分的信任感,能克服困难,面对挫折能坦然处之,并能正确地评价自己的失败;悦纳自我,对自己的外形特征、人格、智力、能力等都能愉快地接纳认同;控制自我,能适度地表达和控制自己的情绪和行为;调节自我,对自己不切实际的行为目标、心理不平衡状态、与环境的不适应性,能做出及时的反馈、修正、选择、变革和调整;完善自我,能不断地完善自己,保持人格的完整与和谐;发展自我,具备从经验中学习的能力,充分发展自己的智力,能根据自身的特点,在集体允许的前提下,发展自己的人格;调适自我,对环境有充分的安全感,能与环境保持良好的接触,理解他人,悦纳他人,能保持良好的人际关系;设计自我,有自己的生活理想,理想与目标能切合实际;满足自我,在社会规范的范围内,适度地满足个人的基本需求。

知识拓展

扫码了解心理健康观的相关知识。

心理健康观

(三) 大学生心理健康的标准

对大学生这个特殊的群体来说,心理健康也有相应的评判标准。我国心理专家经过研究,认为大学生心理健康标准主要有八个方面。

(1) 智力正常。大学生的智力一般应达到 80 以上。

(2) 对学习保持浓厚的兴趣和求知欲望。大学阶段的主要任务是学习,掌握有效的学习方法,科学管理和规划时间,对攻克学习难关持续保有浓厚的兴趣和热情。

(3) 能保持正确的自我意识,接纳自我。能正确客观地进行自我评价,能充分认识自我,接纳自己。

(4) 能协调和控制情绪,保持良好的心境。善于控制和调节情绪,让情绪状态基本处于稳定的状态,大多数时候保持对生活乐观的态度,并充满希望。

(5) 乐于交往,人际关系和谐。大学生能在与他们的合作相处中保持和谐的氛围和愉快的心境,能彼此互相尊重,待人宽厚,能与他人分享,人际信任度高。

(6) 保持完整的人格。人格主要包含个体的性格、气质、能力、理想和人生观等,各方面都能持续发展并保持在一个相对稳定平衡的状态,主客观世界能协调统一。

(7) 具有良好的环境适应能力。主要标志是能够较好地适应环境,大学生能对自己所处的环境有正确客观的认识,不仅能与环境有良好的接触,还能根据现实调整自己的需要,以应对环境的变化。

(8) 具有与年龄特征相符的心理行为。根据个体身心发展的规律,心理健康的大学生应当表现出精力充沛、反应敏捷,富有创造力,勇于探索和冒险。

知识拓展　　　　　　　　**心理健康水平**

从心理健康的定义不难看出,心理健康不是一个固定不变的状态,而是一个动态的过程。面对纷繁复杂的社会竞争和各种生活事件,人的心理会出现各种各样的变化,几乎不存在心理绝对健康的人。

心理专家将人的心理健康水平大致分为以下三个等级。

(1) 一般常态心理者。这部分人表现为心情经常处于愉快的状态,适应能力强,善于自我调节,能较好地完成同龄人发展水平应做的活动。

(2) 轻度失调心理者。这部分人在他们遇到学习、生活中的烦恼时,容易产生抑郁、压抑等消极的情绪状态,人际交往中略感困难,自我调节能力差,若通过心理教师或专业人员的帮助,可维持心理健康。

(3) 严重病态心理者。这部分人表现为严重的适应失调,已影响正常的生活和学习,若不及时进行心理咨询和治疗,就会加重病情,以至于难以维持正常的学习和工作。

心理健康水平虽然分为不同等级,但心理健康与病态之间的界限难以界定,只是程度不同而已。心理健康状态是动态的,判断其是否健康,主要指近一段时间,既不代表过去,也不代表未来,但与过去、将来有一定联系。

三、大学生心理健康的特征

我国大学生多数处于 18~25 岁这一年龄阶段。心理健康状况主要有以下一些特征。

(1)大学生中的多数人心理都是健康的。通过对大学生群体的研究表明,大部分大学生的心理都是健康的,而比较常见的是出现一些新生适应性问题、职业生涯规划等一般心理问题,其中还只有较少部分可能存在心理障碍和心理疾病。

(2)大学阶段是心理问题的高发期。大学生处于人生转变的重要阶段,他们开始独立生存,面临自我认识、青春期自我确认、学业压力、恋爱及毕业择业等问题,但却还没有发展出比较成熟的问题应对方式和应对能力,不善于处理多重问题和困难,从而诱发心理问题的产生。具有不同成长经历和性格特点的大学生出现心理问题的严重程度各不相同。

(3)大学阶段的心理问题具有成长性和发展性的特点。大学生从一进校开始,就要面临诸多适应问题、学习问题、人际关系问题、自我认识问题、恋爱问题、就业择业问题等,随着大学生的成长,这些问题也会逐渐得到解决。

知识拓展

如何保持健康的心态,一起来看看这些策略吧!

保持健康
心态策略

第三节 大学生常见的心理困扰及异常心理

课前思考:观看电影《心灵捕手》,思考以下问题。
(1)威尔遇到了什么心理问题?
(2)威尔的心理问题产生的原因有哪些?
(3)威尔的心理问题严重吗?

案例导入

小张虽然来自偏远的农村,但是他性格活泼,能吃苦,能考上大学到城市读书,家人对他也寄予了很大的期望。小张报考高职院校就是希望自己能够学得一门技术,靠自己的劳动吃饭。在上大学之前,小张没有住过宿舍。虽然生活自理是基本没有问题的,但是由于家庭贫困,生活习惯、消费观等许多方面都与来自城市的同寝室其他同学格格不入,有的同学买手机、用笔记本电脑、穿名牌,同学邀请他出去聚餐,他都不知道应该点什么……很快小张就感到无法融入同学们的人际交往圈子,时常感到被孤立,为此觉得很自卑。后来渐渐地小张在寝室里面经常沉默寡言,常常一个人在校园的某个角落发呆,不知道每天该干什么,学习成绩一落千丈,时常感到很迷茫,担心辜负父母对他的期望。同寝室的同学发现了他的不对劲,告诉了辅导员,在辅导员的鼓励下,他来到心理中心求助。通过和心理咨询师沟通,小张发现自己出现了一些适应性的心理问题,但是也并没有想象中的那么严重。在心理咨询师的帮助下,小张重新制定了学习目标,重燃了学习信心。心理咨询师还帮助小张找到了他人际交往问题的原因,鼓励他多与同学沟通,他也发现同学们其实大多数都是很友好的,只是大家的生活习惯不一样,需要多一些时间去磨合,随着小张对关系的期待值的调整,小张再次慢慢地变回了最初那个开朗的大男孩。

案例中小张的问题在大学新生中是比较常见的。作为一名大学生,在日常的学习生活中难免会有各种各样的困惑,那么大学生常见的心理困扰有哪些?应该如何去应对?大学生常见的心理障碍和心理疾病有哪些?如何进行自我调适以及有效的治疗呢?

一、大学生常见的心理困扰及调适

(一) 环境适应不良

1. 案例分析

案例:小云是某高职院校大一新生,她满怀期待进入校园,可是入校两个月后,学校的生活让小云感到疲于奔命。在上大学前,平时除了学习,所有的家务包括自己的衣服清洗都是由父母一手操办。进入大学后,小云感到十分的不适应,生活无法自理,也不能很好地和同寝室的同学和睦相处,经常因为一些小事情,与同学吵得不可开交,情绪变得非常低落,晚上出现了失眠,食欲下降。时常一个人偷偷哭泣。在学校她感到非常孤独、痛苦,不知道自己该怎么办,为此焦虑、苦恼不已。

案例中的小云,之所以会陷入焦虑痛苦的情绪,最重要的原因是无法适应大学生活导致的。从案例的描述中,我们可以看到,小云的独立性较差,生活中几乎不具备独自解决问题的能力,不知道如何与他人和睦相处,比较自我,情绪容易波动,处事被动、消极,当发生的一切问题没有办法解决时,自信心受打击,从而陷入一种恶性循环。

2. 环境适应不良调适

大学新生入学后一两个月,在生活、学习、人际交往等方面时常会表现出不适应,从而导致学生出现焦虑、疲惫、自卑等感受。因此,入学后大学生需要尽快转换角色,适应新环境。

(1) 迅速了解和熟悉校园环境。新生入学后,同学们应尽快熟悉学校的规章制度,熟知教室、图书馆、食堂、银行、超市等具体的位置。

(2) 尽快养成良好的生活习惯。面临新的环境,大部分新生没有集体生活的经历,对父母的依赖性很强,生活自理能力较差。要快速融入集体,就需要学会自己照顾自己,整理好个人生活内务,合理安排自己的时间,积极参加兴趣社团,全方位提升自己的能力;同时配合适当的运动,让自己的生活节奏快而不乱。

(3) 树立合理消费观。高职院校的很多新生来自农村,家庭经济状况较差,而部分新生在生活上铺张浪费,用钱大手大脚,讲排场,导致了同学之间出现攀比心理、自卑心理等。要想尽快适应新环境,就要树立正确合理的消费观,不盲目攀比,掌握一定的理财技巧,制订开支计划。

(二) 人际交往困惑

1. 案例分析

案例:在小吴的观念中,学习一直都是最重要的,父母经常告诫他,只有学习,才能让他出人头地。小吴也将父母的这些话深深地印在脑海里。进入大学后,小吴不愿意浪费一分钟,把所有的时间都用在了学习上,时常一个人上课、上自习、去图书馆,渐渐地宿舍同学出去玩也不叫他,小吴觉得同学们看他的眼神就像看一个"另类",他感到自己被疏远。有时候他看到同学们聊得很开心,很想加入进去,但常常又不知道说什么,弄得气氛很尴尬。他心里难受,想找个人聊聊,但是,打开同学录却发现竟然找不到一个人。小吴特别困惑,他经常问自己:"大学的主要任务不是学习吗?为什么我自己连一个可以谈心的朋友都没有?"

案例中的小吴虽然明白大学的主要任务是学习,但是却不知道学习不仅是知识的积累,一个人社会化的过程也是学习的一部分。交往能力是每个人必须具备的综合素质之一。良好的人际关系也是大学生健康心态的保障。

2. 人际交往问题调适

新生通常会因为性格各异、生活习惯不同等导致寝室、班级人际关系变差。要快速适应新环境,就需要培养良好的人际交往能力。

(1)善于观察和分析人际交往对象的特点。进入大学后,通常是来自不同地域的几个同学同住一个寝室,同学们不能一味地根据自己的喜恶来选择交往的对象,要学会观察人际交往中每个人的性格特点和处事方式,不但要和自己喜欢的同学相处融洽,还要与自己不喜欢的人保持友好的关系和距离。

(2)不断提升自身良好的个性品质。人们往往都是喜欢拥有积极品质的人,例如,人们喜欢和热情、开朗、友好的人交往,而往往讨厌虚伪、自私、冷漠的人。因此要想在人际关系中游刃有余,首先需要不断培养自身积极的个性品质。

(3)学会理解与尊重。人际交往不畅的问题,往往不是因为绝对的是非对错,而是因为交往双方彼此的立场、观念和想法不一样导致的。有些同学从小受到的教育比较严格,从而养成了比较固执、不够灵活的思维模式和性格;还有些同学从小就由爷爷奶奶抚养长大,父母并没有给予他们很多为人处世的方式、方法,缺乏良好的人际交往经验。故而人际交往的双方需要多从彼此的角度和立场出发,学会宽容和理解,做到换位思考、将心比心,才能促成心灵的沟通和情感的共鸣。

(4)掌握一定的人际交往技巧。部分新生在与寝室同学相处时,常常感到力不从心,很大一部分原因是缺乏人际交往的技巧。人际交往的技巧包含很多方面,如语言艺术、沟通的方式、个人魅力展示等。具体来讲,可以从以下几个方面着手:一是增强个人的外在魅力。时刻保持衣着整洁得体,在条件允许的情况下应适当地修饰自己的容貌,不断增强自己在人际圈中的吸引力和亲和力。二是适当掌握一些语言沟通的艺术。加强语言表达训练,确保能随时准确地表达自己的意见和建议;巧妙地运用非语言技巧,如眼神、面部表情等,微笑待人,认真倾听,有时候甚至可以适当运用一些幽默,让沟通的氛围变得轻松愉快。

(三)学业就业压力

1. 案例分析

案例:小谢,某高职院校大一学生。临近期末,其他同学都在认真复习,可小谢却感到前所未有的焦虑。从高三开始,小谢就有一个非常担忧的事情,平时学习还可以,但是一到大型的考试,就考不好,为此小谢感到十分苦恼和焦虑。以前碰到什么事情,只要出去运动一下,出出汗,睡一觉就好了,但现在似乎所有的方式都尝试过了,却一点用都没有。不但静不下心来复习,一想到考试心中就很烦,提不起劲,又担心期末考试会考砸。因为考试通不过,就意味着没法参加学校任何的评优评先推荐,更别谈有其他更好的发展,还有可能影响毕业后的求职和就业。越想越觉得自己很对不起父母,内心感到十分烦闷、无助。

通过对小谢的经历的描述,可以看到小谢对自己的学业成绩有非常多的焦虑和担心。一方面,由于过往有一两次大的考试考得不是很理想,小谢的自信心受挫;另一方面,对自己的学业有比较高的期待,两方面的压力导致小谢出现了焦虑感和无助感。

2. 学业就业压力调适

(1) 明确学习目标,激发学习动机。进入大学后,没有了高三时期的紧张气氛、班主任的严厉管理,没有父母在身边的督促,很多新生进入了"空白期",突然失去了奋斗目标和努力方向。同学们要对自己的学业进行规划,分阶段制订学习目标,养成良好的学习习惯,积极参加学校组织的各项活动,特别是各类竞赛,不断激发学习的兴趣和热情。

(2) 掌握有效的学习方法,做好时间管理。大学阶段的学习更多的是一种主动学习模式,大学生要学会合理安排自己的学习时间,分清任务的轻重缓急,学会制订学习计划和使用任务清单。

(3) 明确职业发展目标,制定生涯发展规划。随着大学的扩招,人才市场供求关系的变化,当代大学生面临着越来越严峻的就业形势。大学生通过对自己进行职业生涯规划,能够避免学习的盲目性和被动性,主动掌控自己的人生。在确定职业发展的目标时,首先要对自己的性格、气质、兴趣、爱好、能力等进行分析,评估个人当前的水平和现状。随后要制定具体的人生目标、长期目标、中期目标和短期目标,并确定可操作的职业生涯行动方案和计划,有条不紊地执行。

(四) 情绪调控不足

1. 案例分析

案例:小丽是某高职院校电气工程与自动化专业大二学生,平时独来独往,与班上的同学交往不多。最近,同寝室的同学时常会听到她抱怨:"活着真没意思!"高中时,小丽就感觉自己情绪长期低落,不太能感觉到开心的情绪。到了大学,更不愿意和同学们交往,平时也喜欢独处。现在感觉专业学习很吃力,常常提不起学习兴趣。无处诉说,整晚睡不着,虽然还能坚持上课,但是无法集中注意力,小丽时常觉得自己很没用,生活也没有意义。

案例中的小丽是典型的被抑郁情绪困扰的大学生。长期的负性情绪已经严重影响了她的学习和交往。大二是大学中专业学习和提升非常关键的时期,小丽面临着学不懂、没兴趣等具体的专业学习困难,如果不能学会调整和控制好自己的情绪,不但会危害到她的身心健康,还会阻碍她自身的学业和未来的发展。

2. 情绪调适

(1) 大学生常见的情绪困扰集中表现在:焦虑,例如出现失眠、多梦、头痛、紧张、过度警觉、忧思过度等症状;抑郁,是一种持续时间较长的低落、消沉的情绪体验,常常伴有苦闷、不满、烦闷、困惑等消极情绪;愤怒,主要表现为一种激烈的情绪反应,并可能伴随攻击行为;孤独,感受到不被接纳的、被他人隔离起来的痛苦体验,往往伴随产生空虚感和失落感;嫉妒,通常是因他人在某方面胜过自己而产生一种不愉快的情绪体验。

(2) 情绪调适的方法。要调控情绪,首先,需要觉察并对情绪命名。当情绪出现时,大部分人并不会有意识地觉察到情绪,以及是什么情绪,从而也无法更好地认识自己的内在反应,只有当我们能够把情绪准确命名时,才能知道情绪产生的主观原因。其次,要接纳当下的这个情绪,将情绪反应合理化,同时还要尝试将这些情绪表达出来,例如告诉自己,我刚才感到很不舒服等。最后,要寻找合适的途径将情绪进行纾解和消化。具体来讲,可以通过以下几种方式来纾解情绪:一是合理宣泄法。通常情况下,通过一定的运动、听音乐、呐喊等方式,能够将事件导致的负性情绪消化掉。二是转移注意力。当压力事件发生后,通常会产生焦虑、难受、焦躁等情绪,通过离开压力情境或者转移注意力,可以让负性情绪得到一定的缓解。三是合理认知。心理学家艾利斯提出了情绪 ABC 理论,他认为情绪不是由事件本身引起,而是由我们对事件的不合理的认知导致的,只要改变对事件的看法,就能获得不同的情绪体验。

(五)情感困惑

1. 案例分析

案例:小雨是某职业院校财贸管理专业大一学生,入校以来,小雨认识了同专业的男生小李,小李对待小雨十分体贴入微,让从小就没有父亲的小雨感受到了温暖的父爱和关怀,两个人快速进入热恋期。小雨来自单亲家庭,由母亲独自抚养,母亲自她小时候就教育她,女孩子要学会洁身自好,在大学期间不能谈恋爱,要以学业为重。上大学之前,小雨一直都觉得母亲的话很对,也从来都不敢违背。在与小李相处的这段时间,她反复告诉自己,谈谈恋爱、牵牵手还是可以的,瞒着母亲也没什么。但一次激情过后,小雨十分后悔,她认为自己不应该这样草率,觉得自己辜负了母亲对她的教育和期望,不知道以后该如何与男友相处,情绪一度崩溃,感到十分焦虑、无助。

上述案例中的小雨遇到的就是情感困扰问题。大学生心理发展阶段正处在青春后期,性发育的成熟,恋爱与性都是不可回避的。性心理的成熟必然带来心理的变化。从马斯洛需求层次理论来看,个体在这个阶段有归属与爱的心理需要。小雨从小缺少父爱,母亲对她的教育十分传统和严格,有诸多约束。进入大学后,小雨不再每天面对母亲,出现了一定的逆反心理;同时渴望被异性认同和需要,但由于性教育的严重缺失,不能正确地认识性行为和性心理需要,从而引发了较大的心理压力。

2. 情感问题调适

大学阶段谈恋爱不是必需品,但是也是部分大学生无法回避的。

(1)发展爱的能力。爱的能力包括爱人和接受爱的能力。一个人心中有了爱以后,要进行理智的分析,知道自己喜欢什么、需要什么,知道对方喜欢什么、需要什么,同时要勇于表达、善于表达,这是一种爱的能力。在面对别人爱的表达时,能坦然地做出接受、拒绝或者再观察的决定,并能面对自己做出的决定所带来的心理扰动。

(2)培养爱的责任。感情中我们除了要专一地爱某一个人,还要有责任心,为自己、为恋人负责。

(3)拥有承受恋爱挫折的勇气。恋情是刻骨铭心的,但它也许并不是生命中唯一的一次。分手可以使你有更多的机会了解自己,更多地了解什么是真正的爱情,自己更适合什么样的感情。如果承受能力强,就能很好地面对挫折;否则,可能造成不良后果。

(4)正确对待"性"。作为大学生,要在真正学习和了解性知识的同时,还要树立正确的爱情观,不以身体的亲密代替心理的亲密,甚至以此代替爱情。

二、大学生常见的心理疾病及应对

(一)区分心理正常和心理异常

通常情况下,我们将个体心理做正常和异常区分。心理正常是指具备正常功能的心理活动,心理异常是指具有典型精神障碍症状的心理活动。心理正常和异常的界限随着时代的变迁与社会文化的差异而变动。判断一个人的心理是否变态,只有把他的心理状态和行为表现放到当时的客观环境、社会文化背景中加以考虑。心理正常分为心理健康和心理不健康两种状态。李新天(1991年)提出区分正常和异常心理的四类标准:①医学标准。将心理障碍当作躯体疾病看待,如果一个人的某种心理或行为被疑为有病,通过它的病理解剖或病理生理变化来判断,在此基础上认定此人有精神疾病或心理障碍。②统计学标准。一个人的心理正常或异常,以其偏离平均值的程度来决定,以统计学为依据,确定正常与异常的界限。③内省经验标准。一是病人的内省经验,即病人自己觉得有焦虑、抑郁或没有明显原因的不舒适感,或自己不能适当地控制自己的行为,因而寻求他人支持和帮助。二是观察者的内省经验,即观察者根据自己的经验做出心理正常还是异常的判断。④社会适应标准。正常情况下,人能够维持生理和心理活动的稳定状态,能依照社会生活的需要适应环境和改造环境。正常或异常主要是与社会常规比较而言。郭念锋(1985年)提出三条原则区分心理正常和异常:①主观世界与客观世界的统一性原则,在临床上,常把有无"自知力"作为判断精神障碍的指标;②心理活动的内在协调性原则;③人格的相对稳定性原则。

人的心理从正常到异常,是一个连续的状态,并没有绝对的区别,心理障碍和精神疾病属于心理异常范畴,一般需要借助一些药物进行干预。

 知识拓展　　　　　　　　　　心理正常和异常的区分

正常心理和异常心理见图1-1。

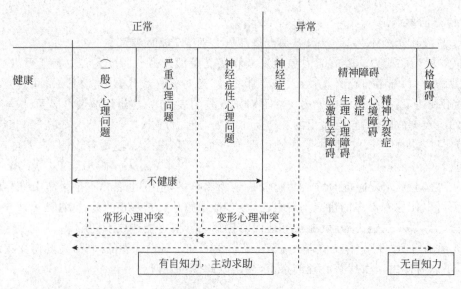

图1-1　正常心理和异常心理

（二）大学生常见的心理疾病及应对

1. 案例分析

案例：小路是某职业院校电商专业大二学生。从小学到中学，小路学习都很优秀，一直是父母的骄傲。上学期期末考试成绩却不理想，最后也没有拿到奖学金，感觉自己非常失败和无能。两个月前小路竞选班长职务，结果以几票之差败北，对她打击很大，觉得自己很失败，越想越觉得自己是父母的累赘，长期情绪低落，有时在寝室一待就是大半天，不想上课。有几次都想一走了之，但担心自己离开会让父母无法接受，如果活着，又不知道有什么意义？

案例中的小路表现出的是典型的抑郁症状。抑郁发作时以持续的心境低落为主。

抑郁症是大学生常见的心理疾病中的一种，与癌症、艾滋病一起被称为21世纪威胁人类生命的三大疾病。大学生群体常见的心理疾病主要有抑郁症、焦虑症、强迫症及精神病等。下面就这几种心理疾病进行简单的介绍。

朋辈心理微课：
如何防止
心理感冒

2. 抑郁症的诊断及应对

（1）抑郁症的识别与诊断。

① 症状标准。一般来说抑郁症必须以心境低落或愉快感缺失为主，并至少有以下症状中的四项：兴趣丧失、无愉快感；精力减退或疲乏感；精神运动性迟滞或激越；自我评价过低、自责或有内疚感；联想困难或自觉思考能力下降；反复出现想死的念头或有自杀、自伤行为；睡眠障碍，如失眠、早醒，或睡眠过多；食欲降低或体重明显减轻；性欲减退。

② 严重标准。社会功能受损，给本人造成痛苦或不良后果。

③ 病程标准。符合症状标准和严重标准至少已持续两周；可存在某些分裂型症状，但不符合分裂型症状的诊断。若同时符合分裂型症状标准，在分裂型症状缓解后，满足抑郁发作标准至少两周。

④ 排除标准。排除器质性精神障碍或精神活性物质和非成瘾物质所致的抑郁。

课堂互动

请根据最近一个星期内的实际感受，测一测最近的状态。

抑郁自评问卷

（2）抑郁症的应对。

① 药物治疗。抑郁症一经确诊，通常可以通过抗抑郁的药物进行治疗。

② 心理治疗。通过医院心理治疗门诊，接受心理治疗。

③ 自我调适。培养良好的生活习惯，加强体育锻炼，保持良好稳定的心态，多吃一些能让自己感到快乐的食物，例如香蕉、巧克力、南瓜等，当情绪低落且自己无法进行有效调适时，可以适当地寻求朋友、心理咨询师等倾诉。

3. 焦虑症的诊断及应对

（1）焦虑症的识别与诊断。焦虑症是一种以焦虑情绪为主的神经症。从以下四个方面进行诊断。

① 症状标准。经常处于焦躁、恐慌之中；为未来莫名的担忧；对外界失去应有的兴趣；时常坐卧不安，整天提心吊胆；情绪易波动，为小事而大为"光火"；伴有睡眠障碍，如入睡困

难,多噩梦,易惊醒等;严重时还可伴发某些躯体症状,如头昏、胸闷、腹泻、心悸等。

② 严重标准。社会功能受损,病人因难以忍受又无法解脱,而感到痛苦。

③ 病程标准。符合症状标准至少已六个月。

④ 排除标准。排除甲亢、高血压、冠心病等躯体疾病的继发性焦虑;排除兴奋药物过量等诱发的焦虑。

课堂互动

请根据最近一星期的实际情况,扫码测一测焦虑程度。

焦虑自评问卷

(2) 焦虑症的应对。

① 药物治疗。在精神科医生的建议下,通常可以通过服用抗焦虑的药物进行治疗。

② 心理治疗。通过医院心理治疗门诊,接受心理治疗。

③ 自我调适。增强自信、自我放松、自我反省等。

4. 强迫症的诊断及应对

(1) 强迫症的识别和诊断。强迫症是指一种以强迫症状为主的神经症。从以下四个方面进行诊断。

① 症状标准。符合神经症的诊断标准,并以强迫症状为主,至少有下列一项症状:以强迫思想为主,包括强迫观念、回忆或表象,强迫对立观念、穷思竭虑、害怕丧失自控能力等;以强迫行为为主,包括反复洗涤、核对、检查或询问等;上述的混合形式。病人称强迫症起源于自己的内心,不是被别人强加或受外界影响的。强迫症状反复出现,病人认为没有意义,并感到不快,甚至痛苦,因此试图抵抗,但不能奏效。

② 严重标准。社会功能受损。

③ 病程标准。符合症状标准至少已三个月。

④ 排除标准。排查其他精神障碍的继发性强迫症状,如精神分裂症、抑郁症或恐惧症等;排除脑器质性疾病,特别是基底节病变的继发性强迫症状。

(2) 强迫症的应对。

① 药物治疗。在精神科医生的建议下,通常可以通过服用抗焦虑的药物进行治疗。

② 心理治疗。心理治疗(如森田疗法、行为疗法)对强迫症的治疗比较有效。

5. 精神病

精神病是由各种原因引起的脑功能紊乱的一类疾病。主要分为心境障碍、精神分裂症和妄想性精神障碍。这里重点介绍精神分裂症。

精神分裂症是一组病因未明的精神病,多发病于青壮年,常缓慢发病,具有思维、情感、行为等多方面障碍,以及精神活动不协调。精神分裂症是一种常见的重型精神病,其发病率在精神病中居首位,在大学生中发病率为7‰~9‰。

(1) 精神分裂症的识别与诊断。

① 症状标准。至少有下列两项,并非继发于意识障碍、智能障碍、情感高涨或低落,单纯型分裂症另有规定:反复出现的言语性幻听;明显的思维松散、思维破裂、言语不连贯,或思维贫乏、思维内容贫乏;思想被插入、被撤走、被播散、思维中断,或强制性思维;被动、被控

制,或被洞悉体验;原发性妄想(包括妄想知觉,妄想心境)或其他荒谬的妄想;思维逻辑倒错、病理性象征性思维,或语词新作;情感倒错,或明显的情感淡漠;紧张综合征、怪异行为,或愚蠢行为;明显的意志消沉或缺乏。

② 严重标准。自知力障碍,并有社会功能严重受损或无法进行有效交谈。

③ 病程标准。符合病症标准和严重标准至少已持续一个月,单纯型另有规定:若同时符合分裂症和情感性精神障碍的症状标准,当情感症状减轻到不能满足情感性精神障碍症状标准时,分裂症状需继续满足分裂症的症状标准至少两周以上,方可诊断为分裂症。

④ 排除标准。排查器质性精神障碍,以及精神活性物质和非成瘾物质所致的精神障碍。

(2) 精神分裂症的应对。

药物治疗:在精神科医生的建议下,通常可以通过服用抗精神病类药物进行治疗。精神分裂症越早介入药物治疗,疗效越好。

本章小结

大学生活的特点与中学阶段有很大的不同,主要体现在生活环境的变化、社会活动更加丰富多彩,以及对学生更加凸显的自我管理、自主发展要求。大学的培养目标主要包括培养学生较强的适应能力、独立生活和自我决策的能力、自主学习和终身学习能力。

健康包括躯体健康、心理健康、社会适应和道德健康,心理健康是指人的基本心理活动过程,认识、情感、意志、行为、人格完整和协调性良好,能顺应社会并能保持一致。

大学生心理健康的标准:智力正常;保持对学习浓厚的兴趣和求知欲望;能保持正确的自我意识,接纳自我;能协调和控制情绪,保持良好的心境;乐于交往,人际关系和谐;保持完整的人格;具有良好的环境适应能力;具有与年龄特征相符的心理行为。

大学生心理健康的特点:大学生中的多数人心理都是健康的;大学阶段是心理问题的高发期;大学阶段的心理问题具有成长性和发展性的特点。

大学生常见的心理问题主要有适应问题、人际交往问题、学业就业问题、情感问题、情绪问题等,这些问题都属于心理正常的范畴,一般情况下,可以通过自我调适或心理疏导得到调整和解决。当有些心理问题无法得到及时解决时,就有可能发展成心理疾病。

常见的心理疾病属于心理异常范畴,主要包括抑郁症、焦虑症、强迫症、精神病等。心理疾病往往会严重影响个体的社会功能,需要药物治疗和心理治疗结合才能有效应对。

资源链接

扫二维码分享好书和电影。

第一章资源链接

第二章

认识自我

▶ 章节导言

　　古老的神话中,存在着一个狮身人面的怪物,名叫斯芬克斯。它每天让路过的行人猜谜,"什么东西早上是四条腿,中午是两条腿,傍晚是三条腿?"如果行人不幸答错,便会被它吃掉,遇难者不计其数。有一次,一位国王的儿子也不幸遇难,国王气极,于是发出悬赏:"谁能把怪物制服,就许其王位!"勇敢的青年俄狄浦斯应国王征召,答出了这个谜语的谜底——"人",于是斯芬克斯便跳下了悬崖。这一神话故事传递出了人们对自身认识这一问题的思考,这也成为千百年来人们一直在思考探索的问题。

　　人的一生就是一个探索自我的过程,"我是谁""活着的意义是什么""我是一个什么样的人""别人眼里的我是一个什么样的人"这些问题总是伴随着我们,而在各种成长困惑的背后往往都是存在对自我认识不足。如果我们能够全面客观地认识自我、接纳自我,在了解自我的基础上去发展自我、完善自己,那么我们的一生就会更加幸福、更加有价值感。

　　本章将从自我意识的含义开始,引领大家开启"自我探索"之旅,认识"我自己"。

▶ 学习目标

【知识目标】

1. 了解自我意识的含义、影响因素及产生与发展;
2. 了解大学生自我意识发展的特点。

【能力目标】

1. 对自我有进一步认识;
2. 认识和识别大学生常见的自我意识偏差;
3. 能够运用科学的方法调节自我意识。

【课程思政】

1. 能够积极探索自我,接纳自我,树立正确的自我意识;
2. 发掘和激活学生自主、自强、自尊、自信、自爱。

第一节　自我意识概述

> **课前思考:** 你思考过"我是谁"这个问题吗?我是一个怎样的人?别人眼里的我又是怎样的?你是否也在寻找自我?是否也想努力实现人生价值呢?

案例导入

古时候，有一座寺庙。这一天寺庙来了一个小和尚，他积极主动地去见方丈，殷勤诚恳地说："我新来乍到，先干些什么呢？请方丈指教。"方丈微微一笑，对小和尚说："你先认识和熟悉一下寺里的众僧吧。"

第二天，小和尚又来见方丈，殷勤诚恳地说："寺里的众僧我都认识了，下边该去干些什么呢？"方丈微微一笑，洞明睿犀地说："肯定还有遗漏，接着去了解、去认识吧。"

到了第三天，小和尚再次来见方丈，蛮有把握地说："寺里的所有僧侣我都认识了。"方丈微微一笑，因势利导地说："还有一人，你没认识，而且这个人对你特别重要。"

小和尚满腹狐疑地走出方丈的禅房，一个人、一个人地询问着，一间屋、一间屋地寻找着。在阳光里、在月光下，他一遍一遍地琢磨、一遍一遍地寻思着。

不知过了多少天，一头雾水的小和尚，在一口水井里忽然看到自己的身影，他豁然顿悟了，赶忙跑去见方丈……

世界上有一个人，离你最近也最远；世界上有一个人，与你最亲也最疏；世界上有一个人，你常常想起，也最容易忘记，而这个人，就是你自己。可见，比起认识他人，认识自我是更加不易的。想要认识自我，就要首先了解什么是自我意识？影响自我意识的因素有哪些？自我意识又是如何发生发展的？只有掌握了这些知识，才能更深入地了解、认识自己。

一、什么是自我意识

（一）自我意识的含义

自我意识是意识的核心部分，是个体意识发展的高级阶段。自我意识是个体对自己以及对自己与客观外界之间关系的认识与体验，包括认识自己的生理状况（如身高、体重、体态等）、心理特征（如兴趣、能力、气质、性格等）以及自己与他人的关系（如自己与周围人相处的关系、自己在集体中的位置与作用等）。

 知识拓展　　　　　　　　**约哈里之窗理论**

约哈里之窗理论又称乔韩窗口理论。该理论是美国心理学家约瑟夫·卢夫特和哈里·英汉姆提出的关于人自我认识的窗口理论，具体见表2-1。

表2-1　约哈里之窗理论

	自己知道	自己不知道
他人知道	开放之窗（公开的自我）	盲点之窗（盲目的自我）
他人不知道	隐蔽之窗（秘密的自我）	未知之窗（未知的自我）

他们认为人对自己的认识是一个不断探索的过程。因为每个人的自我都有四部分。

(1) 开放之窗（即公开的自我）。这一部分是自己了解，他人也了解的，是完全真实透明的自己。

(2) 盲点之窗（即盲目的自我）。这一部分是自己不了解，他人却看得非常清楚的。

(3) 隐蔽之窗（即秘密的自我）。这一部分是自己很清楚，他人完全不知道的。

(4) 未知之窗（即未知的自我）。这一部分是自己不了解，他人也不知道的，但这一部分常常蕴藏着潜能，通过一些契机可以激发出来。

心理学家认为，如果我们能够减少盲目的自我，保持适度的秘密的自我，探索未知的自我，使公开自我的成分越大，那么我们的心理就会越健康。在日常生活当中，我们可以通过多交朋友，多与朋友、家人交流和分享秘密的自我，多去听取他们的意见，来减少盲目的自我。通过多读书、多接触新事物用于开阔眼界等方法，可以探索未知的自我，从而扩大公开自我的部分，使我们的心理更健康，生活更愉悦。

（二）自我意识的结构

自我意识是一个多维度、多层次的心理系统，从形式上看，自我意识表现为知、情、意三种形式，分别称为自我认知、自我体验和自我调节。

1. 自我认知

古语教导我们："人贵有自知之明"，这说明认识自己非常重要。自我认知是自我意识的认知成分，是指个体对生理自我（如身高、体重、外貌）、心理自我（如思维活动、个性特征、气质类型）和社会自我（如人际关系、社会认同）的认识与评价。它包括自我观念、自我观察、自我评价等。其中自我观念和自我评价又是自我认识中最主要的方面，集中反映了个体自我意识的发展水平，也是对个体体验和调节的前提。"我是什么样的人？""我是谁？"是自我认知主要回答的问题。

2. 自我体验

自我体验是在自我认知基础上产生的，是主观自我对客观自我产生的情绪体验。自我体验反映了个体对自己的评价、所持态度，是自我意识的情感成分。自我体验的内容非常丰富，包含自尊、自责、自爱、责任感、义务感、羞耻感、荣誉感等，如我对自己的学习成绩很满意，我对自己的社交能力弱而感到失望等，反映的是个体的情绪体验。"我是否接纳自己""我对于自己是否满意"等是自我体验主要回答的问题。

3. 自我调节

自我调节是自我意识的意志成分，它是个体对自我的控制和指导，以达到自身期望的目标。自我调节包含自我监督、自我激励、自律自强等，如我如何控制自己的不良情绪，怎样才能成为一个受欢迎的人等。

 我是"谁"

1. 自我认识

写出20句"我是一个×××的人"，要求符合真实自我，尽量选择能够代表自己个性的话语。例如,我是一个非常开朗热情的人,我是一个热爱足球的人。

我是一个_____的人。
我是一个_____的人。
我是一个_____的人。
我是一个_____的人。
我是一个_____的人。
我是一个_____的人。
我是一个_____的人。
我是一个_____的人。
我是一个_____的人。
我是一个_____的人。
我是一个_____的人。
我是一个_____的人。
我是一个_____的人。
我是一个_____的人。
我是一个_____的人。
我是一个_____的人。
我是一个_____的人。
我是一个_____的人。
我是一个_____的人。
我是一个_____的人。

2. 结果分析

将上述 20 项内容进行以下归纳,在横线上写出序号。

(1) 情绪情感状况(所持有的情感情绪,例如开朗、烦恼、灰心丧气等)。

_____

(2) 生理状况(身体素质,例如身高、体重等)。

_____

(3) 才能状况(能力情况,例如机灵、聪慧、迟钝等)。

_____

(4) 社会关系状况(与他人之间的关系,例如善于交际、乐于助人、寂寞等)。

_____

3. 结果评估

跟其他同学谈谈你对自我的表述是积极的还是消极的。

如果是积极、肯定的,请在所写句子后加上"＋"。

如果是消极、否定的,请在所写句子后加上"－"。

如果符号"－"少于"＋",说明自我接纳程度良好。反之,说明你还未能很好地接纳自己,你可以与同学讨论,尝试分析一下对自己哪一方面评价不准确?这样的原因是什么呢?

可以做些什么来改变？

二、影响自我意识的因素

自我意识的产生是在生理发育的基础上，在心理能力的发展过程中，以及社会环境作用下逐步产生和发展起来的。因此自我意识的发生和发展主要受生理、心理、社会三方面因素相互作用。了解影响自我意识发展的因素，有利于促进自我意识的健全发展。

1. 生理因素

自我意识的萌芽我们从小时候便开始有了，形成最初的自我意识的因素便是生理因素。对于一个生理发育正常的人来说，不会与别人进行过度的比较，从而使自己产生过分的消极的评价、体验。一般来说，年龄处在17~22岁的女生非常看重自己的外貌，而大部分男生则重视自己的身高。例如，一位同学曾这样说："我并不想参加集体活动，因为我的个子很矮，所以我总是避免与比我高的同学走在一起，这样会衬托我更矮。"这就是生理因素引起的自我意识偏差。

2. 心理因素

中学进入大学是人生中非常重要的转折点，同学们需要做好心理准备适应新的学习方式和生活环境。进入大学后，学习的内容和形式更加多样化，对同学们学业成绩的评价更加多元化，有些同学就会感觉到自己原有的学习优势消失了，进而产生失落感，严重的甚至出现厌学情绪；有些同学也可能在大学集体生活中不懂处理人际关系，而产生压抑感，严重的甚至发展为心理疾病，做出伤害自己或他人的行为。作为大学新生，应该让自己在心理上适应从中学到大学的转变，做出积极的心理暗示，例如，告诉自己"我一定能够适应新环境，我是一个大学生了"，这会增强适应新环境的自信心，缩短适应期。大学新生还要正确认识自身角色的转变，从不同的角度认识自己，形成正确的自我评价，这样才能减少心理压力，成功适应大学生活。

3. 社会因素

家庭环境、学校环境、社会文化氛围对当代大学生的自我认知有着直接影响。早期经验对个体自我意识的形成和发展起着关键的作用。一般来说，家庭是我们人生的第一个学习场所，所以，父母的教养方式、教养态度和家庭的经济地位会对孩子的自我意识发展起着直接作用，例如，有的家庭会出现过分溺爱孩子的行为，过分地保护和顺从，导致孩子形成过度依赖，从而使这个孩子的自我意识处在低幼水平，表现为唯我独尊、自我中心、蛮横等。有的家庭对孩子的教育又非常强势，父母喜欢操控干预孩子的一切，这种环境背景下成长的孩子，容易形成怯懦、缺乏主动性等，儿童通常对自己的看法就是其父母亲如何看待他们的反应。因此，家庭环境对个体自我意识的发展有着至关重要的影响。除家庭外，学校也是个体成长中主要生活的环境之一，从幼儿园到最高学历完成，个体自我意识发展的关键时期大部分是在学校度过的。教师的教育态度、同学之间的人际关系、学生自身的成绩等都对个体形成和发展自我意识有着重要意义。例如，良好的"班风""学风"会使个体产生集体荣誉感，更容易有上进心，个体表现出积极向上。因此，学校环境对学生个体的自我意识的发展表现出引导作用。自我意识被社会文化所影响这一观点一直被人们所认可,个体社会化过程与社会文化是密不可分的,因此社会文化对意识的形成和发展同样起着重要的作用。社会文化通过政治、经济、宗教、风俗等载体,渗透在我们日常生活中,潜移默化地影响着个体自我意识的发展。

 知识拓展

你知道东西方文化中个体自我意识的差异吗?扫码了解一下吧!

自我意识具有文化差异吗

三、自我意识的产生与发展

人的自我意识的产生和发展是一个循序渐进的过程,并不是先天就有的,它从产生到相对成熟需要 25 年左右的时间。

1. 自我意识的萌芽阶段

自我意识的萌芽阶段在 0~3 岁,这一阶段生理自我逐渐开始发展。降生之初,婴儿还没有产生自我意识,在生活中经过多次摸、爬等感知活动后,在 8 个月左右,开始形成生理自我意识,例如,听到自己的名字会转头。随着生理的逐渐发展,幼儿到 2 岁左右逐渐用"我"称呼自己、并能简单表达自己的需求。到 3 岁左右,儿童开始出现占有欲和嫉妒感等,这时的行为都是以自己为中心的,以自己的情感和想法来认知这个世界的,所以,这个时期又被称为"自我中心期"。

 知识拓展

扫码可了解自我意识的敏感期。

自我意识的敏感期

2. 自我意识的发展阶段

自我意识的发展阶段是 3~14 岁或 15 岁,这一阶段,社会自我逐渐开始发展。个体在 3 岁至青春期这一阶段的自我意识是受整个社会影响最大的时期。个体通过在家庭环境、学校环境、社会文化中模仿、学习、游戏等方式发展自我意识,明确自己在社会中的作用、与他人的关系和地位,并能够有意识地控制自己的行为。少年期的个体开始意识到与他人、与集体之间的关系,开始关注自己的内心世界,但对自己的认识和评价主要还是服从于他人和权威评价。例如,这时期的孩子经常会说"我爸爸说的""我们老师讲的"等。说明这时的自我意识的发展水平还不成熟,个体认识自我的方式以他人评价为主,是社会意识发展的阶段。

3. 自我意识的成熟阶段

自我意识的成熟阶段是 15~24 岁或 25 岁,这一阶段心理自我逐渐开始发展。从 15 岁开始,个体的思维、情感、生理都在急速发展,促使个体的自我意识迅速发展并趋向成熟。处在这一时期的青年会思考"我是一个怎么样的人?""我想要成为一个什么样的人?"而通过对于这些问题的思考,且对自己又有较高的目标设定,不少高职院校的大学生就会对自己现在的发展状态不满意,感到痛苦和烦恼。所以,为了避免和解决这些痛苦和烦恼,需要实现自我统合。

自我统合是指个人自我一致的心理感受。获得自我统合的方式包括：努力完善现实的自己，使之向理想的自己靠拢；要修正理想的自己存在的不合理的成分，使之能够与现实的自己相匹配，目标设定要合理。不管采用哪种方式，只要统合的自我是自信的、完整的、协调的，就是健康而又积极的自我统合。

美国著名发展心理学家埃里克森对于自我心理发展有着自己的看法。他认为，人的心理发展阶段要经历八阶段的心理社会演变，见表2-2。

表2-2 埃里克森的心理发展阶段

阶段	年龄	发展所面临危机	发展顺利后的表现	发展障碍后的表现
婴儿期	0～1.5岁	信任感与怀疑感	与看护者之间的依恋与信任关系建立，有安全感	面对新环境会焦虑不安
幼儿前期	1.5～3岁	自主感与羞怯感	能按社会要求表现自主控制行为	缺乏信心，行动畏首畏尾
幼儿后期	3～6岁	主动感与内疚感	尝试完成新事情，行动有方向，开始有责任感	行为畏惧退缩，缺少自我价值感
学龄期	6～12岁	勤奋感与自卑感	具有求学、做事、待人的基本能力	缺乏生活基本能力，充满自卑感
青春期	12～18岁	自我同一与自我混乱	有了明确的自我意识与自我追寻的方向	生活无目的、无方向，时常感到彷徨迷失
青春后期	18～25岁	亲密感与孤独感	与人相处有亲密感，能建立亲密的关系，为事业定向	与社会疏离，时常感到寂寞、孤独
成年期	25～65岁	关心下一代与自我关注	热爱家庭，关怀社会，有责任心，有义务感	不关心别人与社会，缺少生活意义
老年期	65岁以上	完美感与失落感	愉快地接受自己，可以面对、接受死亡，安享余年	悔恨旧事，消极失望

 自我意识的相关概念和特点

(1) 自我同一性。自我同一性是指青少年具有自我一致的情感与态度，自我贯通的需要和能力，自我恒定的目标和信仰。自我同一性发展不良者表现为"自我"各部分是混乱的、矛盾的、冲突的。对自己缺乏清晰而完整的认识，没有理想和生活的方向，社会适应力较差。自我同一性发展良好者则具有自我认同感，能够努力实现自己的价值，对于社会具有贡献的同时，自己的生活也非常愉悦。

(2) 青春期自我意识发展的特点。从青春期开始以后到成年的大约10年时间里，是个体心理自我发展的关键时期，自我观念逐渐趋向成熟。在青春期，个体表现为关注自己的心理活动，而不再简单地认同权威或他人的观点，对事物有自己独特的见解。自我意识分裂为被观察的我和观察者的我,因为能够从自己的观点出发,评估自己的心理活动。青春期的个体总是强调自己具有个性特征的重要性。因此,在这一时期,个体对于独立、自治的愿望很强烈。

第二节 大学生自我意识发展特点及常见偏差

> 课前思考:作为一名大学生,你的意识跟初中、高中阶段相比有什么变化?你的同学、朋友跟你在意识方面存在哪些相同的地方?

案例导入

小王是一名大二学生,父母对他的要求比较严格,他喜欢与别人竞争,相信只要努力,就会有回报。因此,无论事情多么困难和辛苦,他都会拼命去完成。但他又时常认为自己做事做得这么累,别的同学看起来那么悠闲都是被父母惯的,是娇生惯养,而自己非常努力学习,别的同学却享受着比他更好的物质生活。这些想法都让他充满了牢骚和怨气,也让他内心有着深深的困惑。

其实小王内心的困扰,都是其自我意识偏差造成的。比之中学时期,大学生的心理显著成熟。但由于生活经验缺乏等原因,大学生在反思自我时,仍然会遇到很多的困惑和问题,陷入自我意识的偏差中,那么大学生究竟存在哪些自我意识偏差?在这一节中,将进行学习。

一、大学生自我意识发展特点

进入大学,自我意识的发展会达到新的水平,自我认知、自我体验、自我控制这三个方面协调发展,自信心、自尊感等逐步成熟,世界观、人生观属于自我意识的核心也已经基本确立。此时,自我意识的深度和广度都是空前未有的。因大学生具备特殊的教育背景,所以大学生的自我意识既与同年龄阶段的青年有相似性,同时又有所区别,具有特殊性,具体来说,大学生自我意识表现出以下特点。

1. 独立意识强烈

大学生的生理发育、心理成熟、社会成熟都达到了较高水平,此时大学生会强烈希望他人把自己看成社会成人。例如,大学生在学习中喜欢独立思考,反感他人的管教。大学生的独立意识强烈,想要摆脱他人的监管和束缚,不喜欢别人对自己过多指责、干扰、控制。大学生希望成为一个具有主见,自立自强、掌握自己命运的人,因此会经常问自己"我想成为什么样的人?""我怎样才能实现自己的价值"等。一般来说,大学生对于独立生活、独立分析和思考问题,不从众,表现出强烈的信心。

2. 自我评价途径具有多样性

进入大学后,大学生因为交际面和自由、活动空间的拓展,开启了"自我发现"的新旅途,而自我评价是"自我发现"的核心部分。他人评价和自省评价,是大学生形成自我评价的两种主要途径。父母、同学、教师的评价,往往会改变大学生对自己的认知。例如,教师对个体学习能力方面的评价,可能会影响个体未来职业发展的方向。他人评价对大学生自我意识发展具有不可低估的导向作用。除他人评价外,大学生的自省评价也对自我评价产生很大影响。对自我的能力、性格、价值观、理想目标、发展等问题的积极探索,使大学生对自己的认知和评价逐渐与现实一致,变得客观、全面。

3. 自我体验丰富、深刻

大学生是"最善感"的群体。大学生的内心体验起伏较大,具有两极化、敏感性、波动性等特点。例如,有些同学对别人的言语、态度非常敏感,但又会把自我的情绪情感封锁起来。在取得成绩时,骄傲自满;在失败时又容易自暴自弃,内心体验两极化表现尤为明显。

4. 自控能力增强

大学生的自制力明显提高,在坚持性、自觉性、独立性等方面有着明显的进步。大部分同学都能根据自我目标或社会规范调节行为,少数同学自控能力不够,不善于运用理智控制冲动行为,导致发生打架斗殴、违反校纪的现象。

二、大学生常见自我意识偏差

1. 过高与过低的自我评价

大学生都有强烈的自尊心和进取心,但过高的自我评价,容易产生自负、自满、偏激、固执等情绪和行为,形成怀才不遇的心理和不良的人际关系,设定不切实际的目标等。自我评价过高的大学生,若遭遇挫折,则会经历强烈的心理冲突,伴随失落感、情绪低落等,严重者甚至引发反社会行为、自暴自弃等。与自我评价过高相反,大学生若自我评价过低,也会伴随一系列负面问题的发生。例如,自我评价过低的同学常常无视自己的长处和优势,怀疑自己的能力,因为性格孤僻、情绪抑郁、意志消沉,往往伴随不良的人际关系,并且这些负性体验也会限制对其人生目标的追求,不断否定自己,不管是在学习、情感上,都表现得极度自卑。这部分大学生,若遭遇挫折,则容易发生过激行为,酿成悲剧。

 课堂互动

扫描二维码,阅读故事1装在套子里的女孩和故事2神奇的发卡。

(1) 故事1和故事2分别告诉什么?扫描二维码,看一看是否跟自己思考的一样。

故事1:装在套子里的女孩　　故事2:神奇的发卡　　故事寓意

(2) 结合自身实际,谈谈如何树立和培养自信心。

2. 过度的自我中心与从众

适度的自我关注有助于自我认知的发展,但过度的自我关注,时刻"以自我为中心",只从自己的角度、认知、感受去考虑,不顾及他人、自私自利,这会使我们在人际交往中处处碰壁,无法与其他同学和睦相处。与自我中心相反,另一个自我意识偏差为从众。从众是指在群体舆论压力下,放弃个人意见,与大多数人保持一致的自我保护行为。从众心理人人都有,但如果个体本身人生观、价值观、世界观不稳定,意志力比较薄弱等,就可能引发负面问题。例如,有同学看到寝室里其他同学吸烟,出于从众心理,也加入吸烟队伍里,这就是从众行为在大学生群体里的消极方面。

3. 完美主义

中国有句古语:"金无足赤,人无完人。"世间万物没有完美无缺的。但在大学校园中,部分大学生对自我的要求和期望非常高,他们追求"完美",夸大自己"不完美"的地方,不肯接纳现实生活中有缺点、"也有做不到的事情"的"我",对自己百般挑剔,又感觉总是达不到自己的要求,从而导致长期焦虑、紧张、抑郁等,甚至引起长期失眠、拖延症等,这些负性体验又会使自身的生活和学习变得更加困难,形成"死循环"。

扫描二维码,测一测自我意识。

自我意识量表

第三节　大学生完善自我意识的途径

> 课前思考:问一问周围人对你的评价。你喜欢这些评价吗?你有哪些优点和缺点呢?

 案例导入

李某,18岁,高职一年级学生。从上大学开始,她一边从事兼职工作,一边努力完成学业,与周围的同学都相处得非常好,在周围人的眼里,她就是一个开朗、自信、坚强、聪明的女孩子。但她总说这不是她,在她心底藏着另一个与别人眼里的她完全相反的"我",这个"我"自卑、胆小、懦弱,这个自我才是真正的"我",而别人眼里的"我"不过是表象而已,她觉得自己像戴了一个面具,外在是虚假的"我",所以她总是会被真实的"我"打击着,两个"我"在不停争斗,一个让她自信开朗,另一个让她自卑忧郁,这种内外不一致无法统合的状况,经常让她产生不安全感和危机感,让她承受了很大的压力。

这是大学时期容易遇到的心理问题,个人的内部状态和外部环境如果不能很好地协调一致,那么就会像案例中的李某那样产生强烈的内心冲突,甚至导致心理危机。因此,高职学生形成正确的自我认识,对自身心理健康的发展尤为重要。在这一节中,将了解完善自我意识、形成正确自我认识的途径。

一、正确的自我评价

古代先哲说:"知之难,不在见人,在自见。"这说明正确认识和评价自我是不容易的。那么,作为大学生,要正确地认知自我,主要从自我分析和他人评价两方面入手。

朋辈心理微课:
认识自我

1. 自我分析

分析自我就要全面剖析自己的生理自我、心理自我、社会自我,包括身高、体质等生理特点,也包括自身的气质、道德、意志、能力、学识等心理特质,还包括自己的职业规划、在社会群体中的位置等。自我分析既可在社会实践活动中进行,也可通过有效心理测试来进行。当我们积极参与社会实践活动时,会在活动中展现自己的能力、品质、意志等,通过活动可以检验自己的水平。也可利用专业的心理测试来认知自己的心理特质和能力,例如,使用自信心量表,进行人格测验、智力测验等,通过这些量表来认识自己。需要注意的是,心理测验到目前还存在很多问题,所以,参与测验后,决不能把测验结果绝对化,心理测验只是认识自我的辅助性手段。当通过这些途径自我内省后,便会发现自我意识不成熟的地方,进而有目的、有计划地实施自我教育、自我调节,不断修正和扩充自我意识的内容,进行正确的自我评价,使自我意识向健康的方向不断发展。

2. 他人评价

俗话说:"当局者迷,旁观者清。"大学生对自我的认知可以通过他人评价来进行。例如,如果自己在某个方面总是得到他人的称赞,那么自己在这方面就会比较优秀。如果在集体中,其他同学都不愿意与自己来往,这可能就是自己在人际交往方面不擅长的体现,需要我们通过活动、学习来改善。

当然,他人对我们的评价有时也难免不准确、有所偏颇,这就需要我们多从不同的角度,结合自我分析和他人评价两个方面客观地认识和评价自己。

 知识拓展

扫描二维码,读一读找"钻石"的故事。

找"钻石"

二、欣然接受自我

欣然接受自我就是接纳自己本来的面目,对自己持肯定、认可的态度。大学生只有接纳自我,才会看到自己的闪光点,充满信心,拥有幸福感、满足感。

1. 全面看待自己的长处与短处

"尺有所短,寸有所长",每个人都有自己的优缺点。每个人不会每件事都做得好,也不会每件事都做不好。一件事做得不好,不能说明每件事都做不好,正所谓"天生我材必有用",每个人都有自己的价值,善于克服自己的缺点,发挥自己的优势,充分发挥自身的潜能。

 知识拓展

扫描二维码,读一读索菲亚·罗兰和黄美廉的故事。

索菲亚·罗兰的故事

黄美廉的故事

2. 获取积极成功体验

成功的体验会产生积极的情绪,使人奋发向上,进而产生自我悦纳的意识。在大学生活中,可以有意识地去选择并参与自己感兴趣、有专长、适合自己的活动,发挥自己的优势,以此证明自己的能力,体验成功的感觉。

三、提高自控能力

在积极、无条件接纳自我的时候,也要善于改变自身不足的地方,用发展的眼光看待自己,把能够改变的劣势变为优势,通过不断修正自我来完善自己。

大学生对未来有很多期许,有很多美好蓝图。但如果对自己期望值过高,甚至脱离自身实际,一旦未达到期望值,就容易自我否定,甚至一蹶不振、自暴自弃。事实上,每个人都会遭遇失败,重要的是能够从失败中汲取教训,不因失败而灰心丧气,正确面对挫折和失败。同时,如果学会调控自己的期望值,学会控制自身情绪,自觉培养自身意志力等,也对避免挫折和正确面对失败起着重要作用。

知识拓展　　　下定决心,坚持不懈

詹姆斯·普罗斯是美国罗得岛大学心理学教授,他把实现人的转变分为以下四步。

(1) 抵制——不愿意转变。

(2) 考虑——权衡转变的得失。

(3) 行动——培养意志力来实现转变。

(4) 坚持——用意志力来保持转变。

可以看出,意志力对于实现转变和保持转变是非常重要的,培养意志力有效的途径之一就是设定合理的目标,并且为自己的目标规定期限。例如,有一位加州的教师名叫玛吉·柯林斯,她对如何使自己过胖的身材瘦下来十分关心。后来一个市民组织选她为主席,她便决定要减掉6kg。为此她购买了比自己的身材小两号的服装,目标是要在3个月之后的年会上穿起来。由于她坚定的意志力,终于如愿以偿。

四、不断发展和超越自己

歌德说:"最好不是在夕阳西下的时候幻想什么,而是在旭日初升的时候即投入工作。"大学生活丰富多彩,我们要把每一天都当作新的起点,不断尝试,不断激发自己的潜能,这样我们的大学生活才能过得精彩和充实。

保持积极的信念可以帮助我们不断发展和超越自己。例如,"大学生活非常有趣,同学们也是非常友善的",那么,这样的信念会引导你在大学中积极地去生活、学习,获得良好的人际关系。因此,拥有积极、正确的信念有助于大学生更好地适应社会、发展自我。

健康的自我意识是拥有健全人格和健康心理的重要前提,大学生能够正确评价自己,接纳自己,积极进取,合理运用自己的长处,才能克服困难,不惧挫折,实现自我发展。

知识拓展

扫描二维码，读一读大学生自我激励的十种方法。

大学生自我激励
的十种方法

本 章 小 结

本章主要介绍了自我意识的概念和特点，以及容易陷入的自我意识偏差和优化自我意识的途径。

由于个体的身心发展状况和成长背景，存在自我意识偏差是心理还不成熟的表现，但并不是个体的缺点，是正常而普遍的，只是我们必须去面对它、正视它、解决它，进行必要的自我意识的调节，以达到自我统合，形成健康、强大的心理。

资源链接

扫二维码分享好书和电影。

第二章资源链接

第三章

人格完善

➡ 章节导言

"人格"来源于 persona 这一拉丁词汇,意思是面具,在戏剧中用于表现人物身份和性格特征。在 20 世纪 30 年代,"人格"被心理学借用为专业术语,本章将会了解被心理学定义的"人格"是什么意思。人们常说"知人知面不知心",难道人心真的就那样难以预测吗?真的存在命运这件事吗?如果不存在,为什么有时又会有种被"说中"的感觉?

本章将从心理学角度认识既抽象又具体的"人",看看"人"的发展是否有规律可循。

➡ 学习目标

【知识目标】
1. 了解人格的基本含义、人格发展的概念、常见人格理论;
2. 了解大学生具有的人格特征。

【能力目标】
1. 认识和识别常见的人格缺陷;
2. 能够评估自身人格发展情况,运用科学方式完善自身人格。

【课程思政】
1. 引导学生树立正确人生观;
2. 引导学生形成良好的个人品格。

第一节 人格概述

> 课前思考:你认为"星座"说靠不靠谱?这世上真的有命运吗?真的有人能对自己的人生做出预测吗?

案例导入

小刘是班级里的优秀学生,她热情、踏实、成绩优异、多才多艺……大家都很喜欢她,在同学中她的人缘和号召力都很不错。有一天,小刘却来到了心理咨询室,她说这个世界太压抑了,自己其实非常孤独,她觉得人人都带着一张张的面具在生活,她觉得很痛苦也很困惑。

与案例中小刘有相同感受的同学并不在少数。很多同学都觉得人心是很复杂的，自己不明白自己，也搞不懂别人，因此迷茫困惑。人究竟是怎么回事？我们的一生究竟是掌握在自己的手里，还是有规律可循呢？要了解这一切，就要从人格的含义、特征等说起，这也是这节中将要学习到的内容。

一、什么是人格

人格在幼儿期已经初步形成，青年期面临"人格再造"是人格发展非常关键的阶段。作为大学生，了解人格的含义、特点、如何健全人格等，对自身心理发展有着极其重要的意义。

（一）人格的定义

目前，心理学界对人格的定义并不完全一致，但将心理学家对人格概念综合起来考虑，可以发现有不少共识，因此，如果对人格下一个粗略的定义，那么人格即是个体在先天遗传和后天环境的交互作用下，逐步形成的相对稳定的独特的心理倾向、心理特征和行为方式的整合。

（二）人格的特征

从人格的含义可以看出，人格具有以下特征。

1. 整体性

人格是我们所有心理特性的总和，也就是说一个现实的人具有情绪、情感、价值观、人生观等多种心理成分和特质，但这些心理成分和特质不会孤立地存在，而是相互作用、相互联系、相互制约组成这个人完整的人格，所以人格也反映着个体的整体精神面貌。例如，一个人从自卑变自信，会引起认知、行为、情绪情感等多个方面的改变，我们感受到的不是单一、某个心理成分和特质的改变，而是感觉这个人整个精神面貌都发生了改变。由此可见，人格中一个心理特性的改变会影响其他心理特性，而人格是由多种心理特性构成的一个有机整体。

2. 独特性

德国哲学家莱布尼茨说过："世上没有两片完全相同的树叶。"人也没有两个完全相同的人。每个个体都是独一无二的存在，由于构成人格的心理成分和特质组合的多样性，使个体的人格都有自身的特点。例如，有的人爱交际，有的人富有想象力，有的人热情直爽，有的人谨慎含蓄，有的人公正无私，有的人自私自利等，千千万万具有其自身人格特点的个体组成了我们丰富多彩的人类世界。

 知识拓展

扫码了解珍惜独一无二的自己。

珍惜独一无二的自己

3. 稳定性

俗话说："江山易改，本性难移。"这句话说的就是人格具有稳定性。个体人格一旦形成，就会表现出不受时间、情境限制，在思想、感情、行为方面形成连贯性和一致性。例如，一个喜欢交际的同学在班级里与很多人交往密切，在其他学院也会认识很多人,甚至在完全由陌生人组成的学生社团里也能很快和其他人混熟,这就是个体在不同情境中表现出的一致性行为。由此可见,除非经历非常重大的变故,否则人格改变的可能性是极小的。

二、人格发展的基本概念

有时审视自我,是否也会不禁问"自己为何成为现在的自己"?是哪些原因造就了热情或含蓄、乐观或悲观的"我"?人格究竟是怎么形成和发展的呢?在人格的形成和发展历程中,遗传和环境都起着重要的作用。

(一)遗传影响

个体的DNA、脑部神经系统的特点、身体内的生物化学物质是形成人格的生物学基础。不同的遗传信息决定了我们不同的生理特点、神经系统和生化物质。这些生物因素也奠定了个体人格发展最初的基础,因此这些生物因素也影响了个体人格的形成。大量实验研究也表明,比起异卵双生子和非双生子,同卵双生子在人格的关联性上更高,这也证明了遗传因素会影响人格的形成。

知识拓展

扫码了解气质体液说相关知识。

课堂互动

扫码测一测你是哪种气质类型。

气质体液说

测一测你是
哪种气质类型

(二)环境影响

人格的形成除遗传作用外,也受环境的影响。这些环境包含胎内环境、家庭环境、学校环境、社会文化。

1. 胎内环境影响

从受孕开始,人格的形成就受环境因素的影响了,例如,如果怀孕的妈妈有吸毒的恶行,会导致婴儿也产生相应的毒瘾,而在毒瘾的作用下,婴儿会出现先天性的暴躁、焦虑等性格特点。这些性格特点不是由遗传决定,却在出生时已经存在。

2. 家庭环境因素

家长是孩子第一任老师,家庭环境对于个体的人格形成有着重要影响。父母亲的教养方式、父母之间的关系等都对个体的人格形成起着决定作用。例如,在家庭教养中被父母忽视的孩子,在成长时容易产生不安全感、退缩、防御等性格特点。

3. 学校环境影响

随着年龄的增长,我们会到学校进行生活和学习,而学校环境也对个体的人格发展有着深刻影响力。例如,新闻上常报道一个寝室都是"学霸",寝室里每一位同学都考上了不同重点大学的研究生这样的事情,这些事实其实说明优良的学习风气对个体的自制力、自信心、自我价值感都有着明显的促进作用。有研究发现,不同校风下的学生在自我价值感、自我监控等方面存在明显差异。

4. 社会文化影响

整体的社会文化氛围对人格的形成有着不能忽略的影响。例如,在东方文化背景下生活的人们比在西方文化背景下生活的人们更加具有集体观念、更加尊重权威等。

需要注意的是,个体人格的形成和发展不是遗传因素或者环境因素单一作用的结果,也就是说人格的形成和发展是遗传和环境交互作用的结果。这也解释了,为什么我们处在同样的文化背景下、相差无几的家庭背景、就读同样的班级还是会存在人格差异。

三、部分人格理论简介

人是非常复杂又充满魅力的,每个人的心路历程都是独一无二的。既然人性如此复杂,那么有没有一套科学的体系或者参考框架能够指导我们去理解"人心"呢?在这一问题思考和研究下,逐渐形成了一些具有代表性的人格理论,这些人格理论为解释人、理解人提供了指引。

(一)精神分析学派的人格结构理论

人格结构理论是精神分析学派代表人物,也是奥地利精神病学家弗洛伊德提出的关于人格系统理论。在弗洛伊德的理论中,本我、自我、超我是构成人格的三大部分,见图3-1。

1. 本我

本我遵循快乐原则,储藏着本能、生理需求等。本我就像一个时刻都很任性的小孩儿,总是以满足时时刻刻的各种欲望为目的,完全不管社会规范、现实的可行性。从出生开始,本我就住在了我们人格中。

2. 超我

超我遵循道德原则,是个体的"良心",是监督和规范行为的"警察"。超我时刻提醒我们应该做什么、不应该做什么,理想中的自己是什么样子的,并向理想中的自我靠拢。超我和本我经常争吵,本我想要做快乐的事情,超我则坚持做正确而又合乎道德的事情。

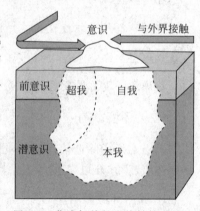

图3-1 弗洛伊德的人格结构理论

3. 自我

自我遵循现实原则,是个体的"理性"部分,是超我和本我之间的调解员。例如,去商店买东西,离开商店时,突然发现商店老板多找了钱给你,本我会告诉你快把钱用来买喜欢吃的食物,而超我则督促你向老板还钱,本我和超我正要争吵时,自我便会站出来调解本我和超我两者的需求。例如,还钱给老板,然后自己出钱去买想吃的食物。也就是说,自我总是在本我和超我发生冲突时,试图让本我和超我都感到满意。值得注意的是,如果本我和超我之间的冲突,让自我找不到有效的方式进行调节,那么这时个体就会感觉异常痛苦,造成思维和行为的冲突、紊乱。

知识拓展

扫码了解俄狄浦斯情结相关知识。

俄狄浦斯情结

弗洛伊德的人格理论

弗洛伊德的人格理论中,除包含人格结构理论外,还包括意识层次理论、梦论、人格发展理论等。

弗洛伊德的意识层次理论阐述了人的精神活动,例如,冲动、思维、幻想、判断、决定、情感等,会在个体不同的意识层次里发生和进行。不同的意识层次包括意识、前意识和潜意识三个层次。意识即为能随意想到、清楚觉察到的主观经验,这一部分有逻辑性、时空规定性和现实性。前意识是虽不能即刻回想起来,但经过努力可以进入意识领域的主观经验。潜意识是原始的冲动和各种本能、通过遗传得到的人类早期经验以及个人遗忘了的童年时期的经验和创伤性经验、不合伦理的各种欲望和感情。弗洛伊德认为,梦是通向潜意识的一条秘密通道,在我们进入睡眠时,人格结构中的超我放松了自我检查,潜意识里的各种欲望、感情、被遗忘的经验以伪装的方式,乘机闯入意识层次,从而形成梦,所以弗洛伊德对于梦也有着长期的研究,他认为梦是对清醒时被压抑到潜意识中的欲望的一种委婉表达。

如果意识、前意识、潜意识三者用一座冰山来进行比喻的话,那么意识代表的是整座冰山露出水面的一角,是非常小的一部分,而隐藏在水下的部分才是这座冰山的绝大部分,这一部分代表的是前意识和潜意识,个体的前意识和潜意识对人的行为会产生十分重要的影响。

弗洛伊德的人格发展理论则把人格发展的顺序划分为五个阶段。弗洛伊德认为,在6岁以前的个体,其本我中的基本需求,是靠身体上的这些部位获得满足的,它们分别是口唇、肛门、生殖器。所以,弗洛伊德在划分人格发展时,便以身体的这些部位命名了人格发展的前三个阶段。弗洛伊德的人格发展阶段理论见表3-1。

表3-1 人格发展阶段理论

阶段	年龄	主要发展任务	过分满足或受挫会导致的成年后的性格特点
口唇期	0~1岁	断奶	嘴部行为(如过度饮食、吸烟);被动、易受骗
肛欲期	2~3岁	排便	吝啬、固执、杂乱无章;或者洁癖、挥霍无度、随意
生殖器期	4~5岁	俄狄浦斯情结	虚荣、莽撞,或者自卑、胆小
潜伏期	6~12岁	防御机制的发展	无
生殖期	13~18岁	成熟的性亲密行为	对他人产生真诚的兴趣、成熟的性特征

(二)人格特质理论

请描述你的好朋友。

当在描述好朋友时,可能用到内向、热情、开朗、友善、聪慧等,这些描述的词都属于特质,特质是人格中稳定、持久的特征和品质,它们使个体无论在任何时间、地点等表现出的行为都是一致的。例如,如果"诚实"是一个人的特质,就可以从不同的地点、不同时间不断从他身上验证这一点。

很多心理学家都曾研究过人格特质,其中比较著名的人格特质理论有奥尔波特的人格特质理论、卡特尔的人格特质论、"大五人格"理论。

1. 奥尔波特的人格特质理论

美国著名的人格心理学家奥尔波特认为,人格特质的构成是遗传和环境两方面作用的。特质分为个别特质和一般特质。个别特质又细分为首要特质、中心特质、次要特质。首要特质是一个人最为显著的特点,是一个人的标志,能够通过首要特质预测在任何情况下个体可能出现的行为方式。例如,一个人的首要特质是冲动,那么可以预测这个人可能在与同学相处时容易发生冲突,也可能做出违反校纪、校规等事情。中心特质不是一个特征,而是几个特征结合在一起代表一个人的特点,例如,一个人的中心特质包含自信、爱交际、有活力、热情,那么根据这些特征,认知这个人是一个外向的人。次要特质不决定个体的人格面貌,但也是人格的组成要素。一般特质是由共同的文化形态和生活方式造就的,是人格中共有的部分,主要反映社会的价值与习俗。

2. 卡特尔的人格特质理论

卡特尔在奥尔波特的人格特质理论的影响下,同时受到化学元素周期表的启发,采用因素分析法对人格特质进行了分析,提出了一个基于人格特质的理论模型。卡特尔在其理论中最为重要的贡献在于提出了16种根源特质。这16种根源特质包括自律性、激进性、聪慧性、乐群性、情绪稳定性、有恒性、怀疑性、世故性、恃强性、兴奋性、敢为性、敏感性、幻想性、忧虑性、独立性、紧张性。卡特尔认为这16种特质是每个人都具有的,区别只在于不同的人表现程度有差异。

3. "大五人格"理论

卡特尔的因素分析法对人格发展理论的研究有着重要影响。20世纪80年代以来,心理学家们在卡特尔理论的基础上对人格描述模式上形成了比较一致的看法,提出了"大五人格",即人格五因素模式。这五个维度因素具体包括神经质、经验开放性、宜人性、外倾性、认真性。每个维度都有两极,代表这一维度中高分端点和低分端点,处在高分端点和低分端点的人都有非常典型的特征。例如,神经质因素与个体情绪稳定性有关,高分的人比低分的人更容易因为日常生活的压力而感到心烦意乱。低分的人多表现自我调适良好,不易于出现极端反应。有关人格五因素和相关特征具体见表3-2。

表3-2 人格五因素和相关特征

因素	具体表现	高分者典型特征	低分者典型特征
神经质	具有负面情感的倾向,尤其是在应对直觉到的社会威胁方面	烦恼、紧张、情绪化、不安全、不准确、忧郁	平静、放松、少情绪化、安全
经验开放性	具有想象力、喜欢新奇和变化的倾向	好奇、兴趣广泛、有创造性、有创新性、富于想象、非传统的	习俗化、讲实际、兴趣少、无艺术性、非分析性
宜人性	利他、合作、善良的倾向	心肠软、脾气好、信任人、宽宏大量、直率、轻信	愤世嫉俗、多疑、不合作、报复心重、易怒、挑剔

续表

因素	具体表现	高分者典型特征	低分者典型特征
外倾性	主动与他人交往的倾向	好社交、活跃、健谈、乐群、乐观、好玩乐、关注他人	谨慎、冷静、内省、冷淡、好独处、不活跃、话少
认真性	控制冲动,坚定不移的追求目标的倾向	有条理、可靠、勤奋、自律、准时、细心、整洁、有抱负、有毅力	无目标、不可靠、懒惰、粗心、松懈、意志弱、享乐

人格特质理论更清晰地告诉我们是怎么样的一个人,这是其他理论不能超越它的部分。

课堂互动

扫码测一测你的人格特质。

测一测你的人格特质

第二节 大学生人格特点及常见人格缺陷

课前思考:前往学校图书馆借阅或通过网络阅读《九型人格》,思考以下问题。
(1) 你的人格是什么类型?
(2) 生活中你不喜欢跟哪类人做朋友?

案例导入

小文,大二学生,成绩优异。大一入校时,便因为优秀的表现被辅导员指定为学习委员,一学年后班级改选班委,她很自信地认为自己一定会再次当选,但由于她在大一时与班上大部分同学不合,因此,在这次改选中,只有四个同学投了她的票,于是她落选了学习委员一职。事后,小文非常气愤,她觉得自己受到了不公平的待遇,班上的同学是嫉妒她的才能,才联合起来不选她,内心充满了对同学和老师的怨气。

案例中的小文存在哪些人格问题?常见的人格缺陷又有哪些?

进入大学后,我们不断适应自身社会角色的转变,不断扩大自己的社交范围,适应学习、求职等竞争,因此人格发展也受到了这些因素的影响。作为大学生,人格具有哪些特点呢?在这节中,我们将进行系统地学习。

一、大学生的人格特点

1. 具有正确的认知自我的能力

大学生具有一定的抗挫力,对压力和挫折有一定程度的承受能力,对自我有一定了解,能够对自身优势和劣势进行一定程度的剖析。多数大学生都有明确的职业理想和人生目标,并能为之奋斗。

2. 智能结构健全且合理

经过小学到高中阶段的学习,大学生所具备的知识结构也相对科学完善。大学生具备比较良好的观察力、记忆力、想象力等,能够把各种认知能力有机结合并发挥其应有作用,并且大学生能够结合实际考虑正反两方面的意见,既能独立思考问题,又能团队协作处理问题。会根据实际情况进行应变,表现出思维灵活性,能够深入问题本质,领悟问题实质,预见问题的发展趋势。

3. 富有进取性、创新性和果敢性

大学生有较强的进取心和开拓精神,具有开放性观念,有自己的事业心,喜欢创新、乐于实践,不惧冒险,独立观念很强,有自己的处事方式和态度。

4. 具有较强的社会环境适应能力

多数大学生都能很快地适应大学的生活,对外部世界有浓厚的兴趣,有良好的人际关系,又有一些自己的爱好,积极参与各种社会实践。同时,能够容忍别人与自己在思想、行为上的差异,能根据实际情况看待事物。

5. 情感饱满适度

大学生的情绪情感体验丰富,情绪上波动性与稳定性、内隐性与外显性并存,能够通过一些自我调适的方式,调整自身的消极情绪状态,避免过度消极情绪对自我造成的伤害,积极乐观的情绪体验在大学生活中占主导地位。

二、大学生常见人格缺陷

人格缺陷不仅会阻碍大学生活和人际交往的顺利进行,也会影响自身潜能的发挥。当前,有部分大学生就存在不同程度的人格缺陷,常常表现为以下几个方面。

1. 懒惰

懒惰是意志活力无力的表现,是影响大学生积极向上、释放青春能量的天敌,是不少大学生想要去克服又不能克服为之感到苦恼的一种人格发展缺陷。大学里曾流传这样一句话:"考试但求60分,多一分浪费,少一分受罪。"这实际上从侧面反映了部分大学生缺乏进取心、无目标、得过且过的懒惰心态。处于懒惰状态的大学生常伴有消极负面的情绪体验,例如,内疚、焦虑、后悔等不良情绪,久而久之,长期不良的情绪体验加上因为懒惰造成的行为结果得不到他人肯定,丧失成就感和自信心,从而又进一步加深不良的情绪体验和懒惰心态,甚至走上自暴自弃的极端道路,进入"恶行循环"的人生轨迹。

2. 自卑

自卑会引起大学生对自我评价过低,自卑的大学生常常看不到自己的长处,觉得自己处处低别人一等,敏感多疑、谨小慎微、畏首畏尾、瞻前顾后。有较强自卑感的大学生多数是由于自尊心受挫引起的,他们往往对事物表现出悲观失望,总觉得别人瞧不上自己,敏感脆弱,经不起任何批评,处世消极。

 知识拓展   **阿德勒说"自卑"**

阿德勒是人本主义心理学先驱、个体心理学的创始人。阿德勒的一生可以说是不停地超越自卑、追求优越并走向成功的一生。

阿德勒认为自卑有以下表现。

(1) 自大和自负。这种人内心对自己是没有自信的，自大是为了武装自己，不想承认自己无能，于是包装自己，给自己一种自己认为的优越感。

(2) 喜欢对比，妒忌他人。因为自己没有足够优秀，内心见别人优秀总是充满妒忌，总是看见别人的优点，看见自己的缺点，因此，这种人内心也是自卑的，生活也很压抑。

(3) 喜欢逃避他人，躲在自己的世界。这是很明显的自卑的表现，对自己非常缺乏认可、缺乏自信，害怕他人的直视的目光，躲避社交，不喜欢接触他人，喜欢独来独往。

(4) 炫耀自己所拥有的。在生活和社交中，总能看见很多炫耀自己的奢侈品、财富、自己的另一半等，这类人喜欢把自己的生活曝光给他人，带着一种虚荣心理，渴望得到他人羡慕的赞许，太过在意外界的看法，其实这也是一种自卑的体现，是自卑情结的过度补偿。

3. 怯懦

有部分大学生常常怀有这样的非理性想法，即"只能成功，不能失败"。其实这样的想法是导致大学生产生怯懦的主要因素。他们对于可能遭遇的挫折和困难，缺乏面对的勇气和信心，对失败不能正确地面对。所以他们往往不敢发表自己的意见，不敢担当重任，不敢展示自我等，回避失败、躲避困难会减少一部分挫折，但成功的体验也会相应减少。

4. 害羞

害羞是大学生常见心理，害羞的人在说话、做事时总是担心出错，害怕被别人嘲笑、议论。害羞的人特别在意自己在别人心目中的形象，过于关注自己，在人群中显得拘束。在做事上，这部分大学生的社交、工作能力并不差，但由于缺乏对自信心，所以本来能够做到、做好的事情难以如愿。实际上，害羞是每个人都有的心理现象，但不合时宜、过分的害羞就会阻碍正常的社交，影响自身发挥才能，长此以往，还会导致各种不良心态，如抑郁、焦虑、自卑等。

5. 依赖

依赖表现为依靠别人或事物而不能自立或自给，俗称成瘾。当代大学生对网络游戏和手机过分依赖。对网络游戏的依赖会造成网瘾，这部分大学生往往会花费大量时间、金钱在网络上，严重影响自己的生活和学习。随着智能手机的普及，手机依赖的人数也逐渐增多。例如，有的大学生除了睡觉、吃饭，其他时间都在玩手机，这就是典型的手机依赖。网络游戏成瘾和手机依赖会使原本就不爱社交的大学生，更加脱离人际关系，他们一旦离开网络和手机，就会显得手足无措，加重他们的空虚感。

案例： 四川某高校一男生宿舍楼里有个"怪人"，这个怪人两年来每次上厕所都是穿着拖鞋跑，他如此争分夺秒，竟然是为了打游戏。"怪人"小高是一名大二学生，从2006年开始，小高就疯狂地迷上了在网络上打游戏，凭借自己的技术和小聪明，他很快就成为游戏中的领袖。在该游戏中，领袖就要指挥和协调其他成员，让他们完成作战任务。为了让自己能更好地担任领袖的角色，小高几乎把所有的时间和精力，还有他的生活费都耗进去了。为了能取得游戏的胜利，也让更多的人加入他的游戏小组，他还给自己制定了"游戏"的作息标准：中午10时起床，凌晨3时睡觉，吃饭叫外卖，上厕所全靠跑，上课完全不去。更让人意想不到的是，他连洗澡的时间都没有，洗澡对他而言成了稀罕事。小高除参加期末考试以外，几乎很少出宿舍门，因长期不锻炼，身体出现了头晕、眼花的症状，而他的功课自然是一路红灯。

课堂互动

扫码了解网络成瘾症测试。

6. 偏激

偏激从认知上常常表现为看问题绝对化、片面性很大,要么就全是好的,要么就一无是处;在情绪上常常表现为根据个人的好恶和一时的心血来潮去论人论事,缺乏理性的态度和客观的标准;在行动上常表现为莽撞行事、不顾后果。

网络成瘾症测试

知识拓展

扫二维码了解 A 型人格特征。

A 型人格特征

7. 抑郁

抑郁的情绪人人皆有,但多数人的抑郁情绪不是持续的。抑郁的大学生主要表现出情绪低落、闷闷不乐、兴趣丧失、不爱交际、思维迟缓等,如果不能及时进行心理调适,则有可能导致抑郁症。如果抑郁情绪持续存在且较严重,应当及时告知朋友、家人或者班级心理委员,寻求学院、学校心理健康指导中心或者医院的专业帮助。

8. 焦虑

适度的焦虑有助于提高学习或者工作效率,但过度的焦虑就会引起烦躁、紧张、不安、强迫、身体不适等负面体验。大学生的焦虑主要跟人际关系和考试有关系。特别是考试焦虑,部分大学生对考试结果的过度担忧和本身自信心的缺乏等,容易对考试产生过度焦虑感,引发失眠、胃痛等生理反应。

9. 虚荣

大学生的虚荣心跟大学生的自尊心和自卑感是联系在一起的。虚荣心强的大学生往往性情敏感、情感脆弱、多愁善感,虽然有自卑心,却又害怕别人伤害他的尊严,过分介意教师和周围人的评论与批评,常常会塑造一个虚假的优秀自我形象,不敢面对真实的自我,也无暇丰富、壮大真实的自我。

10. 自我中心

随着自我意识的发展,大学生会越来越多地把关注的重心投向自我,但过度关注自我,在想事情、做事情的时候,都以"我"作为出发点,不能换位思考、将心比心,不能真诚地关爱他人,唯我独尊等,这些都会严重引起他人的反感,与同学的人际关系产生不和谐。

知识拓展　　　　　　　　**健全人格的标准**

国内外的研究表明,健全人格是各种人格特征的完美结合,综合起来有以下特点。

(1) 和谐的人际关系。从一定程度上来说,人际关系是最能体现一个人人格是否健全的重要指标。人格健全的人在与他人交往时,能够建立良好的关系;与人相处时,能够用尊敬、信任、真诚、公平、宽容等积极的态度对待他人,能够尊重与接纳他人。

(2) 良好的社会适应能力。人格健全的人能够在社会环境中适应良好,主动关心社会,了解和积极适应社会;使自己的行为、思想顺应社会的发展,与社会的要求相符合,能够较快地适应新的环境。

(3) 恰当的自我评价。人格健全的人对自己有恰当的评价，既充满自信，又不妄自尊大，了解自己的长处和短处，做自己力所能及的事情，擅长扬长避短，自尊自爱，在日常生活中能有效地调节自己的行为与环境保持平衡。

第三节 大学生完善人格的途径

> 课前思考：一项长达10年的纵向研究发现，不管一个人的性别、种族、年龄，也不管他的婚姻状况、工作、住处是否发生改变，在一开始调查时就快乐的人在10年之后仍然很快乐。一项长达半世纪的观察研究发现，快乐的青少年也是快乐的成年人，虽然有人经历过患病、失业、离婚，但是他们都能够重新获得快乐。
> (1) 健康人格对我们究竟有什么意义？
> (2) 你能想到哪些完善人格的方法？

案例导入

小张是某高校大二学生，家中有父母和一个妹妹，小时候因成绩优异，父母对其很是溺爱。因为从小学到高中，小张的成绩一直都在班上名列前茅，优越感较强。但进入大学后，因为学习方式的改变，小张极不适应，成绩不断下降，所以心情十分郁闷，有时感觉情绪无法控制，并且小张与寝室其他同学也难以和平共处，经常因小事争吵，每次发生冲突，小张都会与寝室同学对立，以致小张已经连着换了七八个寝室了，他极度瞧不上学习和各方面条件比不上他的同学，甚至极端地称呼他们为"垃圾"，不懂得尊重别人。

案例中的小张明显具有人格缺陷，可以看出具有人格缺陷的人不仅与周围人无法和谐共处，自身也有着很多的心理困扰。健全的人格是心理健康的基础，也对我们的人际关系、未来成就等有着至关重要的影响。

大学阶段是人格发展和完善的重要时期，健全的人格是成长成才最积极的因素，社会的发展也要求大学生必须具有健全、成熟的人格。那么人格可以通过哪些途径进行完善呢？在这节中，我们将进行系统地学习。

一、培养自立意识

自立、自信、自尊和自强是大学生健康人格的四个基础，要塑造健全的人格，首先要培养自立的意识。从心理学的角度来说，自立就是个体从自己过去依赖的事物那里独立出来，自己行动、自己做主、自己判断，对自己的承诺和行为负起责任的过程（黄希庭、李媛，2001年）。在充分认识自我的基础上，对挫折与困难能进行自我调节与控制，能较好地安排自己的生活和学习计划。同时在生活中能表现出更积极的参与意识和人际适应性，在遇到困难时也表现出更加成熟的应对方式。因此，鼓励大学生积极参加团体辅导、社团活动等集体活动，不仅能帮助他们形成正确的自我认识，还能提高大学生的自我概念，改善他们的社会自立意识。

二、培养正确的自我认识

当代大学生是新时代社会主义接班人，培养健全完善的人格，一是要对自己形成准确的定位和恰当的评价。简单来讲就是要有自知之明,有多大的能力就做多大的事情,全面清晰地认识自己,不要过度高估自己,也不要低估自己。一方面我们可以通过与他人进行比较,寻找差距找到努力的方向;另一方面要学会跟过去的"我"做比较,看看自己是否取得了进步,对于自己的缺点,要加以改正,而对自己的优点,也不要骄傲,要进一步提升。只有真正接受了自己的各方面,才能够算是人格的完善。二是不断完善自我。在全面客观认识自己的基础上,确定自己的理想信念,从而设定人生目标,在追求目标的过程中,不断学习、不断成长,不断成为更好的自己。

 课堂互动　　　　　　**自我实现者的特征**

自我实现者是能够充分发挥自己潜能的人。美国心理学大师马斯洛(Maslow)估计,世上大概只有1%的人能达到自我实现,他详细地描绘出"自我实现者"的画像。以下是自我实现者的一些共同特征。

(1) 他们的判断力超乎常人,对事情观察得很透彻,只根据现在所发生的一些事,常常就能够正确地预测将来事情会如何演变。

(2) 他们能够接纳自己、接纳别人,也能接受所处的环境。无论在顺境或逆境之中,他们能安之若素,泰然处之。虽然他们不见得喜欢现状,但他们会先接受这个不完美的现实,然后负起责任改善现状。

(3) 他们单纯、自然而不虚伪。他们对名利没有强烈的需求,因而不会戴上面具,企图讨好别人。

(4) 他们对人生怀有使命感,因而常把精力用来解决与众人有关的问题。他们也较不以自我为中心,不会只顾自己的事。

(5) 他们享受独居的喜悦,也能享受群居的快乐。他们喜欢有独处的时间来面对自己、充实自己。

(6) 他们不依靠别人满足自己安全感的需要。他们像是个满溢的福杯,喜乐有余,常常愿意与人分享自己,却不太需要向别人收取什么。

(7) 他们懂得欣赏简单的事物,他们像天真好奇的小孩一般,能不断地从最平常的生活经验中找到新的乐趣,从平凡之中领略人生的美。

(8) 他们当中有许多人会感受到"天人合一"的境界。

(9) 虽然看到人类有很多丑陋的劣根性,他们却仍怀有悲天悯人之心,能从丑陋之中看到别人善良可爱的一面。

(10) 他们的朋友或许不是很多,然而所建立的关系,却比常人深入。他们可能有许多淡如水的君子之交,素未谋面,却彼此心灵相通。

(11) 他们有智慧,明辨是非,不会像一般人用绝对的"不是好就是坏"的分类判断。

(12) 他们说话含有哲理,也常有诙而不谑的幽默。

① 对照自我实现者的特征,看看自己具备哪些特征?

② 讨论分享曾经体验过的自我实现事例。

三、培养良好的自信心

自信是个体对自己的积极肯定和确认程度,是对自身能力、价值等做出正向认知与评价的一种相对稳定的人格特征。大学生拥有良好自信心的一方面在于提升自我效能感。自我效能感的高低更多依赖于成败经验,特别是成功经验对个体的自我效能的提升有明显的影响。另一方面要习得正确的归因方式,学会肯定自身存在的价值,不仅能客观地分析自己,看到自己的长处,也能了解自己的不足。

自我效能感

班杜拉对自我效能感的定义是指"人们对自身能否利用所拥有的技能去完成某项工作行为的自信程度"。

在某一情境下,决定自我效能感的主要因素如下。

(1) 行为成就。效能期望主要取决于过去发生了什么,以前的成功导致高的效能期望,而以前的失败导致低的效能期望。

(2) 替代经验。观察他人的成败,可以对自我效能感产生与自己的成败相似的影响,但作用小一些。

(3) 言语劝说。当你尊敬的人强烈认为你有能力成功地应付某一情境时,自我效能感可以提高。

(4) 情感唤起。高水平的唤起可导致人们经历焦虑与紧张,并降低自我效能感。

四、养成良好的习惯

人格的发展是生理、心理、环境因素的相互作用。因此健康的身体,强健的体魄是人格健全发展的物质基础。个体的心理活动跟脑和神经系统的生理功能有关。有研究表明,体育锻炼会刺激脑内化学物质的分泌,减少失眠,缓解焦虑、抑郁症状,使人产生愉悦感。运动有利于增强大脑和神经系统的稳定性、灵活性,有利于健全人格体系的生理机制的建设。

五、培养积极的生活态度

人格健全的大学生在生活中常常能保持积极向上的态度,有自己的目标并努力去实现它,从而在这个过程中追求自我价值的实现。我们常说的一句话"快乐是会传染的",乐观是我们每一个人都应该具备的生活态度。如果周围的人每一天学习都很积极,参加各项活动也非常积极,那么身边的人也会被这种积极的氛围感染变得积极向上。因此,大学生应当积极进取,树立远大的理想,努力奋斗,对未来充满希望。

扫码了解哈佛大学公开课:幸福课。

哈佛大学
公开课:幸福课

六、积极参与社会活动

大学生的生活、学习绝大部分都是在大学校园里度过的,因此大学特有的精神环境和文化氛围,使生活于其中的每个大学生价值观、行为方式、思想动态等各方面受到影响,因此,参与大学校园文化活动,是塑造大学生健康人格的重要途径,大学生要在社会活动中学会"做人"。在大学活动中,心理健康教育活动更是有助于大学生形成理想人格。例如,学校里开展的以人格完善为主题的心理团辅系列课程、校园心理情景剧、心理微电影拍摄、心理电影赏析等活动都有助于大学生优化自身人格。

 知识拓展

扫码了解做人与做事的相关内容。

做人与做事

七、培养自制力

自制力的培养对大学生心理发展、人格健全十分重要。自制力是个体能够自觉调控自己行动的品质。自制力强的人,能够理智对待周围发生的事情,能够抵御外界的不良诱惑,不会丧失自我、甘于堕落,不易形成脆弱和病态的人格特征。他们表现出对外界环境较强的主导和适应能力,往往能设立明确的人生目标,在追求目标、实现目标、追求更好的目标这种"良性循环"的人生轨迹中,不断地发挥自我潜能、不断地悦纳自我,从而产生积极、健康、乐观的自我意识,形成自尊、自爱、自立等良好品质,进而培养出健全的人格体系。

 知识拓展　　　　**提高自制力的途径**

一是有明确的人生规划,当你具有明确的人生目标时,会清晰地知道"现在我需要做什么""我应该做什么""我应该怎样开始学习",同时也能够更好地控制自己的欲望,不易受外界诱惑。

二是积极地与人沟通,学会表达,学会转移注意力,学会调节自己的情绪。当我们面对紧张、焦虑、烦躁等情绪问题时,可以和好朋友聊天,及时与家人沟通,寻求家人、朋友的理解和支持,或者可以采取转移注意力的方式,例如做些开心的事情、出去逛街、听音乐、看电影等,这些事情能够让我们的情绪稳定,减少负面情绪的影响,要记住负面情绪越是压抑在心里,后果就越严重。

三是可以考虑参与心理健康活动或者心理咨询,心理健康活动可以帮助我们有效提高自控能力,例如心理团体辅导。当你感觉自控力非常差时,也可直接寻求专业的帮助,例如进行心理咨询,这些都是能够有效提高自控能力的方法。

本 章 小 结

人格是个体在先天遗传和后天环境的交互作用下,逐步形成的相对稳定的独特的心理倾向、心理特征和行为方式的整合。人格具有整体性、独特性、稳定性;遗传和环境对人格的形成和发展起着重要的作用。

大学生的人格特点包含正确的认知自我的能力;智能结构健全且合理;富有进取性、创新性和果敢性;较强社会环境适应能力、情感饱满适度;大学生常见人格缺陷主要有懒惰、自卑、怯懦、害羞、依赖、偏激、抑郁、焦虑、虚荣、自我中心。

完善自身人格主要从培养自立意识、正确的自我认识、良好的自信心、良好的习惯、积极的生活态度、积极参与社会活动、培养自制力七个方面着手,健全的人格是心理健康的基础。

 资源链接

扫二维码分享好书和电影。

第三章资源链接

第四章

心理素质拓展
——认识自我，接纳自我

▶ 章节导言

人最大的困难是认识自己，最容易的也是认识自己。很多时候，我们认不清自己，只因为我们把自己放在了一个错误的位置，给了自己一个错觉。所以，不怕前路坎坷，只怕从一开始就走错了方向。了解自己的性格，明晰能够改变的部分和不能改变的部分，接受无法改变的、改变可以改变的，才能遇见更好的自己。

"亲爱的，外面没有别人，只有你自己。"

本章为心理素质训练模块，通过心理游戏的形式，正确地认识自我，愉悦地接纳自我，拥有良好的心态，让身心健康成长。

▶ 学习目标

【知识目标】
1. 通过拓展活动，认识到"自我认识"的重要性，掌握自我概念和多维度认识自我的途径；
2. 掌握自我分析能力，对自我有进一步的理解。

【能力目标】
1. 能够调整自我认识中的偏差，尝试接纳自我；
2. 能够感受认识自我的意义，形成比较清晰的自我形象。

【课程思政】
1. 树立正确的人生观，将自我融入祖国的建设事业中；
2. 树立正确的价值观，探索个人价值实现的多种途径。

▶ 课堂互动

扫描二维码，进行性格色彩测试。

性格色彩测试

课堂活动

活动一 自画像

1. 活动目的

认识到每个人都有其独特的地方,具有不同的特质。

2. 活动准备

每人一张白纸,几盒水彩笔。

3. 活动流程

(1) 每名学生为自己画一幅带有文字的自画像。

(2) 将所有的画打乱放置,每名学生随机抽出一张,根据所写所画内容猜猜这是谁,并说明为什么是他。

(3) 最后由画主解说画的含义。

活动二 房树人绘画心理测验

1. 活动目的

房树人测验,简称HTP,是目前国际上比较标准的一套心理投射法测验,能有效地探测被测者的人格特征。

2. 活动准备

每人一张白纸,几盒水彩笔。

3. 活动流程

(1) 每名学生在空白的一张纸上画一幅画,画中要有房子、树和人,其他不做要求。

(2) 确保环境安静,时间控制在10分钟以内。

扫码查看活动分析。

活动分析

活动三 背后的留言

1. 活动目的

(1) 通过体验,培养学生客观对待他人评价的积极心态。

(2) 通过背对背的评价,让学生意识到"别人眼中的我"是什么样的,通过他人的评价来整合和完善自我。

2. 活动准备

纸、笔、透明胶。

3. 活动流程

(1) 每名学生在纸的最上面一行写下自己的姓名和对留言者说的一句话,固定到自己的后背上。

(2) 接下来大家在同学的后背上写留言。

(3) 10分钟之后,同学们再次围坐一起,拆开背后的纸条,看看同学们对自己背后的评价。

(4) 团体分享"背后的留言"。

人们因什么而欣赏你？因什么而不欣赏你？对别人的反映你认同吗？

哪些评价让你感到新颖、好笑，又确实符合自己的实际情况？

有没有看到自己潜在的优势或特长，是自己从未注意，而在别人的眼中可能是那么明显？

活动四　心灵对对碰

1. 活动目的

(1) 通过活动让学生将对自己的认识通过文字表达出来。

(2) 通过活动让学生感受到对自己的认识是否正确，并进一步认识到自己眼中的自己很特别。

2. 活动准备

白纸。

3. 活动流程

(1) 打开心灵秘签，写下对自己的认识(有的同学写出了自己独特的外貌，有的同学写出了自己鲜明的个性)。

(2) 学生随机抽取秘签，并根据内容找到它的主人。

(3) 师生讨论。

你是怎么猜出来的？看来大家都对自己有了一定的正确认识，而且也表现出了真正的你。

没猜中，又说明什么？你对自己的认识和大家对你的了解不一致，说明你没有真正地了解自己，又或许你的行为没有表现出真正的你，但并不代表你不独特。

本 章 小 结

认识自己是发展自己的第一步，也是生涯规划中的一部分，是成长及成功的基础。只有将自己眼中的"我"和别人眼中的"我"进行认真反思，并不断努力去发掘最真实的自己，才能够在各个阶段把握好自己，走出属于自己的美丽人生。

资源链接

扫二维码分享好书和电影。

第四章资源链接

第二篇
学习提升

第五章

学习心理

➤ 章节导言

上大学到底应该学什么？有些大学生抱怨"读书无用"，十几年的寒窗苦读或许还比不上一两年的实习经验，现在媒体上还有过名牌大学毕业后回家卖猪肉的新闻。朋友曾说过自己的一个例子：表妹正为一道函数题而愁眉苦脸，吃饭的时候问她："姐姐，将来工作的时候会用到函数吗？"朋友听了一愣，不知道该怎么回答她，因为至今工作五年了，从来没有用到过函数。这样的读书作用又是什么呢？

学习是一项终生活动，那么学会学习是一项最基本的任务。首先要培养独立思考的能力，不能人云亦云，不能全盘接受教科书的内容，也不能照单全收世界权威机构的观点。如果有人问，你在大学学到了什么，这不仅是在问你学了多少专业知识，还在问你以后的工作和生活中能用到多少所学的知识，也包括今后可能会用到的学习迁移技巧。

很多同学对于大学应该学什么是有比较一致的答案的，即"大学之大，非有大楼之谓也，乃有大师之谓也"。大学中除知识之外，更重要的是可以汲取教授的思想源泉，并在大学期间不断培养、提高自己的能力。美国著名励志书作者奥里森·马登曾说过："每个人的心灵深处都有许多潜藏的力量，多数人从未想过自己拥有这些力量，唤醒并应用这些力量，便能彻底改变人的一生。"

过去几十年来，科学家们通过实验研究和对学习高手的观察，结合心理学特别是脑科学的进步，可以说是发现了学习的秘密。怎样快速掌握一项标准化的技能、如何加深对知识的记忆、创造性思维到底是什么，像这样的问题都已经有了比较清晰的结论。但愿本书中这些方法能让你不走弯路，以最快的速度达到高水平。

学习目标

【知识目标】
1. 了解大学学习活动的基本特点与学习心理特点及与学习相关的理论;
2. 了解大学生学习心理障碍的表现及成因。

【能力目标】
1. 能够调适学习心理障碍,使自己拥有良好的学习心理状态;
2. 能够合理规划自己的学习生活。

【课程思政】
1. 树立正确的人生观,使其形成良好的品德品质和学习习惯;
2. 坚持工匠精神,培养持之以恒的学习精神。

第一节　认识学习

> 课前思考:
> （1）从高中进入大学后,学习方式和学习目标都发生了很大的变化,分析高中和大学的学习方式、学习目标的差异有哪些?针对这些差异,作为大学生应当怎样有效地开展学习活动?
> （2）刚进入大学的学生,很容易没有目标,从而产生颓废消极的心态。例如,对专业不感兴趣,厌学思想浓厚;脱离了高中相对严格的管束,受拘束少,自我控制能力差,开始迷恋网络游戏、逃避现实、一门心思谈情说爱、心不在焉混日子。对出现这些情况的同学,有什么建议?

案例导入

刘宏宇,2018级电气自动化设备安装与维修专业学生,国家奖学金获得者。在校领导、老师的辛勤教育指导下,经过自己的不懈努力,他树立了正确的人生观和价值观,端正了学习和生活的态度,明确了自己人生发展的目标,坚定信念,激励自己向高素质人才靠拢,并坚持不懈地为之努力奋斗。刘宏宇积极参加各项比赛,并加入了学校集训队训练,先后参加了第45届世界技能大赛电气装置四川省选拔赛、四川省中等职业学校学生技能大赛电气安装与维修、中华人民共和国第一届技能大赛电气装置项目等多项比赛,均取得优异的成绩,他努力用创新的思维提升自己的专业知识水平,为今后的学习与工作打下了良好的基础。

刘宏宇深知学习是学生的天职,始终都把学习放在自己生活的重要位置。在校期间,系统全面地学习了本专业的理论基础知识,同时,努力拓宽自己的知识面,广泛涉猎各科知识,培养其他方面的能力,提高了自学能力。学习中不断进步,专业排名一直名列前茅,学习成绩和综合成绩均居全年级前列,学习认真刻苦,成绩优秀,勇于创新。凭借着刻苦钻研的学习劲头和孜孜不倦的学习态度,获得了国家奖学金和学校一等奖学金、三好学生等荣誉。

一切的成绩终属于过去,明日东方又将有一轮崭新的红日升起,在未来的日子里,相信他会更加努力地学习、工作,争做一名新时代的优秀学生,在不久的将来为国家和社会贡献自己的力量。

一、学习的含义

什么是学习?学习是如何进行的?关于学习的理论,也许大家知道的并不是很多。理解学习的概念和相关理论,有助于大家对学习的本质、特点、规律有一个全面而系统的把握,从而能科学地进行学习。

学习一词,我国古代文献中早已有之,孔子说:"学而时习之,不亦说乎?"又说"学而不思则罔,思而不学则殆。"古代儒家的学习观点,在一定程度上揭示了学习与练习、学习与情感、学习与思维之间的关系。

长期以来,许多心理学家、教育学家和哲学家从不同的角度提出了学习的定义。美国心理学家桑代克说:"人类的学习就是人类本性和行为的改变,本性的改变只有在行为的变化上表现出来。"(1931年)美国教育心理学家加涅说:"学习是人类倾向或才能的一种变化,这种变化要持续一段时间,而且不能把这种变化简单地归之为成长过程。"(1977年)美国心理学家希尔加德说:"学习是指一个主体在某个现实情境中的重复经验引起的、对那个情境的行为或行为潜能的变化。不过,这种行为变化不能根据主体的先天反应倾向、成熟或暂时的状态(如病劳、醉酒、内趋力)来解释。"(1987年)联合国教科文组织发布的《教育,财富蕴藏其中》报告中指出:"学习是指个体终身发展、终身教育的理念。"

关于学习的定义,仁者见仁,智者见智。一般认为,学习的含义有广义和狭义之分。广义的学习是指人或者动物在一定的情境中为获得经验而产生的行为或行为潜能的比较持久的变化过程。狭义的学习,是特指人类的学习。人的学习是指在社会生活的实践中,自觉地、能动地以个体经验的形式掌握社会经验的过程。所以,人类的学习过程就是掌握社会经验的过程,人类的学习是掌握社会经验的活动。简单来说,学习是由掌握社会经验所引起的主体行为和行为潜能的持久改变。

学生的学习是人类学习的一种特殊形式和特殊阶段,是在学校教师有目的、有计划、有组织、有系统的指导下,以掌握间接经验为主的智力实践活动的过程。对一个大学生来说,学习是其社会化的关键所在。大学生学习的高层次目标在于塑造健康的人格,培养德才兼备的综合素质,使之成为社会的有用之才。

二、有关学习的理论

关于学习的心理学理论有许多,影响较大的有行为主义学习理论、认知主义学习理论、建构主义学习理论和人本主义学习理论。

这些理论都对学习做了较深入的探讨,在教育界有一定的影响,但限于篇幅,这里只对它们做非常简要概括的介绍。

1. 行为主义学习理论

这个理论是20世纪初由桑代克首先提出来的,后经行为主义心理学家华生、赫尔、斯金纳等人的进一步发展,成为一个较为完整且影响较大的学习理论。行为主义是20世纪初产生于美国的一个心理学派,代表人物为桑代克(Edward Lee Thorndike)、华生(John

B. Watson)和斯金纳(B. F. Skinner),他们用"刺激(S)—反应(R)"论来诠释学习过程就是在外界环境的刺激与有机体的反应之间建立联结或联系的过程,这个联系(学习)的形成与巩固,导致了行为的改变。行为的改变是不断强化(奖惩)的结果。例如,分数、教师的口头表扬或物质奖励都是激励(抑制和调节)学生学习行为的强化手段。

2. 认知主义学习理论

认知主义源于格式塔心理学派,他们认为学习是人们通过感觉、知觉得到的,是由人脑主体的主观组织作用而实现的,并提出学习是依靠顿悟,而不是依靠尝试与错误来实现的。该理论关于"学习"的观点是:否定刺激(S)与反应(R)的联系是直接的、机械的,认为人们的行为是以"有机体内部状态"——意识为中介环节,受意识支配的,他们以 S—O—R 这一公式代替 S—R 这个公式(O 为中介环节);学习并不在于形成刺激与反应的联结,而在于依靠主观的构造作用,形成"认知结构",主体在学习中不是机械地接受刺激、被动地做出反应,而是主动地、有选择地获取刺激并进行加工;对学习问题的研究,注重内部过程与内部条件,主要研究人的智能活动(包括知觉、学习、记忆、语言、思维)的性质及活动方式。学习的认知理论以格式塔顿悟学说、托尔曼的认知论、布鲁纳的学习理论等为代表。格式塔顿悟学说强调在整体环境中研究学习,同时还强调知觉经验组织的作用。这一学说认为,学习是知觉的重新组织,这种知觉经验变化的过程不是渐进的尝试与错误的过程,而是突然领悟的。美国心理学家托尔曼关于学习的理论受格式塔理论的影响。他认为外在强化并不是学习产生的必要因素,不强化也会出现学习;他还强调内在强化的作用。在学习过程中存在尝试与错误的过程,在多次尝试中,有的预期被证实,有的则未被证实,预期的证实是一种内在的强化,即由学习活动本身所带来的强化。布鲁纳是美国当代著名认知学家。他认为,学习是认知结构的组织与重新组织。他强调学生的发现学习,认为学习是积极主动的过程。他也非常重视内在动机与内在强化的作用。

3. 建构主义学习理论

建构主义学习理论是认知主义学习理论的一个重要分支,它的起源可追溯至皮亚杰的儿童思维发展理论。建构主义认为知识不是对现实的纯粹客观的反映,它只不过是人们对客观世界的一种解释、假设或假说,它不是问题的最终答案,它必将随着人们认识程度的深入而不断地变革、升华和改写,出现新的解释和假设;知识并不能绝对准确无误地概括世界的法则,提供对任何活动或问题解决都实用的方法。在具体的问题解决中,知识是不可能一用就准、一用就灵的,而是需要针对具体问题的情景对原有知识进行再加工和再创造;学习者对知识有不同的理解,学习者并不是空着脑袋进入学习情境中的。在日常生活和以往各种形式的学习中,他们已经形成了有关的知识经验,他们对任何事情都有自己的看法。在这种理论下,教师不单是知识的呈现者、知识权威的象征,更应该重视学生自己对各种现象的理解,倾听他们时下的看法,思考他们这些想法的由来,并以此为据,引导学生丰富或调整自己的解释;学生是学习的主体,是知识意义的直接建构者,而不是知识的被动接受者和被教师灌输的对象。学习要靠学生自觉、主动去完成,教师和外界环境的作用都是为了帮助和促进学生的意义建构的。

4. 人本主义学习理论

人本主义心理学兴起于 20 世纪五六十年代的美国,主要代表人物是马斯洛(Abraham

H. Maslow)和罗杰斯(C. R. Rogers)。罗杰斯的学习理论可以概括为以下几点：①学习是有意义的心理过程，不是机械的刺激和反应联结的总和。②学习是学习者内在潜能的发挥。人类的学习是一种自发的、有目的的、有选择的学习过程。教学任务就是创设一种有利于学生学习潜能发挥的情境，使学生的潜能得以充分发挥。③从学习的内容上讲，罗杰斯认为应该学习对学习者有用的、有价值的经验。④最有用的学习是学会如何进行学习。人本主义心理学特别强调对学习方法的学习和掌握，强调在学习过程中获得知识和经验，强调人的潜能、个性与创造性的发展，强调自我实现、自我选择和健康人格是学习追求的目标。

三、大学学习的目标及特点

（一）大学学习的目标

"知识、技能、素质"已成为21世纪的新型人才培养模式。大学生学习的目的是使自己成为身心健全的人、德才兼备的人、全面发展的人，对祖国和社会有着积极贡献的人。

1. 身心健康发展

健康的身心是大学生成才和成功的基本保证。身心健康的大学生能正确地认识和评价自己，能正确地对待生活中的成功和挫折，能以积极乐观的态度去对待生活和学习。另外，健康的身心也有助于学习能力的提升。

2. 积累知识储备

知识就是力量，知识是文明的源泉。在大学有限的时间里，大学生需要积累以下四方面的知识：①作为"文化人"，要学习基础的人文社会科学知识及现代科技普及知识；②作为"专业人"，要学习专业知识及本专业领域最新动态与发展；③作为"社会人"，要学习为将来毕业后提高自己的社会竞争力而扩展的知识，如法律、管理等；④为学习知识而必须掌握的"工具性"知识，如哲学、计算机、英语等。

3. 全面提升自己

知识并不等于能力，大学生在大学努力学习知识的同时，要注重培养和提高自己的能力。能力的培养其实就是一个将知识用于实践的过程，在大学期间，需要培养和提升下列七种基本能力。

（1）独立生活能力。当代大学生自我意识很强，独立能力却相对较弱。因此，要有意识地加强独立能力的锻炼，除学会独立处理好生活问题外，还要养成独立思考和独立学习的习惯。

（2）系统学习能力。具体包括确定学习目标的能力、制订学习计划的能力、阅读分析的能力、解决问题的能力、查找图书和检索信息资源的能力等。

（3）交往合作能力。学会与别人和谐相处，懂得尊重他人、关心他人，具备团队合作精神。

（4）语言表达能力。学会在他人面前从容、准确、完整地表达自己的意愿和观点。

（5）实践操作能力。学会与专业相结合的动手操作能力，如多媒体教学设备的操作、公文写作、现代办公设备的操作等。

（6）组织管理能力。通过积极参加社团活动、社会实践、班级管理等，有意识地培养自己为完成某一特定的任务而去制订相应的计划和方案并进行组织和有效控制的能力。

（7）开拓创新能力。包括开拓新思路、批判性思维、勇于冒险等能力。创新是人类社会发展生生不息的动力，是人类文明进步的本质特征。

4. 提升道德修养

当代大学生应承担起家庭责任和社会责任，做到立身、立志、立信、立教、立报、立节、立德、立功、立言。在道德追求上有高标准，在事业发展上有贡献，在观念和语言上有革新。

（二）大学学习的特点

高等职业教育自身的属性决定了大学生的学习既有别于中学生的学习，又有别于普通本科学生的学习，主要具有以下几个特点。

1. 实用性

高职教育培养的是社会经济、生产、服务第一线需要的应用型职业技术人员，其中，应用能力的培养是教学的主旨和目标。学校的管理、专业设置、设施配备及教学体系的构建都围绕着培养应用型人才这一高职教育的基本要求，专业课教学突出实用性，理论以必需、够用为度，注重实际动手能力的培养。在高职教育中，岗位技能培养即实习、实训教学的安排占有相当比例。

2. 广博性

所谓广博，是指高职教育要求大学生掌握的知识面比较宽泛，一般要求其掌握三大类知识，即学科知识、基础文化科学知识和社会知识。学科知识包括学科一般基础知识、专业基础知识、相关学科知识三个方面；基础文化科学知识是指除学科知识以外的文化科学知识，如社会人文与艺术等方面的知识；社会知识是指人在社会中生活、学习和工作所需的各种知识，如社交礼仪知识等。

步入大学后，学生们普遍觉得知识浩如烟海，要学的东西太多，但可供支配的学习时间相对有限。因此，大学生一方面要尽可能多地涉猎各种知识，另一方面必须将有限的学习时间与精力倾注在与专业应用方向及未来生活直接或间接相关的方面，以便在大学期间最大限度地掌握各种必备的知识与技能。

3. 专业性

所谓专业，主要是指要有扎实的专业知识结构与熟练的实际动手操作能力，能够较好地掌握一技之长，以满足社会对相关专业技术人才的需要。大学生的学习活动是一种以掌握专业知识和技能为特征的社会活动。基于这种特点，专业思想是否牢固以及专业应用能力的掌握程度将直接影响大学生的学业成绩及未来的事业成就。

4. 自主性

大学生的学习虽然是按照专业的教学计划要求，在教师的指导下进行的，但已不再像中学生那样绝大部分时间都是被动地完成教师布置的任务，而是有相当大的自主空间。教师课堂讲授要求做到少而精，这就要求大学生课外要更多地通过自主学习来掌握教学目标所要求的内容。此外，大学可供自由支配的时间较多，为自主学习创造了必要的条件，同时也要求大学生培养自我控制能力与较强的制订和执行学习计划的能力，合理地安排好作息时间,以保证既定的学业目标能顺利完成。

5. 创新性

当今社会,科学技术迅猛发展,知识更新的速度越来越快。大学生学习已具有一定的自主探索性,因此,高职院校更注重大学生创新能力的培养,突出大学生在探索实践中的主体地位,以适应创新型社会对人才的更高要求。

四、大学生学习的心理特征

人只有通过学习才能达到自我完善和自我发展。对大学生来说,学习还具备以下心理特点。

1. 智力发展达到高峰

1970年,贝雷的研究结果表明,20～34岁是人生智力发展的鼎盛时期,也是一个系统掌握科学技术知识并创新的黄金时期。

2. 学习动机趋于稳定

学习动机可以分为内部动机和外部动机;在外因驱使下,如由教师、家长等所提供的奖惩手段来推动的学习被称为外部动机;学习者根据自身的兴趣、意志、理想等进行的学习属于内部动机,如有明确的学习目的与强烈的求知欲,它具有主动性、持久性的特点。到大学阶段,大学生的学习动机已经逐步成为内部驱动,趋于稳定。

3. 自我教育能力日益增强

随着知识的丰富、能力的提高,大学生的自我教育能力不断增强。体现在其学习过程中,能够依靠自己的学习结果总结反馈信息,对自己的学习活动自主地进行调控,分析总结并制订出一套适合自己发展的计划,以完成大学阶段的学习任务。

通过了解这些心理特点,我们不难看出,把握大学时期学习的大好机会,将会取得事半功倍的效果。

第二节　常见的学习心理困惑及调适

课前思考:
(1) 在之前的学习生涯中,你有什么样的学习困扰呢?是不是有时候想学的东西很多,但最后什么也没学会?心情总是起伏不定,学习总是专心不起来?
(2) 学习的时候总想着怎么样高效学习,总想学很多,却有好多没有学,越学习越焦虑?

 案例导入

燕子(化名),女,19岁,某民办高校大一学生。高中成绩一般,家里条件较好。燕子认为上大学就是为了混个文凭,毕业后家里会安排工作。她找不到学习的动力,也没有什么追求,觉得工作好不如嫁得好。在大学,她经常迟到旷课;一上课就趴在桌子上或拿出手机刷网页、逛淘宝;作业经常拖拉不交或敷衍了事地随便写写。期末考试成绩单上挂满了"红灯",差点被学校劝退。这时,她才意识到,这样混是得不到文凭的。

一、学习动机及调适

学习动机是激发个体进行学习活动,维持已引起的学习活动并使行为朝向一定学习目标的一种内在的心理状态。作为推动学习的内部动力,学习动机在学生的学习中占有重要地位。根据学习动机的强度,大学生的学习动机问题可以分为动机不足和动机过强两类。美国心理学家耶克斯和多德森研究证实,动机强度与学习效率之间不是线性关系,而是呈倒U形的线性关系。具体体现在:动机处于适宜强度时,学习效率最佳;动机强度过低时,缺乏参与活动的积极性,学习效率不可能提高;动机强度超过顶峰时,学习效率会随强度增加而不断下降。因为过强的动机会使机体处于过度焦虑和紧张的心理状态,干扰记忆、思维等心理过程的正常活动。

(一)学习动机不足

1. 学习动机不足的表现

大学生学习动机不足的主要表现:在思想上表现为目光短浅、胸无大志、缺乏社会责任感和事业心、理想模糊、信念丧失、求知欲不强、缺乏毅力、害怕吃苦、整天无精打采、萎靡不振、六神无主。在学习上表现为视学习为苦差事,课前不预习,课上不注意听讲,看小说,走神或睡觉。课后不看书,抄袭作业。很少去图书馆,很少借书,对武侠、言情小说津津乐道,把一些娱乐性的杂志当成专业知识去看。考试前临时抱佛脚,考试中能抄则抄,作憋成癖。最大的学习目标是"混张文凭"。在生活上表现为懒散,不遵守纪律,对吃喝玩乐情有独钟,戴天沉溺于下棋、打扑克、上网、跳舞、逛街和谈恋爱,无端浪费大学的美好时光。

2. 学习动机不足的原因

(1)社会原因。随着经济社会的发展,金钱至上、读书无用、"拼爹时代"等消极错误的观念影响着人们对于知识和人才的看法,这导致一部分学生认为学习无意义,学习动机不足。另外,迅速发展的物质生活,笔记本电脑、智能手机、高档数码相机等大学生日常学习生活必需品越来越多,随之而来的则是大学生学习时间减少,日常文娱活动时间增加等现象,这在一定程度上导致大学生学习动机下降。

(2)学校原因。高校模式化培养、教育产业化和良莠不齐的师资队伍,以及很多学校教学内容枯燥、教学方式呆板、教学水平不高等问题在很大程度上减弱了学生的学习兴趣。

(3)个人原因。首先是学习目标不正确,高中阶段以考大学为唯一的学习目标和学习动力。进入大学后,原目标已经实现,又没有确立起更为远大的学习目标,造成了学生考上大学之后感觉无所适从,无处着手的现状。其次是对大学学习生活不适应。大学学习需要学生由高中的被动学习转变为主动学习,但部分学生自我控制能力较差,在缺少教师监管的情况下放纵自我,容易受别人的影响。最后是对所学专业不感兴趣,所学专业是父母选的或是调剂的,迫于无奈而学习等。

3. 学习动机不足的心理调适

（1）改变认知，明确学习目的。对学习动机缺乏的大学生来说，要改变过去对学习的态度，明确学习目的和意义，给自己确立一个具有现实意义的学习目标，清楚自己努力的方向，激发自己的学习兴趣。

（2）感受成功，激发学习兴趣。大学生应在教师的引导下，培养对所学专业稳定的学习兴趣，并通过专业介绍、讲座、讨论，对口专业单位的参观等活动，提高自己的学习兴趣。同时，在教师的鼓励下培养自己学习的自信心，体验学习的成就感。

（3）正确归因，寻找恰当方法。对学习上遭受挫折和失败的大学生来说，首先要找到正确的成败归因模式，并正确评价自身的能力，同时还要寻找不适合自己的学习方法，以增强学习信心，激发学习兴趣。

（二）学习动机过强

1. 学习动机过强的表现

大学生学习动机过强的主要表现：在思想上对学业的期望值较高，自尊心强，能吃苦，有完美主义倾向。但是由于对自己的学习能力缺乏恰当的评估，造成学习强度过大，引起心理疲劳。在学习上表现为超常勤奋，认为学习是给自己带来优越感的主要渠道，制订繁重的学习计划。在生活上表现为除了学习，其他的都荒废了，生活节奏比较单一。把学习名次和考试分数当作大学学习的唯一使命，害怕失败，仅想通过优异的成绩来获得同学、老师、家长的认同。

2. 学习动机过强的原因

学习动机过强是在个体、家庭、学校、社会等因素的共同作用下产生的，造成动机过强的直接原因主要有以下几点。

（1）设置过高的目标。动机过强者往往无视自身条件和现实状况，设置一个可望而不可即的目标，让自己终其一生都无法达到或难以达到，以至于对自己过于严格、苛刻。

（2）不恰当的认知模式。学习动机过强者往往拥有这样的认知模式："只要我付出了努力，我就会获得成功。"把努力勤奋作为成功的唯一条件。但实际上，努力是成功的必要条件，而不是唯一条件。正确的认知模式应该是：只有努力，才有可能成功。

（3）他人不适当地强化。和动机缺乏者不同，动机过强者往往会受到家庭、学校、社会的肯定和支持。人们会称赞他们学习劲头足、勤奋、有出息，从而对他们进行了不适当地强化，使他们看不到动机过强的危害，反而越演越烈。除此之外，严厉的家庭教养方式和父母的过高期望，也往往导致学生学习动机过强。

3. 学习动机过强的心理调适

（1）正确认识自己。正确认识自己的潜质，即俗话所说的"自己是不是这块料"，从而制订恰当的学业目标与学业期望，调整成就动机。与此同时，要脚踏实地、循序渐进，不好高骛远。

（2）转换学习动机。学会把外在的、表面的学习动机转化为深层学习动机，正确对待荣誉与学业成绩。

（3）端正学习态度。一定要明确学习是为了什么。树立远大理想，保持学习热情，坚持不懈。以宽容的心态对待自己，降低对学习成败的敏感，有时反而会发挥出高水平，取得超出预期的效果。

（4）抛弃"学习好就是王道"的谬论。"学习好"可能会给你一个好看的简历，可能会增加找份好工作的筹码，但成功和幸福却不能靠一张漂亮的简历获得。进入成人社会后，"学习好就是王道"的时期也就结束了。因为成人社会看重的还有学习成绩之外的软实力，例如组织能力、协调能力、感恩之心等。所以，在大学期间，学会交往、积累丰富的人生智慧才会让你受益无穷。

 学习动机不足的应对及调适

（1）调整不合理认知，转变学习观念，设立长远目标。改变"高考拼搏过了，大学就应该好好放松一下"的想法，树立"大学阶段也应当保持学习积极性，为自己未来的发展打基础、做准备"的意识，才能根据大学阶段的学习特点，转变和调整现有的学习观念，设置将成功成才与践行社会责任相结合的长远目标，确立并保持合理的学习动机。

（2）激发求知欲，挖掘和培养专业兴趣，提升专业认同度。大学生想要在学习过程中提升学习动机，发挥学习的主动性、积极性，应重视激发求知欲、挖掘和培养对所学专业的浓厚兴趣和提升学科专业的认同度。大学新生可以广泛参加自己喜爱的各种学术和校园文化活动，在多读、多听、多看、多交流、多实践的基础上产生对特定事物的求知欲，从中挖掘对学科专业的兴趣点，逐步提升自己对所学专业的认同度。

（3）逐级设立目标计划，我们可以根据自身的实际情况，从制订和实现简单的学习目标和计划做起，一点点地增加目标实现的难度和复杂程度。在完成一个个具体的学习目标和计划的过程中，获得越来越多的成就感。这种成就感不仅为学习提供有效的内在强化，也能提升大学生的学习效能感，从而推动学习活动的积极开展和有效进行。

学习动机
自我测试

扫码测一测你的学习动机。

 如何找出最主要的学习目标

活动目的：帮助学生明确最主要的学习目标。

活动过程：

（1）每个人在纸上写出大学几年所要完成的五件大事。

（2）发现这些大事与学习的相关性了吗？请满怀信心地体验和分享你对这五件事情的期望与喜悦。

（3）现在有特殊事件发生，你必须在五件大事中抹掉两件，请用笔把它们画掉，抹掉就意味着完全失去了，这两件你永远也不能接触，与你无关了，体验一下你现在的心情如何？

（4）现在又有特殊事件发生了，请你再抹掉一件，这一件你也是永远不可能再接触，与你永远无关了。这时你的心情如何？

（5）残酷的现实再一次降临，你还要在剩下的两件中抹掉一件。这时你的心情又如何？

（6）现在只剩下一件了，看着你剩下的最后一件事情，这就是你这几年最想干的，对你来说也是最重要的一件大事,这就是你当前为之奋斗的目标。

总结:想要看到的不是失去的那四件事情,而是剩下的那一件事情。在大学学习期间,最重要的目标在于集中精力把事情做好。当校园时光结束时,那件事情,就是你对自己学习生活的一个交代,其他的四件事情,你可以妥善地安排和计划,让它们作为生活的补充。

二、学习疲劳及调适

学习疲劳是指学习时间过长、学习强度过大而造成学习效率逐渐降低并渴望停止学习活动的生理和心理现象。学习疲劳分为生理疲劳和心理疲劳。生理疲劳的表现有肌肉痉挛、麻木、眼球发疼、腰酸背痛、动作不准确、打瞌睡等;心理疲劳一般是由于长时间从事心智活动,大脑得不到休息引起的,表现为感觉器官活动机能降低、精神涣散、思维迟钝、忧郁、厌烦、易怒、学习效率下降等。

1. 学习疲劳的表现

学习疲劳的表现主要有以下几个方面。

(1) 很容易走神。不能有效地控制自己的心理活动,经常想一些与学习毫无关系的事情,思绪远离当前的活动。

(2) 特别容易受到干扰。很容易被外界的无关刺激吸引,偏离当前的学习活动。

(3) 多余动作增多。注意力不集中的人往往伴随一些多余动作或无关动作,如东张西望、玩弄手指。

(4) 效率低下。学习时间没少花,学习效果却很差。

2. 学习疲劳的原因

造成大学生学习疲劳的原因是多方面的,主要是在学习活动中,学习压力大、学习时间过长、不注意劳逸结合、睡眠时间不足、学习缺乏兴趣、不注意用脑卫生等。

3. 学习疲劳的调适

学习疲劳是影响学习效率的重要因素,因此,要注意对学习疲劳现象的调适,具体方法有以下几种。

(1) 遵循人体生物规律。人体的各种生理和心理功能随着时间的推移规律运动,科学家研究发现,人在一天中,生物机能在上午7:00—10:00,逐渐上升,10:00左右精力充沛,处于最佳工作和学习状态,之后趋于下降,下午17:00再度上升,到晚上21:00又达到高峰,23:00过后便又急剧下降。在现实中,每个人最佳学习时间分配也有一定的差异:早上型,早上醒来精力充沛,下午衰退,晚上衰竭;晚上型(猫头鹰),上午无精打采,晚上精力十足;白天型(百灵鸟),日间精神好,晚上效果差。大学生最好把握一下自己学习的"黄金时间",若此时安排难度较大的学习,就不易产生疲劳。

(2) 培养学习兴趣,创设良好的学习氛围。遵循学习兴趣,学习时情绪高涨,不易产生疲劳。相反,就会感到枯燥无味,学不进去,很快进入疲劳状态。良好的学习氛围可减轻疲劳,学习环境应尽量布置得优雅、整洁,使人感到心情舒畅。不要在吵闹的背景下学习,避免心烦意乱,焦躁不安;不在光线太亮或太暗的地方学习,避免视觉疲劳。

(3) 注意劳逸结合,保证充足的睡眠。紧张的学习过后,需要放松一下身体和大脑,这样在接下来的学习中才会有足够的体力和精力,才能保持较高的效率。与此同时,大学生也要保证充足的睡眠,人的大脑在睡眠过程中会得到全面的休息和调整。对大学生而言,每天的睡眠时间应保证7~8小时,当然在这方面也有个体差异,每个人应视自己的实际情况而定。

(4)善于科学用脑。大脑两半球具有不同的功能,左半球擅长抽象逻辑思维,主管计算、阅读、分析、书写等活动;右半球则擅长具体形象思维,主管想象、色觉、音乐、幻想等活动。如果一个人长时间从事一种活动,则容易引起疲劳。因此,应根据大脑两半球的不同分工科学用脑,例如在从事计算、分析、哲学等活动时穿插进行音乐、绘画、幻想等艺术活动,这样可延缓疲劳。如革命导师马克思在写《资本论》时,就常把做数学题当作一种消遣和休息。

 知识拓展

扫码了解七种高效思维的方法相关知识。

三、考试焦虑及调适

七种高效思维的方法

考试是学习过程的组成部分,它既是对学习效果的一种检验,也是对学生心理能力的一种考验。有些同学一想到考试就出现心跳加速、呼吸急促、出虚汗、坐立不安等现象,因为过度焦虑而不能充分发挥水平,屡试屡败,对考试失去信心。

其焦虑产生的原因可能包括以下两方面:一方面是心理负担过重。一些学生由于学习动机过强,总期望自己处于领先的地位,害怕失败和落后,结果造成焦虑。另一方面是考试准备不足,若平时不认真学习,考试靠突击,没有真正掌握知识,遇到考试就容易产生焦虑。

那么如何克服考试焦虑症状呢?

(1)学会放松。具体方法是:树立放松的意愿,选择一个安静的场所,使自己感觉舒适,想象一些轻松愉快的情景,缓慢体会松弛感,每日坚持,就会掌握放松的技能。

(2)运用系统脱敏方法克服考试前的紧张心理。系统脱敏的方法是由交互抑制发展而来的一种行为疗法,特别适用于解除由于害怕某种客体式情境所产生的恐怖和焦虑。它能使人以轻松愉快的情绪想象自己接近或逐步接近引起焦虑的情境,直到真正面临此情境以后不再害怕。其操作步骤如下:首先,设计一套考试焦虑程度想象情境的分级序列卡片,想一下过去经历考试的情境;开始感到紧张是什么时候、地点在哪里、程度如何等。按照不同的时间、地点、触发考试焦虑情绪的不同程度,用小卡片分别把当时的情境描述记录下来,一种情境记在一张卡片上,并按紧张程度的深浅,依次排列序号,放在手边。其次,使自己进入放松状态,当全身处于舒服的松弛状态时,就开始读第一张卡片(紧张程度最低的情境描述)。当已身临其境地进入了卡片所描述的情境之中且又能达到完全放松状态时,继续往下读第二张卡片,如此依次进行,直到读到那种使人产生最高紧张程度的情境时,仍能保持完全的松弛状态为止。采用系统脱敏法能有效缓解大学生对考试的紧张情绪,当然,这是建立在充分复习的基础之上的。

(3)消除考试中的紧张焦虑情绪。考场中的焦虑常使学生发挥失常,因此必须在考场中学会快速放松。可在答卷过程中,做几次短暂的休息,闭上眼睛,做几次缓慢的深呼吸,并在呼气时给自己"放松"的心理暗示,放松身体和思想,伸展四肢,并变换身体的位置。

第三节 学会学习

> 课前思考：
> （1）自己目前关于学习的观念是怎样的？面对未来，我们应该树立哪些新的学习观念？
> （2）回忆自己学习经历中最为成功的一次体验，认真分析成功的学习策略是什么？

案例导入

有个渔人有着一流的捕鱼技术，被人们尊称为"渔王"，然而"渔王"年老的时候非常苦恼，因为他的三个儿子渔技都很平庸。

于是他经常向人诉说心中的苦恼："我真不明白，我捕鱼的技术这么好，我的儿子们为什么这么差？我从他们懂事起就传授捕鱼技术给他们，从最基本的东西教起，告诉他们怎样织网最容易捕捉到鱼，怎样划船最不会惊动鱼，怎样下网最容易请鱼入瓮。他们长大了，我又教他们怎样识潮汐，辨鱼汛……凡是我长年辛辛苦苦总结出来的经验，我都毫无保留地传授给了他们，可他们的捕鱼技术竟然赶不上其他渔民的儿子！"

一位路人听了他的诉说后，问："你一直手把手地教他们吗？"

"是的，为了让他们得到一流的捕鱼技术，我教得很仔细、很耐心。"

"他们一直跟随着你吗？"

"是的，为了让他们少走弯路，我一直让他们跟着我学。"

路人说："这样说来，你的错误就很明显了。你只传授给了他们技术，却没传授给他们教训，对才能来说，没有教训与没有经验一样，都不能使人成大器！"

一、刻意练习

首次提出刻意练习（deliberate practice）这个概念的是佛罗里达大学心理学家安德斯·埃里克森，此后，不同研究者对刻意练习的具体内容有各种解读，总结为以下四点。

（1）只在"学习区"练习。

（2）把要训练的内容分成有针对性的小块，对每一个小块进行重复练习。

（3）在整个练习过程中，随时都能获得有效的反馈。

（4）练习时注意力必须高度集中。

心理学家把人的知识和技能分为层层嵌套的三个圆形区域：最内一层是"舒适区"，是人们已经熟练掌握的各种技能；最外一层是"恐慌区"，是人们暂时无法学会的技能；两者之间则是"学习区"，是最适合现在学习的技能，如图5-1所示。

例如，看一本书，如果这本书的内容都是熟悉的，完

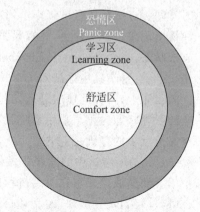

图5-1 认识世界三区理论示意图

全符合已有的观念,这本书就在舒适区内,但如果这本书的内容与原有的观念不符,而思考之后仍然能够理解、接受,那么这本书就在学习区内。如果这本书根本就理解不了,那么就是在恐慌区。有效的练习任务必须在受训者的学习区内进行,它具有高度的针对性。训练者必须随时了解自己最需要改进的地方。一旦已经学会了某个知识或技能,就不应该继续在上面花时间,应该立即转向下一个困难点。

在舒适区做事,叫生活;在学习区做事,才叫练习。

韩愈说:"师者,所以传道授业解惑也。"古代的私塾教育往往让学员先背书,使得学生会背但不理解,教师能不能解惑很关键。而现在的课本和各种辅导书极其全面,人们完全可以自学,聪明人更有很强的自学能力。那么,现代的教师的最大作用是什么呢?正是提供即时的反馈。世界上最好的高尔夫球球手、最好的国际象棋棋手,他们的比赛水平肯定超过自己的教练,可为什么他们还要请教练?一个重要原因就是教练能在训练中以旁观者的身份提供即时的反馈。

如果想学知识,最好的办法是找本书,还最好是正规的教科书或者专业著作,然后老老实实地找个没有人的地方坐下来反复读,而且要自己整理笔记和做习题获得反馈。

刻意练习时,会一直遭遇挫折、犯错误。犯了错误被人指出来,这件事儿肯定不愉快。但要不停地重复这个过程,直到真正学会为止。这是一个艰难的过程。

波兹曼说,从来没有任何一位先贤说应该寓教于乐。教育哲学家从来都认为获得知识是一件困难的事情,学习是要付出代价的,耐力和汗水不可少。

 知识拓展　　　　　　　　**做笔记的策略**

在学习过程中,需要培养做笔记的能力。有太多信息需要记录和保留,把所读和所想的以笔记的形式记录下来,这样在日后可以用得上。要找到一种适合自己的做笔记的方法需要时间,还要不断尝试。笔记要符合自己的学习风格,要契合计划完成任务的时间,还要适用于研究的材料和主题领域。表5-1列出了几种笔记类型的优缺点,不是所有策略都和自己的主题有关,要选择适合自己的。有些策略看起来可能不太合适,但若稍做调整后,可能会更适合你。

表5-1　几种笔记类型的优缺点

笔记类型	优势	劣势
关键词	利于获取信息	文本结构必须有条理
线性布局	数字列表,适合将概念分类	格式限制,很难倒回去插入新信息
时间线	帮助识记一系列事件,一个过程的很多阶段	不能记太多信息
流程图	让复杂的内容明晰化	占用空间,显得笨重
概念图或思维导图	适合在一个页面上记录信息	混乱,不易看懂,不适合所有人的学习风格
矩阵图或网格	适合记录不同观点、方法和应用	内容或信息量受空间限制
鱼骨图	适合阐述论点的正反面	内容或信息量受空间限制

二、成长型思维

斯坦福大学心理学教授卡罗尔·德韦克的理论认为,人对智能的思维模式可以分为两种。一种是所谓的成长型思维模式(growth mindset),认为学习不在于天赋,而在于努力,只要努力用功,什么都能学会。另一种是固定型思维模式(fixed mindset),就是特别相信天赋的作用,擅长的东西就是擅长,要是不擅长怎么学都没用。

朋辈心理微课：认识成长型思维

德韦克证明,成长型思维模式有利于人的成长。而且她建立了因果关系,也就是说,只要你能向一个孩子灌输成长型思维模式,就能促进他的成长。

思维模式还会影响人们对工作中各种挑战的态度。拥有固定型思维模式的人在面对一个任务时,会认为任务是对他个人能力的一种测试。例如,让他考试,他会认为考试是证明他行还是不行,因而非常担心万一考砸了别人就会质疑他的能力,他很容易把任务当成威胁。

而拥有成长型思维模式的人,会把任务当成一个学习的机会。他并不是通过任务来证明什么,而是通过任务来提高自己。他把任务当成机会,结果他的表现会好得多。

三、学习与记忆

贝内迪克特·凯里(Benedict Carey)在 *How We Learn：The Surprising Truth about When，Where，and Why It Happens*(《我们如何学习：关于什么时间学、在哪学、为什么学的令人吃惊的真相》)这本书中讲了一个有关记忆力的原理。

100多年前,伦敦英语教师菲利普·巴拉德(Philip Ballard)拿自己班的学生做了一个实验。他让学生阅读一首诗,并且要求尽量把诗背下来。学完休息5分钟,马上进行默写测试,结果学生的成绩都一般。巴拉德没有要求学生继续学习这首诗,学生们以为这件事儿就算过去了。

两天后,巴拉德突然要求学生再次默写那首诗。在这期间,学生们都没有进行任何复习,所以我们设想,这一次的测试成绩应该更差。

结果恰恰相反,成绩反而平均提高了10%。根据人们熟知的"记忆曲线"(或者叫"遗忘曲线"更合适)的原理,人对事物的记忆应该随着时间不断减弱,而且最初几天遗忘的速度还特别快,怎么可能加强了呢?

后来有很多人用别的实验证明巴拉德这个所谓的"记忆增强"效应根本不存在,可是偶尔又有人说他重复出来了。这件事反反复复,困扰了心理学家好几十年。

一直到19世纪80年代,人们才算理出一点头绪。原来关键在于记忆的东西是什么。一般心理学家进行记忆力研究都是让人记若干组没有规律的字母组合,在这种情况下记忆的衰减的确符合遗忘曲线,巴拉德效应不存在。但巴拉德实验用的不是随机字母组合,而是一首诗,诗歌的词句彼此之间有联系,放在一起是有意义的,在这种情况下做实验,巴拉德效应的确存在。

那么这背后的原理是什么呢?

加州大学洛杉矶分校的一对教授夫妻,罗伯特·比约克(Robert Bjork)和伊丽莎白·

比约克(Elizabeth Bjork),据此提出了一个记忆力理论模型。

比约克夫妇的理论说,人的记忆其实有两个强度:存储强度(storage strength)和提取强度(retrieval strength)。

存储强度不会随时间减弱。人们每时每刻都在接收大量的信息,而其中的大部分都被大脑自动忽略了,这些被忽略的不算。那些剩下来的,你主动希望记住的东西(例如,一个人名、一个电话号码、一个英语单词)一旦进入记忆,就永远在那里了。下次再见到它,它在你的大脑里的存储强度会增强,但是哪怕你再也不见它了,它的存储强度也不会减弱。存储强度只增不减。

那么,为什么人们会忘记一些东西呢?那是提取强度出了问题。如果没有复习,提取强度就会随着时间慢慢减弱。

这其实很容易理解。例如,现在让你回忆20年前同学的容貌和神态,你肯定想不起来什么,但是如果你跟她突然见面,两人一聊天,当初种种就呼啦一下全回来了。记忆一直都存在那里,只是不好提取罢了。

心理学家说,提取强度越用越高。每一次提取记忆,提取强度都会增加;而这个记忆在你脑子里又过了一遍,所以存储强度也增加了。

这也是为什么会有巴拉德的那个效应。学生们第一次测试的时候,他们要提取刚刚得到的记忆,这个提取动作把那个记忆给加强了。这样学生们虽然此后两天没有复习,但他们等于已经在课堂上复习了。两天后再测试,上次就已经背写出来的诗句这次写出就毫不费力,所以他们就有时间去想上次没写出来的诗句。而因为诗句之间都是有联系的,他们也许就能联想填空,这次多写出几句。

如此说来,考试就是最好的复习。有的人背单词其实是念单词,拿本单词书从头到尾反复念,这种方法效率很低,因为你没有提取动作!复习的时候你应该先考自己这个单词是什么意思,实在想不起来了再去看答案。

最重要的是,提取的时候越困难,这个提取动作对两个强度的增加值就越大。

既然如此,最有效率的学习方法就不是天天复习,故意把它放在那里等几天,等到提取强度慢慢变弱了,已经有点"忘记"了,再进行一次测试式的复习。如此一来,你不但用最少的时间学习,而且能通过遗忘过滤掉一些不必要的信息。

以背单词为例,有人背单词只是背单词,没有提取动作。正确的方法是复习时应先思考这个单词是什么意思,实在想不起来再去看答案。提取的时候越困难,这个提取动作对记忆的增加值就越大。所以最有效的学习方法不是天天复习,而是故意把它放在那里几天,等提取强度慢慢变弱,已经有点忘记了,再来一次测试式的复习。每一次提取记忆,提取强度都会增加。而因为这个记忆在脑子里又过了一遍,所以存储强度也相应增加。

 艾宾浩斯的遗忘曲线

艾宾浩斯将自己作为被试者,用无意义音节做材料,实验记忆后不同的时间间隔内遗忘的情况。实验结果表明,在学习材料刚刚能记住的20分钟,所学的材料可保持记住58.2%。1小时后可保持44.2%;1天后可保持33.7%;2天后可保持27.8%;6天后可保持25.4%,依据这些数据绘制的曲线,叫作艾宾浩斯遗忘曲线(图5-2),从遗忘曲线可以看出,遗忘的进程是不均衡的,呈现先快后慢的趋势。在学习停止后的短时间内,遗忘特别迅速,后来逐渐变慢。到了相当长的时间,几乎不再遗忘。

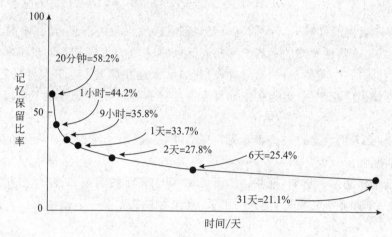

图 5-2 艾宾浩斯遗忘曲线

知识拓展

扫码了解如何增进记忆相关知识。

如何增进记忆

课堂互动　　　　　**开启你的记忆力**

记忆是复杂的心理过程,有自己的规律和特点。完全可以通过一些科学有效的方法在一定程度上改善记忆的效果,提高记忆力。

联想法练习:用联想法,浮想下列物象。几分钟后,只看右边的词语,看能否想出左边的词语。想不出的,就查一下哪个环节出了问题。

① 烟斗——贝壳。
② 房子——酒。
③ 墨鱼——小麦。
④ 书架——被子。
⑤ 斑马——信。
⑥ 烟灰缸——飞机。
⑦ UFO——钱。
⑧ 庙——网球。
⑨ 门——小刀。
⑩ 船——席子。

四、时间管理

大学四年,真正能用来学习的有多少天？每个星期有 168 小时,其中 56 小时在睡眠中度过,21 小时在吃饭和休息中度过,剩下的 91 小时则由你来决定做什么。只有学会了时间管理,你才能控制生活,朝自己的方向前进,而不至于在忙乱中迷失方向。

有效管理时间的基本原则有以下三条。

1. 明确学习目标

学习目标就像风向标一样,它能够使自己沿着既定方向前进,并唤起最大的潜能,帮助实现人生价值。学习目标像一个筛子,可以筛选出要做的事情,过滤掉无关的事情。如果这件事情和目标有关系就去做,和目标没关系就不必做。这样生活才会井然有序,且有目标。有目标才有结果,目标能够激发潜能。在选择或制定目标时应考虑两方面:一是目标要符合自己的价值观;二是要了解自己目前的状况。另外,学习目标是具体的、可衡量的、可达到的、相关的、基于时间的。

2. 按照重要程度排序制订翔实可行的计划

将需要完成的任务和活动从最重要到最不重要来排序。把所有的事情分成四类:第一类是"既紧急又重要",这是最重要的任务,非做不可,不做会有严重后果。例如硬性规定的学习任务,就是一定要做的。第二类是"重要但不紧急"。这类事情是需要做的,虽然没有规定期限,但为将来或者今后阶段做准备工作的事情能早点完成,就可以减轻自己的负担,如阅读教师推荐的参考书。第三类是"紧急但不重要"。例如突如其来的电话、会议、同学等,因为迫切的呼声会让我们产生"这件事很重要"的错觉,实际上就算重要也是对别人而言。我们花很多时间在这个里面打转,自以为是在第一象限,其实不过是在满足别人的期望与标准。第四类是"不紧急也不重要的事"。例如阅读令人上瘾的无聊小说、刷微博、看微信等,这类事情会占用大家绝大部分的时间,但是实际上是在浪费生命,有人把这当作是休息时间,但是伦敦大学的一项研究发现,经常查邮件或者收发信会让一个人的智商平均降低 10% ——女人 5% 、男人 15% 。

分清楚事情的轻重缓急之后,就可以制订详细可行的计划了。在制订可行的计划时注意"三随""三定""两挤"的方法。"三随"就是:一随课表安排时间,根据课程表安排自己预习、上课、复习、图书馆学习等活动,使学习有序进行;二随作息安排时间,将自己一天的学习、工作、喝水、休息、睡眠时间科学安排下来,严格执行,养成科学运用时间、科学运筹时间的习惯;三随制度安排时间,安排时间要考虑学校制度的规定、要求,不能与学校制度相违背。"三定"就是:要对重点课程、课程的重点、难点确立固定的时间进行攻读学习;固定时间锻炼身体;对特定时间固定安排。"两挤"实际是指:充分利用,科学安排零散时间,从而节约时间。零散时间可以用来学习做些小事、杂事,如记外语单词。

下面最难的就是"每天都这么做"的坚持了,最好做到"今日事,今日毕"。

3. 留出合理的休息时间

人类的身体是有生理极限的,休闲活动对放松疲倦的头脑的作用非常大。有一个著名的公式:$8-1>8$,意思是说从 8 小时中拿出 1 小时进行运动、娱乐或休息,表面上看只学习了 7 小时,但由于精力充沛,其效率远远大于不间歇地学习 8 小时。

应该把必要的休息看作学习和工作所应包括的一项不可缺少的内容。而且休息的方式可以是多种多样的,包括睡眠、闲谈、散步、娱乐、欣赏艺术作品等。当然,除休息之外,我们还必须注意体育锻炼,只有身体强健,才能适应紧张而繁忙的学习节奏。

五、学会自学

态度是以"我"为主,方法是自学。

以本书之见,只要获取信息足够方便,学生本人足够自立,自学就是最根本的学习方法。

现在是互联网时代,你基本上可以很容易地得到任何课题、任何难度和层次的任何一本书,而你是一个足够自立的人,所以你应该以自学为主。

一个人要想过得幸福,必须对生活有一定的控制感,自学最有控制感,自学不受地域、时间、金钱和年龄的限制。只要你心智成熟,就可以随时开始自学。

课堂互动

扫描二维码,进行学习心理综合诊断。

学习心理综合诊断量表

本 章 小 结

学习是一种复杂的心理现象,也是一个人的终身行为。通过对学习的概念和特点的了解,对学习活动中的心理因素进行分析,对学习会有一个更加清晰的认知。

学习与心理健康有着密切的关系,两者互为基础、互相影响、互相促进。一方面,学习是大学生的主要任务和主要活动方式,因此它对大学生的心理健康、心理发展有很大的影响。这种影响可以是积极的,也可能是消极的。另一方面,学习是一种非常复杂的心理现象,大学生的心理健康状况、心理发展水平也对大学生的学习产生直接的作用。要注意区分学习过程中遇到的各种心理问题和障碍,并加以科学调适。

学会学习,就是学会用科学的方法学习。在知识不断更新的时代,不仅要学习具体的专业知识,更重要的是学会科学的思维方式。有效的学习方法不仅可以提高学习效率,更可以减少学生在学习过程中产生的心理问题。

资源链接

扫二维码分享好书和电影。

第五章资源链接

第六章

职业生涯规划与择业心理

➡ 章节导言

小学时,或许都写过这样一篇作文:我的理想。同学们还记得自己当初的作文内容吗?写下的理想是什么呢?其实这个题目在一定程度上回答了成年后要做什么事情,回答了职业目标与方向。作为高职学生的我们,更加关注自己的职业选择问题。每个人都想要成就一番事业,但不是每个人都能如愿以偿。因为人生事业的发展除了需要努力和机遇,还需要技术与方法。在如今严峻的就业环境下,做好职业生涯规划,迎接今后的生涯挑战,是我们进入大学后的重要一课。

希望同学们不要把职业生涯规划简单地理解为找工作,而是开始真正地思考我想干什么、我能做什么,什么才是我认为重要的有意义的工作。实实在在地把职业规划和生活联系起来,主动探索自我和工作世界,为今后的职业发展打下良好基础。

➡ 学习目标

【知识目标】
1. 了解职业生涯规划相关的概念和内涵;
2. 了解择业心理困扰的类型。

【能力目标】
1. 掌握生涯规划的基本方法,能够完成自我探索和职业探索;
2. 能够对择业过程中产生的心理困扰进行自我调适。

【课程思政】
1. 认识生涯规划的重要性,树立规划意识;
2. 树立良好的求职心态,增强自我心理弹性。

第一节 职业生涯规划的内涵与意义

课前思考:拿出一张白纸,写下你的三个爱好,思考它们分别可以对应哪些职业,这些职业和你现在正在就读的专业是否能构建起联系?把纸上的内容分享给朋友,并且和他们探讨仅凭兴趣和喜爱就能转换为职业吗?

案例导入

小泓和小城两人是大学同学,他们都就读于某高职院校城市轨道交通运营管理专业,同住一个寝室,是非常要好的朋友,毕业时却有不同的去向。

小泓一进入大学就树立了要升入本科院校继续读书的明确目标,每天上课认真听讲,坚持英语单词背诵打卡,积极参加集训队的专业技能训练。小城却非常迷茫,不知道大学应该怎样度过,不了解所学专业,更不知道今后要做什么。小城很羡慕小泓有明确的目标、每天都过得很充实,于是他请教小泓自己应该怎么办。小泓说:"其实我也不知道为什么希望可以继续深造学习,可能是想要改变现状吧。我可能给不了你更好的建议,但是我知道如果很迷茫,就更应该做好当下,只有行动和实践才能化解迷茫。"小城很受触动,他开始转变观念,一步一步开始行动。他认真学习,通过课程去了解专业;他竞选班委、参加社团,用一场场活动开拓视野、锻炼能力;他也主动找辅导员和专业老师交流,请他们协助自己规划大学生活、树立职业目标。

毕业时,小泓和小城都如愿以偿。小泓升入了理想的学校,继续深造学习,小城去了校企合作单位,开始正式的职业旅途。

同学们从这个案例中收获了什么呢?用职业生涯规划的视角思考两位同学的选择,谈谈自己的想法。

一、什么是生涯

生涯的英文是 career,其最初含义是战车,后引申为道路,发展到现在,通常指人生发展历程。由于职业在每个人的生涯中处于极为重要的地位,career 也被翻译成"职业生涯",强调个体职业发展历程。《辞海》对"生涯"一词的定义是从事某种活动或职业的生活。

目前大多数西方学者所接受的生涯定义是生涯大师舒伯的观点:生涯是生活里各种事态的连续演进方向,它统合了人一生中的各种职业和生活角色,由个人对工作的投入而流露出独特的自我发展形态。生涯也是人生从青春期到退休后,一连串有酬或无酬职位的综合。除职业之外,还包括任何与工作有关的角色,如学生、退休者,甚至包含家庭、副业和公民的角色。生涯是以个人为中心的,只有在个人寻求它的时候,它才存在。

生涯是一个动态的历程,不只发生在人生的某个阶段,而是如影随形,相伴人的一生。同时,因为遗传、经历、家庭、社会环境等的不同,每个人的生涯也会不同。所以,生涯的发展是个性化的发展,即使处于同一文化背景和同一时代的人们,每个人都会有属于自己的生涯。

生涯与工作、职业和生命有所区别(图 6-1),按照马斯洛需求层次理论,可以将工作、职业、生涯和生命递进来看。工作是社会分工中每个劳动者体现社会价值和自我价值的角色定位,主要指劳动生产。职业是一系列有内在联系的工作的总称,也可以理解为不同专业领域中一系列相似的服务或彼此相关工作的集合,也代表一种身份。例如,一个篮球队有五个队员就意味着有五个职位,所有的队员都被称为篮球运动员(工作),而运动员则是一种职业。生涯的广义概念可以是生活、生命。

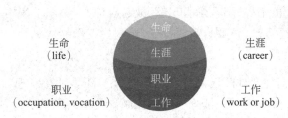

图 6-1　生涯与工作、职业和生命的区别

二、什么是职业生涯规划

职业生涯规划是指针对个人职业选择的主观和客观因素进行分析和测定,确定个人目标并努力实现这一目标的过程。对大学生而言,职业生涯规划就是根据自己的特点,结合社会需求,为自己设计最合适的职业和职业发展道路,并为实现职业生涯目标而做出的行之有效的安排。

生涯规划最早源于 1908 年的美国。有"职业指导之父"称号的帕森斯针对大量年轻人失业的情况,成立了波士顿地方就业局,首次提出职业指导的概念。从此,职业指导开始系统化。到 20 世纪五六十年代,舒伯等人提出"生涯"概念,于是生涯规划不再局限于职业指导层面。

舒伯的生涯发展理论将生涯的过程视为从出生到死亡,包括成长阶段(0～14 岁)、探索阶段(15～24 岁)、建立阶段(25～44 岁)、维持阶段(45～64 岁)和退出阶段(65 岁以上)。结合孔子的"吾十有五而志于学,三十而立,四十而不惑,五十而知天命,六十而耳顺,七十而从心所欲,不逾矩",说明生涯发展概括了人的一生的发展历程。

大学生的生涯发展阶段属于探索期。一方面,这个阶段主要的生涯发展任务是从多种机会中探索自我,逐渐确定职业偏好,并在所选定的领域中开始起步。另一方面,这个阶段有成长、探索、建立、维持和退出的过程。举例来说,大一新生需要学会适应新的角色和学习环境,经过成长和探索,一旦建立了较为固定的适应模式,同时维持了大学生活之后,又要开始面对另外的新阶段——准备求职或者升学。原有的已经适应了的习惯会逐渐消退,继而面对新阶段的任务又要开始经历"成长—探索—建立—维持—退出"的过程,如此周而复始。

课堂互动

职业选择是人格的一种表现,扫码用游戏探索神奇的霍兰德代码。

用游戏探索神奇的霍兰德代码

三、职业生涯规划的意义

1. 突破障碍

识别、突破人生障碍是职业发展、生涯发展的基本问题。障碍有的来自外部,如政局变动、市场震荡、经济衰退和社会秩序混乱等。一个没有生涯目标的人很容易受外界因素影响。障碍更多地来自内部,如自私、盲从、浮躁、懒惰、恐惧、悲观等。内在障碍通常是由个人对自己不了解、低评价、不自信或者无安全感造成的。例如,有的学生很难看到自己的长处,总用自己的短处和别人的优势相比较,从未觉得自己有可用或特别之处,所以,找工作时缺乏信心,总感觉自己这也不好,那也学得不够,缺乏自信心,影响求职中的表现。这是典型的不能够真正了解和接纳自己,导致自我评价低,影响找工作的情况。

2. 开发潜能

潜能,简单地说,就是到目前还没有发现的能力。科学研究发现,每个人都有巨大的潜能,人类平常只发挥了大脑极小一部分功能。控制论奠基人维纳认为,即使是一个做出了辉煌成就的人,他利用自己的大脑潜能还不到百亿分之一。由此可见,认识、了解"潜在的我",是自我认识的重点之一,尽力把个人潜能开发出来,是职业规划的头等大事。

3. 实现自我

职业生涯规划的目的是促进、推动一个人实现自我、超越自我。

(1)自我实现是水平式的发展。譬如做形象思维测试,了解到自己在形象思维方面,尤其是语言表达方面具有潜能,就可以多从文学、文字、文化等方面努力。了解到自己有逻辑思维方面的潜能,就可以多从数学方面努力。自我实现意味着"将潜能变成实在的东西",等于获得那些有形可见的成果。

(2)自我超越是垂直式的发展。垂直式的发展基本上不受水平式发展的影响。譬如智商不高,但并不妨碍发展情商潜能。岗位有层次,职务有高低,生涯发展无处不在,自我实现没有物质和数量标准。社会上别人所说的、所认为的、所期望的那个"我",都只是"假我"或"我的表现"。"真我"是"大我"的一部分。"大我"是包括"我"在内、更大的一个整体。这个整体是由那些超越身体胖瘦、心智高低、天地时空、人类共有的情感和灵性组成的,譬如良心和爱心。当我们做一个真正的自我时,才是自我超越。

 排序探索职业价值观

每个人在学业和职业上,都有各自不同的价值追求,舒伯总结了15种最为普遍的职业价值观,代表着不同群体在工作中所重视和追求的15个方面,排序选择你最看重的五个方面,并说一说为什么吧?

美的追求——使你能够制作美丽的物品并将美带给世界的职业。

安全稳定——不太可能失业,即使在经济困难的时候也有工作。

工作环境——在怡人的环境里工作(不太冷也不太热,不吵闹也不脏乱),环境或工作的物质条件对某些工作者来说是很重要的,他们对于相应的工作条件比工作本身更加感兴趣。

智性激发——能让你独立思考、了解事物怎样运行和作用的工作。

独立自主——能让你以自己的方式去做事,或快或慢随你所愿的工作。

多样变化——在同一份工作中有机会尝试不同种类的职能。

经济报酬——报酬高、使你能拥有想要的事物的工作。

管理权力——允许你计划并给别人安排任务的工作。

帮助他人——让你能为了他人的福利做贡献的职业,社会服务方面的兴趣。

生活方式——工作能让你按照自己所选择的生活方式生活并成为自己所希望成为的人。

创造发明——能使你发明新事物、设计新产品或产生新思想的工作。

上级关系——在一个公平并且能与之融洽相处的管理者手下工作,和老板相处融洽。

同事关系——能与你喜欢的人接触并共事。对某些人来说，工作中的社交生活比工作本身要重要得多。

成就满足——能让你有一种做好工作的成功感。重视成就的人喜欢能给人现实可见的结果的工作。

名誉地位——让你在别人的眼里有地位、受尊敬、能引发敬意的工作。

第二节 职业生涯规划的程序与方法

> 课前思考：拿出手机，翻看微信好友通讯录，梳理总结10位重要好友是什么职业？你了解他们的具体工作情况吗？其中有没有你所向往和期待的职业？作为大学生，应该如何度过充实的大学生活，为今后的择业、就业奠定基础？

案例导入

小平，女，18岁，四川某高职院校一年级学生，酒店管理专业，贵州人，是家里的独生女，父亲在当地特殊教育学校任教，母亲是酒店服务员。小平从小学习成绩优异，性格外向，爱热闹、爱交朋友，上学期间一直担任班干部，是老师、父母口中的"好孩子"，目前所学专业不是自己特别喜欢的。谈到高考填报志愿时她说，由于自己喜欢看一些"心灵鸡汤"类的书籍，所以想学习心理学专业，但高考时发挥失常，没能进入理想的大学，目前就读的酒店管理专业是调剂。小平对酒店行业谈不上喜欢，过去一年多的学习成绩一般，个别课程勉强及格。对未来自己要从事怎样的工作，选择怎样的职业，小平都没什么概念，只是觉得想要找一份相对稳定的工作。小平最近很迷茫、很焦虑，以前觉得十几年的学习都有一个明确的目标，就是要考上大学。现在上了大学发现目标没了。看着身边的同学都在努力地学习，有些同学立志要从事本专业的工作，也有些同学立志专升本，小平却找不到自己的方向和目标……

一、职业生涯规划的程序

1. 自我认知

在规划职业生涯时，要先认识自己，这是生涯规划的基础。系统化的生涯规划是一个"从内而外"的过程。可以诚实地自问：哪些东西是我生命中不能缺少的？我最看重什么？我的兴趣是什么？我有哪些能力是与众不同的？还有自己的健康状况、性别、民族等。在自我认知中还应当借鉴他人的意见，从他人的视角出发，往往可以获得比较客观、中肯的认知结论。

2. 环境认知

环境认知是生涯规划的重要内容。对环境的认知包括对社会环境、组织环境、个体环境的分析，即评估和分析环境条件的特点、发展与需求变化趋势、自己与环境的关系以及环境对自己的有利条件与不利条件等。例如，组织环境认知可以从行业环境、企业环境、职位环境等多个维度考量,尽量做到全面、深入分析。

3. 生涯决策

决策是综合整理和评估信息的组成部分,是职业生涯规划的关键环节。按照生涯规划的信息加工理论,在经过了自我认知和环境认知两部分后,同学们就需要综合两方面的信息,进入决策制定和执行领域,做出初步的生涯决策,明确职业发展的大致方向。同学们可以利用"CASVE"循环法来帮助自己更好地进行决策,具体包含"沟通—分析—综合—评估—执行"五个环节。

4. 生涯行动

行动是将全部的探索和思考加以落实的阶段,即职业生涯策略的实施阶段。如果没有行动,那么职业目标只能是梦想甚至是空想。

5. 生涯评估

当在实践中迈出生涯的重要一步进入职场时,随着外部环境的变化,或许会继续沿着过去的规划前进,或许发现过去的规划已不适合自己或者不尽如人意,这就需要再次探索并修正生涯规划。本阶段的具体内容包括走进职场、生涯评估与反馈。

职业生涯规划的程序如图 6-2 所示。

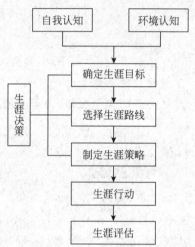

图 6-2　职业生涯规划的程序

 知识拓展　　　　　　**探索职业自我的途径**

自我探索并不只是一个人的事情,自我评价和他人评价相结合才能更全面、客观地了解自己。具体可以通过自我觉察、他人评价等多种途径实现。

1. 自我觉察

自我觉察的前提是不要进行是非评判,只有对自己的发现不妄下结论才能有更多的发现,过早或过多的评判都会打扰自己进行反思并带来大量的情绪困扰。

2. 他人评价

旁观者清,可能你会担心朋友、家人、教师和同学因为看中和你的关系而不表达对你的真实看法,但其实如果你强调他们观点的重要性,大部分人会给你一些建设性的意见。你必须说清楚你的要求并表现出诚意。可以通过当面提问、发送邮件、电话或在线聊天等多种形式来获得他人的意见。

3. 专业测评和咨询

许多自助的书籍、网络、期刊中,包括本书都会提供一些自陈问卷,从这些问卷中获得信息,通常能为你的喜好、能力、价值观和个性特点等提供一些线索。但是对待这些测试的结果通常要特别小心,它只能是参考。除此之外,还可以通过求助学校的职业指导中心或者职业咨询等专业机构来获得专业的测评和咨询,以更好地了解自己和进行职业决策。

4. 自身成就

那些做的成功的事情,哪怕再小也蕴藏着自己的能力,很大程度上是你的兴趣所在,并符合你的价值观和偏好。

5. 参与实践活动

只有拓宽自己的活动领域,在更广阔的空间中做事情才能获得更全面的信息,例如社团活动、实习、参观、志愿活动等。在这些新的领域中,你会获得不同寻常的对自我的洞见。

二、职业生涯规划的方法

1. 自行设计法

自行设计法即根据各种职业生涯规划读物所展示的方法,进行自我测定、自我评价,明确职业兴趣、能力及行为倾向,从而把握职业方向。较常用的测评工具有性格自我测试、能力自测、职业素质自测等。

2. 职业咨询法

在美国的大学里,由咨询中心的咨询专家就被测者的职业前途进行预测,对大学生的择业方向提出建议。主要测评工具有能力倾向测验、职业兴趣测验、人格测验、价值问卷、生涯成熟问卷等。

3. 组织支持法

职业生涯规划包括个人设计的生涯规划和组织设计的生涯规划,但两者又是相互依存、相互影响的,个人设计离不开所在的团队和组织。可以借助团队或组织,参加短期培训以使自己的职业得以进步和改善。在校大学生可以借助教师的建议和就业指导中心的专业帮助等来规划自己。

4. 评价中心法

评价中心法是发达国家非常重视的、应用较广的办法,其目的是为组织选拔最合适、最出色的高层领导人,但这种选拔必须基于个人条件、发展潜力、职业生涯的发展和必要的培训。把最符合条件的后备人员输送到高层职位上,本身就是一种职业设计与塑造过程。该办法是美国著名的电话电报公司在1969年提出的,其具体方法包括心理测验、情境模拟、小组讨论、面试等。

5. 生活计划法

生活计划又称生命计划,这是职业生涯规划设计更长期、更完整的计划。大学生有了充分的职业经验以后,进一步制订职业生涯计划,部署自己的长期发展计划,可以采用"职业行动计划模型"方法。它包括以下七个步骤:明确自己的终身计划与职业意识;进行职业生涯选择的分析与决策;进行自我评价和对成功风险的分析;为新的抉择做准备,了解成功的途径;为实现新职业而努力提高能力素质;职业发展的行动战略,自己谋得预定职业并探究和掌握在该职业生存的秘诀,遵从该职业的规范,争取获得成功;跟踪和再评价。

 知识拓展   **探索职业世界的途径**

一个有趣的调查发现:同样是探索,大学生在自我探索、目标设定探索上较多,但是在系统、环境和工作世界的信息收集和关注上却比较少。大家在做职业规划时更关注"我喜欢什么""我要什么",而对职业具体做什么,怎么样才能得到机会等问题却认识模糊。

其实职业探索的过程就是对职场生活提前预热的过程,大学处于生涯决策的早期阶段,比起做决策,更重要的是积极主动地处理信息。那么接下来就为大家介绍几种了解职业世界的方法。

1. 广泛收集"情报"

通过求职网站、招聘软件、企业微信公众号、高校就业中心、上一届优秀师兄师姐等各种渠道获取相关信息。不过,从网络渠道中得到的信息丰富而分散,有时还需要去伪存真。也正是因为这些渠道容易接近,没有得到很多同学的重视,大家总觉得网上的信息又不会减少,到时候再看吧。有效信息不会自动地进入你的大脑并为你所用,等到做出重要的人生抉择时,就可能会因为没有收集信息付出高昂的代价。你需要做到有心和留心,养成浏览行业信息、关注求职动态的良好习惯。一次谈话、一份身边的广告都可以帮助你逐渐建立对工作世界的了解。

2. 实地观察

国外有一种"工作跟随"(job shadowing)的探索形式非常流行,即在感兴趣的职业中选择某个员工,通过一天或一段时间的跟随,观察他是如何开展工作的,以此获得有关职业的各种信息。这类似于参观,例如机械专业学生实地参观工厂生产,轨道交通专业的学生实地参观地铁站运营情况等。但因为一般需要进行安排,可能会给别人的工作带来打扰,而且单位并不一定都欢迎参观。这种师傅带徒弟式的实地观察,更多的是在真正实习前期作为一种培训方式使用,而不是用于职业探索。如果有机会通过学校、家人、朋友参观他人工作,将获得丰富的直观体验。需要注意的是,你看到的可能是单位能够展示给你的那部分,更多的信息需要通过其他渠道了解,所以在日常生活中,可以多观察、多思考。

3. 生涯人物访谈

生涯人物访谈是通过向已经工作的目标人物进行访谈,直接了解有关工作环境、内容、福利待遇体系、工作所需技能等信息。通过与人的互动,能够获得很多有效的信息,而且获得访谈机会和访谈的过程也是一种非常重要的学习经验。

4. 实习

相比前面的探索渠道,实习是更深入了解某一职业的方法,你能获得关于这个机构的直接经验,获得方方面面的感受,同时做实习生的过程也帮助我们锻炼能力,提高自己的职业素养,甚至在实习期能获得更多就业的机会。目前有越来越多的机构会把实习作为选拔人才的一个途径。正是由于实习的高附加值,让大学生们非常重视。所以如何获取一份有帮助意义的实习机会,是需要重点准备的。

三、迈出职业生涯规划的第一步——大学生涯规划

不积跬步无以至千里,想要做好一生的职业规划,可以从做好大学生涯规划开始。如何迈出第一步呢,有以下建议可供参考,希望大家度过一个充实、平衡的大学生活。

朋辈心理微课:
大学生涯规划

(一)生涯适应期

对高职学生来说,大学一年级的主要任务是"适应"和"积淀"。注重对大学的认识和对

未来职业的设想。具体任务包括以下几方面。

1. 学习方面

(1) 了解专业发展(包括如何利用资源去查找有关自己专业的信息)。

(2) 改变学习策略(制订学习计划和时间管理)。

(3) 学习使用学校资源(专业教师、辅导员、优秀同学、校内提供的各种平台、图书馆资源等)。

(4) 参与社团、志愿者工作(发展与人交往和团队合作的能力)。

2. 个人成长方面

(1) 探索个人兴趣和价值观(发展自己的兴趣,同时避免在众多兴趣中迷茫)。

(2) 自我适应(包括适应现在的生活,克服自卑情绪,正确定位、培养自理自立能力)。

(二) 生涯探索期

大学二年级,开始进行职业的探索,需经历从学业到工作的尝试过程,此阶段的主要任务是"尝试"和"突破"。注重对职业生涯的实践,具体任务包括以下几方面。

1. 专业发展方面

(1) 专业学习(看重基本能力的培养)。

(2) 职业了解(职业发展需要什么样的能力)。

(3) 辅修/选修/转系(衡量自己的兴趣和能力做出选择)。

(4) 职业目标确定与规划(探索工作或进修的实际要求,并与自己的兴趣特点、职业愿景等相匹配)。

(5) 缩小与职业目标的差距(展开与职业发展相关的实践)。

(6) 兼职(注重选择的质量与金钱管理)。

2. 个人成长方面

(1) 进一步了解自我兴趣和价值观,有较为明确的职业目标。

(2) 发展与职业生涯相关的能力(注重在活动、实习或兼职中能力的发展,特别是负责任、团队合作、时间概念等可迁移能力)。

(3) 培养创新意识和同理心(在工作中发现自己的独特价值,关怀自己并能从他人的角度考虑问题,发展对他人的信任)。

(三) 生涯决定期

大学最后一年,不管是工作、专升本甚至考研或出国深造等,大家都要在这一时期做出决定。经过前面两年的探索和定位,这个阶段要走过从尝试到实战的历程,因此这个阶段的发展任务就是"理性决定"。要能够根据自己的需求、现有的资源以及社会的环境做出最适合自己的生涯决定,同时理解这次生涯决定是人生众多决定中的一次,重要但不唯一。具体任务包括以下几方面。

1. 生涯决定方面

(1) 了解相关信息(相关的职业信息和升学信息)。

(2) 求职技巧(收集/使用信息,写简历,着装礼仪,面试准备,面试后行为)。
(3) 不同地方/行业/学校/专业可能的发展前景/利弊。
(4) 职业选择(理性选择并对选择负责)。
(5) 升学过程中的准备(包括知识、心理和考试的准备)。

2. 个人成长方面

(1) 理解工作/深造对恋爱关系和生活的影响(学习处理事业与爱情的关系,考虑到自己多种生涯角色的平衡)。
(2) 适应工作(提高工作能力,适应工作时间)。
(3) 规划以后的发展(分析此次生涯决定对下次规划的影响,再次进行自我探索、工作探索,为下一次生涯选择做准备)。

这些具体的生涯发展任务,以职业为核心涵盖了大学生活的各个方面,包括职业学习和个人发展两部分。第一部分扩展了传统学习的内涵,强调学以致用,把学习与将来的职业生涯联系起来。而第二部分则强调了围绕职业学习的准备过程中,个人应该具备的素质,特别是心理素质。第二部分是第一部分的基础,只有个人素质得到提高,真正地成长,才能将所学的知识、技能真正用于实践,发挥更大的作用。

知识拓展

扫码了解 PLACE 职业分析法。

PLACE 职业分析法

第三节　择业心理困扰与调适策略

> 课前思考:闭上眼睛,回想自己曾经因为某次考试或面试而紧张、焦虑过吗?当时是什么情况,自己又是如何调整的?如果明天就要面临就业,是否有信心找到一份满意的工作,为什么?

案例导入

快毕业了,想在毕业前把工作定下来,可是一想到要找工作,我心里就紧张、焦虑和烦躁,感觉很痛苦。在五个月前的一次大型人才招聘会上,我往国有企业、大公司递交了十几份简历,招聘单位收到简历后都说如果符合他们的要求,过几天会通知面试,我当时心里还挺高兴的,心想投了那么多简历,肯定会有公司录用我的。过了两天,有一家公司通知我去面试。前一天晚上,我把面试应该注意的事项都准备了一遍,面试当天,还精心打扮了一番,但在面试时,我还是很紧张,以至于说话有点发抖。面试结束后,他们告诉我,如果通过第一次面试,会通知我来复试。在等待复试的日子里,我总是随身带着手机,晚上也不敢关机。可是两个星期过去了,这家公司还没有通知我去复试,而且也没有其他公司通知我去面试。眼看就要毕业了,工作还没有着落。我每天都在想:为什么我找不到好工作?是不是因为我的大学不起眼,不是本科,不是重点大学?每当这个时候,我的耳边都会响起父母说的话,

"只有重点大学毕业的学生才能找到好工作",我越想越后悔,心想如果复读后考上了重点大学,就不会有今天的糟糕局面。一想到这些,我就变得异常烦躁、焦虑,总是担心自己找不着工作,而且经常走神,看书没有以前专心了,食欲也下降了,最近,看到身边的同学都陆续找到了心仪的工作,我感觉自己很没用,心想同学们一定都很瞧不起我,在他们眼里,我肯定"一无是处",更觉得对不起父母和老师,我该怎么办?

一、择业过程中常见的心理障碍

随着就业制度的不断深入,大学生拥有更大的择业自由度和更好的就业机遇,但是就业难度也在不断增加,加重了大学生的心理压力。有些同学在择业目标难以实现后,心理严重失衡,产生各种择业心理障碍。

一般来说,大学生常见的择业心理障碍有以下几种。

1. 自卑与自负

自卑是一种轻视自己或低估自己能力的心理倾向,是自我认知偏差造成的。过度自卑会产生精神不振、消极、沮丧、失望和脆弱等心理。这些同学在就业时总认为自己不是名校毕业生,学历不高,专业不好,也没有人脉关系,觉得自己一无是处。特别是面对用人单位提出的过高要求更是自怨自艾,不敢面对,以至于自己身上不多的闪光点也被埋没了,失去了为数不多的就业机会。一般来说,学业成绩较差、自身有生理缺陷、性格内向的同学更容易产生自卑心理。

自负心理是指在择业的过程中表现出来的自以为是,过高估计自己的能力,不能摆正自己位置的心态。部分大学生这山望着那山高,抱着"我选职业,而非职业选择我"的错误观念,不能客观分析社会现状,不了解就业形势和用人单位需求,完全按照自己的想法一厢情愿地谋求高薪,一定要满足食宿等要求,结果因目标定位不切合实际,屡屡受挫。

2. 焦虑与抑郁

择业焦虑表现为担心自己的理想能否实现,能否找到发挥专长利于自身成长的单位,害怕被用人单位拒之门外,担心自己的选择是否正确等。毕业生在择业时存在一定程度的焦虑很正常,但不能过度。有的学生整日坐立不安,胡思乱想,导致情绪不稳定;有的同学整日闷闷不乐,忧心忡忡;有的同学整日东奔西走,四处面试,一刻不停歇。有的同学甚至会患"择业焦虑症",一提到择业就紧张,怀疑自己的能力,个别人产生绝望的心理,出现极端行为。还有一些毕业生因为平时没有认真学习、积累经验,求职准备不充分,求职屡次受挫,产生过度焦虑。

抑郁是一种过度忧伤和伤感的情绪反应,表现为心情压抑、苦闷、烦躁、悲观失望、自我评价过低、兴趣、生活水平下降,食欲下降、失眠、动作缓慢等。小明是某高职院校的毕业生,从毕业半年前就一直为找工作的事情忙活,到毕业时工作还是没有着落,看着同学们一个一个都奔赴职场,他觉得压力很大,认为自己很没用,求职勇气和信心越来越差,他干脆回到老家,帮父母干农活。每当家人劝他出去找工作时,他便眉头紧锁,沉默不语,可一想到年迈的父母供他上学读书,内心又很自责。小明是典型的抑郁心理表现。部分学生在受挫后,情绪低落,漠然处之,甚至放弃一切,把自己孤立起来,久而久之便会产生抑郁心理。

3. 从众与攀比

从众是指个人受外界人群行为的影响,而在直觉、判断、认识上表现出符合公众舆论或多数人的行为方式。适度的从众有助于人们遵从社会规范,形成一致行为,完成群体目标。但是缺乏独立思考和分析,不顾是非曲直,一概随大流,则是不可取的,是消极的"盲目从众心理"。例如,有的同学听见别人说公务员稳定、待遇好,就和同学报名考公务员;看见别人跑招聘会,自己也去招聘会看看;听说专升本的成功率挺高的,马上又想投入升学的备考复习中。

盲目攀比是在求职择业过程中,不从自身实际出发,不考虑所选单位是否适合自己,一味地和周边的同学做比较。特别是看到自认为不如自己的同学(如认为对方学习成绩不如自己好,没当过学生干部,或者外表不如自己等)找到了好的工作,心想自己的工作一定不能比他们的差,因而挑来选去,迟迟不愿签约,缺乏理性比较和衡量。还有一些同学,发生不讲诚信、多头签约等不良行为。在一定程度上进行比较,可以激发自己的斗志和潜力,尝试寻找更好的单位,但前提是对自己有客观的认识和了解。

4. 依赖与懈怠

大学毕业生在就业过程中的依赖心理也比较常见。一些大学生缺乏主动参与意识与竞争意识,对待就业消极倦怠,被动地等待就业单位选择。有部分学生,从小被父母过度保护,依赖性较强,缺乏自我责任感和独立决策能力,择业时过多地依赖他人。有些学生寄希望于父母、学校、教师,怀着"车到山前必有路"的心理,一旦希望落空,就会怨天尤人,产生很大的心理落差,埋怨父母无能、社会不公,甚至出现拒绝就业等极端行为。

近年来,大学毕业生中出现了"不就业一族"或者"慢就业现象"。有些学生因对工作岗位挑挑拣拣,"高不成,低不就",自动放弃就业机会;有的学生在学校附近"安营扎寨",并不急于找工作;有的学生干脆待在家里,靠父母养活。他们中的相当一部分人整日无所事事,四处游荡,以此逃避就业压力。

 知识拓展　　　　**SWAP 小口诀轻松缓解焦虑**

SWAP 是英文单词 stop(停一停)、wait(缓一缓)、absorb(想一想)和 proceeding(接着干)开头的字母组合。每个单词里都蕴藏着一个缓解焦虑的小方法。

停一停。如果焦虑发作,一定要想办法让自己停下来。如正在开车,要找个安全的地方停靠。如果因为恐高而焦虑,要从高处走下来,暂时离开让你焦虑的那个环境。有些人反应强烈,会感到出汗、胸闷或心跳加速等,这时"停下来"也能缓解这种不适反应。

缓一缓。要想办法让自己的情绪缓和下来。例如做个深呼吸,安静地休息一段时间。此时最不适宜做决定,在焦虑情绪下所做的决定是缺乏冷静思考的,极易出错。

想一想。情绪平稳后,还要转移一下注意力,想点儿有意思的事。例如看场电影、做做运动、玩把游戏,最好是做一些能让自己感到开心放松的事,以平复情绪。

接着干。通过以上三种方法将焦虑赶走后,再回到原来引起焦虑的事情上。调整好情绪再回头看问题,也许会有不同的视角和发现。

二、择业心理障碍形成的原因

(一)社会因素

一方面,高校扩招,毕业人数剧增,就业岗位有限,就业环境竞争激烈,存在着一些不正之风。另一方面,受市场经济的飞速发展和西方资本主义的错误价值观影响,大学生传统的价值观念受到冲击,功利倾向、个人主义、拜金主义等日益严重,他们在择业时越来越多地考虑目前的、现实的利益,缺乏择业的社会意识、长远意识。以上都对毕业生的就业心理产生巨大冲击,使一些学生心态失衡。

(二) 学校因素

当今社会上出现了许多新行业和新岗位,学校教育相对于时代发展有一定滞后性。有的学生认为学校开设的专业课程"无法适应社会需要,学科知识陈旧,影响就业"。另外,相对于国外,我国高校开展专门的就业指导工作时间不长。高校对毕业生的就业指导工作做得还不够细致和精准,甚至明显滞后于学生择业心理的发展变化。因此,高校如何把握社会新形势,准确了解学生就业心理的变化,进行课程设置、教学内容、师资培养和就业指导工作等的改革,就显得尤为重要。

(三) 家庭因素

父母的价值观、其本身的职业和家庭经济情况等也会影响学生的就业心理。部分家长容易根据自己的人生经历和对职业的看法,按照自我思维和自我意愿给子女安排一切,忽视了子女的主观愿望和性格优势,容易使大学生在择业时产生矛盾心理。

(四) 个人因素

1. 毕业生本身处于矛盾期

毕业生正处于人生的转折点,面临人生的重大抉择。这一时期是他们人生的动荡时刻,内心充满矛盾、纠结和不安。自我和超我的矛盾、理想与现实的矛盾、奉献与索取的矛盾、社会需求与自身实力的矛盾等充斥着学生的择业过程,加之大学生本身处于人生心理矛盾突出的时期,心理发展不稳定,容易出现如开放与封闭、独立性与依赖性、情感与理智等各种矛盾。此外,大学生生理与心理发展不同步,一部分人的心理发展不成熟,加上个体生活经历、人生体验不同,因而心理特征具有较大的个体差异,在择业过程中表现出心理特征的复杂性和矛盾性。

2. 择业观的影响

受传统"铁饭碗"职业的影响,部分毕业生择业时定位不切实际,过分考虑工作的稳定性和待遇问题。还有部分学生,一心向往发达城市,希望去沿海地区发展,对规模较小的私营企业、艰苦行业、待遇较低的单位不予考虑,也不愿意去基层、西部地区锻炼,更不愿冒着失败的风险自主创业。

3. 自我定位不准

部分大学生对自己缺乏客观的认识和评价,定位要么过高,要么过低,甚至没有定位,随波逐流,导致在择业过程中茫然徘徊。没有正确的自知,就难以找到适合自己的工作,难以发挥自身的潜能。

4. 个人能力和素质不高

大学生的综合素质直接决定就业是否顺利。部分学生注重知识学习,忽视人际交往;部分学生知识面窄,缺乏常识;部分学生专业知识不扎实,缺乏实践动手能力和开拓创新意识,无法胜任工作;部分学生依赖性强,缺少独立解决问题和困难的能力;部分学生承受力差,没有吃苦耐劳的精神,难以适应职场要求等。

  择业中常见的心理误区

（1）只有大城市才能成就一番大事业。一部分大学生在求职时认为,就业还是大城市好,因为其经济活力和生活水平较高,自己在大城市工作能得到更为优厚的待遇和更好的发展空间。在他们看来,大城市各方面条件都好,发展空间一定大。他们忽视自身专业的产业聚集,很少考虑自己的知识能力水平和国家的就业形势,更少考虑国家经济建设对人才的需求,不愿到边远地区、中小企业、民营企业就业,导致发达地区的人才过剩,亟须人才的中西部地区往往缺少相关人才。

（2）用爱好来谋生。有人在选择职业时,认为最完美的决定是选一个跟自己业余爱好相关的职业,如果可以用爱好来谋生就更好了。人们通常更善于做与自己兴趣相关的事,尽管大部分技能没有经过正式培训,但是爱好只是代表喜欢,不一定代表能做好。例如我喜欢唱歌,但是不代表我唱歌唱得很好,一定能以此为生。

（3）应该从"热门职业"里选择自己的职业。每一年都会看到"热门职业"排行榜、"十大高薪职业"等宣传。看看"热门"清单里有没有吸引自己的职业,倒也无妨,但千万不要用这个清单硬套自己的选择。很多当前的热门职业,过几年就不再热门了。选择职业时,应当结合自身情况,分析整个就业环境。因为一个有发展前景的职业,并不一定是最适合自己的职业。

（4）只要能赚钱的工作,就能让自己快乐。虽然薪水很重要,但选择职业时,却不能只考虑这个因素。无数调查表明,高薪工作不是一定会让人感到舒适。对大多数人来说,喜欢和从事自己认为有价值的工作才是更重要的。不过在衡量一种工作时,薪水应当列为重要的比较因素。

（5）一旦选择了某个职业,我就要一辈子从事它。事实并非如此。如果自己出于某些原因对已选择的职业不满意,可以进行工作岗位的调整或者换一个公司。很多人一生中会多次更换职业。但是学会在某一领域深耕,获得重要的经验和储备非常重要。

（6）如果我换职业,专业技能就没用了。技能是我们的财富,使用久了可能会转化为我们内在的能力。能力可以通用和迁移,曾经的技能可以在新工作里得到运用,尽管方式可能不同,但绝对不会浪费。

三、择业心理的调适策略

1. 正确认识自我,适当调整就业期望值

学会正确地认识和评价自我,冷静、理智地思考和分析问题,是自我调适的基础,只有这样,才能找到自我调适的立足点。面对纷繁复杂的择业环境,学生需要明确自己今后的职业发展方向、自己的兴趣偏好、性格特征、自己最适合干什么、自己的优势和劣势是什么等关键问题。恰当的自我意识是谦虚和自信的统一,个体通过不断的自我反省,就能发现不足,扬长避短,使自己在择业过程中积极主动。

大学生的自我期待与社会需求之间的冲突是客观存在的。当这种冲突发生时,具有变通性的大学生能相应做出调整,使自己达到均衡。如果缺少变通性,不能及时调整自己的就业期望值,刻意追求最美满的结果,太过在意曾经设置的就业目标的不可更改性,势必错过其他许多好的机会,造成就业困难。因此,提高变通性、学会顺势而为,适当调整就业期望

值,可以增加择业成功率。

2. 学会情绪调控,主动寻求专业帮助

稳定而良好的情绪使人心情舒畅、精力充沛。愤怒、抑郁等不良情绪,则会降低人的理智水平,导致心理失衡和心理危机。在择业过程中,大学生难免会遇到不良刺激而出现情绪反应。为防止产生情绪障碍,必须学会控制情绪。适当安慰自己、鼓励自己;学会放松,平心静气;适当运动和娱乐,运用认知调节及人际互动等方式都可以调控自己的不良情绪。

当确实遇到自我调节无法良好解决的困难时,要学会主动求助,合理利用身边的资源,主动求助于学校心理中心的相关老师和校外的心理咨询机构,或者寻求职业心理咨询。咨询的实质就是一种职业性的帮助关系,即由受过专门训练的人员为咨询者提供帮助。

3. 强化自主意识,树立正确择业、创业观

大学生入校后就要学习职业生涯规划知识,强化就业、创业等发展方向的自主意识,从而主动培养自己多方面的能力,完善自身知识结构。求职时,要注意机遇的时效性,做好就业准备,发现就业机会时主动出击,善于展示自己,不害怕失败,拥有敢试敢闯的精神。

树立崇高的职业理想和正确的职业观念。职业活动是人谋生的方式和手段,是人奉献社会、完善自身的必要条件。大学生不应单纯地把就业看成是谋生的手段,更要把就业视为一生所追求的为社会服务的事业,重视人生价值的实现。从客观现实看,并不是所有的人都能按照自己的愿望选择职业,职业也选择人,要考虑社会需求对择业的制约性。大学生在就业问题上要更多地考虑社会需要,把自己对职业的期望与社会的需要统一起来,既不好高骛远,也不消极被动。服从社会需要才能实现个人价值,追求长远利益才能开阔就业视野。

知识拓展

想知道成功的秘诀吗?扫码了解一下!

求职成功的
三个关键心理

本章小结

通过本章学习,大家明白了职业生涯规划的概念和重要意义,探索了职业兴趣和价值观,了解了认识自我和探索工作世界的途径和技巧,掌握了职业生涯规划的程序和方法,明确了大学阶段生涯规划需要完成职业学习和个人成长两个方面的任务。大家也知道了择业过程中可能出现的各种心理障碍和心理误区,分析了其出现的几类原因,掌握了一些调适的小办法和应对策略。

就业是个人生存和发展的必经之路,也是实现自身价值的重要途径,希望大家行动起来,积极思考自己的生涯发展,树立规划意识,做一个有准备、有规划的大学生,度过一段充实的、多彩的、有意义的大学时光。请记住,人生中有挑战和风雨,也定会有彩虹出现的那一天。

资源链接

扫二维码分享好书和节目。

第六章资源链接

第七章

网络心理调适

> **章节导言**
>
> 互联网是现代社会飞速发展的产物,在互联网的发展环境下,网络的规模逐渐壮大,在互联网上学习、娱乐的人也越来越多。根据统计,大学生已经成为网民的主要群体,且大部分学生运用网络主要是玩网络游戏或者看网络视频。大学生正处于一个心理日趋发展成熟的阶段,求知欲望强,课本中的知识不能满足青少年的求知欲望,而互联网为他们营造了一个更为广泛的知识空间,可以满足他们日益增长的求知欲望。同时网络在展示知识的时候,文字以及图片动静结合,更增添了吸引力。网络无疑是把"双刃剑",在带给大学生新奇的感受和丰富的知识之外,也在使用的过程中给他们的身心健康带来了一定的影响。本章的主要任务就是引导同学们正确认识网络,保持网络心理健康,学会正确有效地使用网络。

> **学习目标**
>
> 【知识目标】
> 1. 了解网络心理的概念和特征;
> 2. 熟悉网络心理问题的表现。
>
> 【能力目标】
> 1. 理解网络与大学生之间的关系;
> 2. 了解网络心理的概念和特征。
>
> 【课程思政】
> 1. 树立正确的网络观;
> 2. 自觉养成健康的网络意识。

第一节 网络与当代大学生

课前思考:昔日是"风声,雨声,读书声,声声入耳",如今是"QQ声,短信声,游戏声,声声不息"。请打开手机桌面,思考以下问题。

(1) 手机运用的是什么网络?

(2) 手机安装的App可以分为哪几类?分别是什么类型?

(3) 手机上网的需求是什么?

案例导入

郑俊雅，亘谷科技 CEO，1984 年 12 月 20 日出生于广东省汕尾市，网名"番职男孩"。2003 年进入广州番禺职业技术学院主修外语，2005 年被评为广东省社会实践优秀个人。

大学期间热爱网络营销专业，大学三年阅读管理、网络、营销书籍 1200 本。大三第二学期，佛山某跨国集团（控股）有限公司邀请郑俊雅担任副总经理，因为职业方向定位不同，2006 年，郑俊雅先后去过 100 多家公司面试，但最后还是选择回到某跨国集团（控股）有限公司，出任上市部小组成员，并获得十万股期权。2007 年 6 月，郑俊雅进入时代光华担当培训顾问，2007 年年底进入震旦集团广州分公司担当普通业务员，短短两个月内凭借与众不同的网络营销方法迅速崛起，成为某复印机集团广州十一家分公司中唯一销售之星。2007 年年底获得阿里巴巴认证之电子商务培训讲师称号，为阿里巴巴最年轻网络营销讲师；2008 年 8 月，郑俊雅开始着手自己创业，提出"低价做网站、低价做网络营销、低价做网络营销培训"等创业理念，快速、整合、创新，带领团队在市场上不断突破，创造佳绩。2009 年成立亘谷计算机科技有限公司，任公司 CEO。再次出任阿里巴巴论坛正版主，并以"颠覆式网络营销创始人，微海战略创始人"等称号应邀担当华南网商会网络营销讲师、广东省电子商务协会讲师和广州网商联盟讲师等。

案例中的郑俊雅没有迷失在网络世界，反而是将网络的优势特长发挥得淋漓尽致，通过网络获得各种信息，激发自己的创造思维，开拓营销新理念，他无疑是有效利用网络取得成功的典型个案。新时代高职院校要培养具有工匠精神的高技术、技能人才，网络给高职院校学生带来了更多的机遇和挑战，教育者的目的是引导同学们正确认识网络，保持健康的心态。

一、网络心理概述

网络作为新生事物，几乎没有经过任何艰难坎坷就吸引了大学生的注意力，走进了大学生的生活，赢得了他们的普遍认同，这是因为互联网固有的特性和大学生的身心特点相契合。

1. 网络心理的概念

网络心理，从广义上讲是指一切与网络有关的心理。从狭义上讲是指在虚拟的网络世界里网民的思维意识活动。互联网具有发展性，对人类的影响是深刻的、多方面的，不仅改变了人类的工作方式，也深刻影响了人类的生活方式。

2. 网络的特征

（1）网络是一个与现实物质世界不同的虚拟精神空间。网络是一个虚拟的空间，在网络中交友不需要真实的身份，在这个数字化空间里，人们的气质性格兴趣、爱好能力、世界观等人格要素都可能是虚拟的，网上交流就是以虚拟人格为特征的沟通。因此，往往让人产生一种"网络世界不需要负什么责任或履行什么义务，不需要戒备和提防，自由自在"的错误认知。

网络的虚拟性特征，主要表现在三个方面：网络空间的虚拟性、网络行为的虚拟性和网络行为主体身份的虚拟性。其中，所谓网络空间的虚拟性是指网络空间是人为设计和构建的信息世界,它不同于凭借感性认识和理性认知的现实世界。这种虚拟性会导致认知、行为上的错觉和错位。网络行为的虚拟性是指网络上旅游、参观等行为只是通过网络技术使人有身临其境的感觉,并非真实地存在。

网络行为主体身份的虚拟性是指网络交往中人的身份是虚拟的,行为人可以按照自己的喜好来设计自己在网络上的形象和语言。大学生网民的网上表现是相当活跃的,他们的角色往往是多重的,而且不断发生着变化。名字是漂亮而浪漫的,个人登录资料多数都是虚假和夸大其词的。

(2) 网络是一个精神文化空间,具有开放性和平等性。网络是一个互动的、开放的、大众的精神文化空间,它使虚拟和现实的界限变得模糊,任何一个个体都能将自己与整个世界联系起来,不受信息交流的时空限制,在这个神奇的国度里自由遨游。这样一种交流媒介也让大学生更易接受,他们不但通过网络了解新信息、学习新知识、对国内外的重大、热点问题发表自己的看法,还通过网络结识新朋友。在这种意义上,网络的开放性也体现了现代科技同现代社会的结合。

(3) 网络让工作、生活和学习更便捷、更高效。自互联网出现以来,人们感受到的最大变化就是:信息的传播与获得变得更快速、更便捷。人们通过网络实现了信息共享。网络对信息处理的速度大大提高了工作的效率。互联网的出现,让大学生的学习、生活变得更加高效,因为网络在瞬间就可以处理靠巨大的人力直接处理不了的信息,极大地提高了工作学习效率。网络的高效性是前所未有的。例如,在网上查询有关专升本的考试资料或者时事政治资讯等,很快就能找到有关的资料,并直观、迅速地呈现在眼前。

(4) 网络具有易操作性和经济实惠性的特点。在大学生群体中,网络的被认可度和接纳度充分体现了它的易操作性。通过输入简单的网址,便可以查阅文献古籍、通过各种App与朋友、同学等取得联系,传送文件、文档等,提升了资源的使用率,降低了消耗,节省了金钱和人力、物力。对于高职院校学生来说,能够通过网络实现各项技能操作训练,例如对工厂机器操作、打磨零件、汽车驾驶等,在这些场景中没有任何危险性,可以反复试错、强化练习,大大提升了学生学习的兴趣,降低了教学成本、促进专业操作技能的提升。

(5) 网络具有创新性和渗透性的特点。通过网络,人们能迅速了解到世界上最先进的技术、最前沿的信息、最丰富的资源,还能实时更新,大学生在接收到这些资源信息时,能根据自己的兴趣爱好进行选择再加工,在很大程度上提升了大学生进行创新创造的可能性。同时,网络的内容无所不包,涉及社会生活的各个方面,且传播速度很快,因此网络广泛地影响着人们的生活方式、思维方式和思想观念。全世界的人们都可以通过网络进行文化、观念和思维的碰撞,而不受到地域文化的限制。

 知识拓展

扫码了解第49次《中国互联网络发展状况统计报告》。

第49次《中国互联网络发展状况统计报告》

二、网络与大学生活

1. 网络能够满足大学生社会交往的需要

网络交往就是在网络上进行非面对面的交往,主要方式有QQ聊天、微信、电子邮件、贴吧、博客等,沉迷于网络交往的学生主要用QQ、微信聊天。网络没有国界,没有等级,人人自由且平等,为我们提供了一个展示自己个性和才华的新舞台,在这个舞台上可以尽情地宣泄、尽情地发挥、尽情地表现,使个性得到淋漓尽致的展现,通过网络可以跨越地域的限制建立新的人际关系。迷恋网上聊天的大学生更多的是一种心理需求。

网络交往的隐蔽性和多元性为交友双方提供了一个恰到好处的交往距离。在现实生活中,一些大学生往往因为多种原因,例如自卑、性格内向、缺少家人的关心呵护、距离太远、缺乏社交能力等,而无法表达或难以表达真实情感或想法,通过网络既可以毫无顾忌地交流,又可以保护自己的隐私;既实现了交流沟通的需要,又克服了现实交流的重重障碍。这一部分学生喜欢上网络聊天,通过在网上与人进行沟通和交流来获得安慰和支持,宣泄日常生活中的压抑、紧张和焦虑。

2. 网络能够满足大学生获取信息的需要

与传统媒体相比,网络能使我们在第一时间获得自己所需和所感兴趣的信息,这一特征符合我们对信息的敏感及追求时效的个性特征。当前大学生关注国内外的政治、经济、文化发展,关注人类各种问题,但紧张的学习、工作和生活迫使我们提高效率,传统媒介已不能及时满足大学生的这种需要,而网络则使大学生真正做到"足不出户知天下"。网络信息的丰富性和开放性符合大家对知识信息的渴求心理。网络是一个巨大的信息宝库,学术信息、经济信息、政治信息、娱乐信息及各种各样的新闻无所不包,几乎涉及人类活动的各个领域,上至天文地理,下至衣食住行,都可以在网上找到相应的内容,而且集文字、图片等于一体。大学生可以在网上直接访问相关领域的资深人士或专家,可以进行包括专业知识、生活知识等方面的学习,可以尽情地遨游于各种类型的信息库,可以围绕关心的问题在网上与一群人展开讨论,强烈的求知心理得到了满足。

3. 网络游戏对大学生具有强大的吸引力

网络游戏已经成为大学生日常生活中的一个休闲娱乐方式。游戏中引人入胜的动画和音响效果、生动的故事情节,不仅能使不同地域、年龄和身份的人随时找到共同的爱好者,还能促使大家在游戏中交流、团结协作,让人感到友好、轻松和快乐。在许多大学生的眼中,网络游戏不仅是一种游戏,它更是一个情趣、兴趣和情感相互交融的世界,是一种生活方式。置身游戏中的紧张、激动与惊险,攻克一个个游戏难关时的成就感,能使人得到精神上的满足和愉悦。

课堂互动

1. 案例呈现

2015年9月,在北京举办的一场电竞比赛现场,就有一位玩家拄着双拐参赛,趴着打完全程,并夺得了亚军。这位来自河北保定的玩家,ID叫"封神",25岁。在比赛前夕,"封神"因为车祸导致双腿受伤,但依旧坚持拄着双拐来到现场参加比赛,最终拿下亚军。

2014年高考时期,媒体曾报道过四川攀枝花的一位无臂少年,用脚考出538分的新闻。这位叫彭超的小伙子不仅是个学霸,还是个游戏高手,不过遗憾的是,他并没有被心仪的大学录取。但是他并没有气馁,2015年高考,他终于考出了603分的成绩。分科成绩语文102分、数学119分、英语122分、理综260分。彭超是同学们膜拜的对象,被奉为"传奇",因为他玩"地下城与勇士"的技术炉火纯青,而"英雄联盟"也已经打到了游戏里的黄金段位,常常能够轻松吊打同学。

2. 案例讨论

(1) 从这两个案例中,你看到了什么?

(2) 这两个案例给我们什么启示?

三、网络对大学生成长的影响

(一) 网络促进大学生成长

1. 网络帮助大学生开凿信息渠道,拓宽知识视野

网络的逐步普及,使得社会经验不足的大学生通过网络了解校园文化、社会热点、国家大事国际风云;了解政治、经济、文化、军事、哲学、科技的发展动向、历史延革;进行休闲娱乐、感情交流、学术讨论等,帮助他们得到各方知识的陶冶和锻炼,提升知识储备和能力。同时网络作为知识和信息的载体,引发了创造性极强的大学生群体的极大好奇,给广大学子带来了极大的创造空间。网页制作、计算机设计、三维动画、工业造型、计算机预决算、网络科研项目、网络课件教辅、远程教育技术服务、大学生网络创业大赛等,无不在内容和形式上造就了大学生的创新欲望,一大批以在校大学生为核心的计算机公司、设计公司、信息公司、学生企业应运而生,它推动并引领了当今高校学子的无限创造激情,也给国家的未来和现实的经济发展带来了生机和活力。据悉,每年各高校不断涌现出大学生创造发明专利和技术项目。

2. 网络促进大学生交流互动,搭建情感纽带

网络不但实现了信息的互通,也实现了人与人之间交流的畅通。当前大学生大多数是独生子女,心理正处于"爱与归属"需要获得的阶段,离开父母来到新的环境,感到无法适应、孤独等,迫切想要与人沟通和交流,渴望得到同龄人的认同。网络论坛、聊天室、虚拟社区、情感驿站等可使广大学子直抒胸臆,发表自己的见解和看法,并充分表达和表现自我,结交各种朋友,相互介绍经验,共同进步。高职院校学生可能还面临着专业知识和技能学习较难、毕业就业等问题,现实中开展人际沟通,会出现时间较少的窘况,而网上交友就解决了专心学习和择时交友的矛盾。在网上既可以推心置腹、抒发情感,交流思想和心得,又可以大发牢骚,排解烦闷心情,达到缓解学习和精神压力的双重功效。

3. 网络弥补教育缺陷,拓展教育实现途径

当前各教育资源网站的建立,基本实现了学生进行自学辅导、作业测验、大考冲刺、升学模拟考场体验等。每个大学生可以根据自身发展需要,浏览不同网页,来给自己加压充电。另外,还可以从网站上浏览和学习本高校不具备而其他高校具备的相关教学资料和实验条件,借鉴学习方法,达到知己知彼,扬长避短的效果。

 知识拓展   **上网能做什么**

(1) 通信。通信包括即时通信、电子邮件、微信、百度。

(2) 社交。社交包括QQ、微信、微博、空间、博客、论坛。

(3) 网上贸易。网上贸易包括网购、售票、工农贸易。

(4) 云端化服务。云端化服务包括网盘、笔记、资源、计算等。

(5) 资源的共享化。资源的共享化包括电子市场、门户资源、论坛资源等、媒体（视频、音乐、文档）、游戏、信息。

(6) 服务对象化。服务对象化包括互联网电视直播媒体、数据以及维护服务、物联网、网络营销等。

（二）网络对大学生的消极影响

1. 网络文化垃圾对大学生世界观、人生观及价值观的影响

网络资源虽然极其丰富，但是网上虚假信息、文化垃圾却屡见不鲜，大学生的身心还处于不完全成熟阶段，这种不良的网络环境，对一些大学生容易产生不良的后果。在网上虚拟的环境中，容易出现责任心不强、冒名顶替、肆意破坏、粗言恶语等道德伦理问题以及感情问题、心理健康、人际关系及个人安全等问题，一些组织或个人可能怀着特定的目的，制造言论、传播非法信息或诽谤中伤他人或误导青年学生。在一些西方大国，凭借经济、技术和信息资料的优势，宣扬资本主义意识形态，加强信息大国政治的、文化的扩张与渗透，网络上大部分都是那些所谓西方国家的民主、人权的宣扬，大量的外来文化信息对社会主义意识形态和中华民族的传统文化产生了强大的冲击力。青年大学生的世界观、人生观、价值观尚未完全形成，辨别能力有一定的局限性，很容易受到这些信息的侵扰，使他们在价值观念上更重实惠，对社会的责任意识和对他人的人文关怀越来越淡薄，甚至导致人文品格和道德水平的滑坡。有的网站为了提高点击率，牟取暴利，宣传色情、暴力、沉沦等刺激大学生心理的文化垃圾，使部分大学生沉溺于其中，难以自拔，荒废学业，有的甚至走上犯罪道路，对社会造成恶劣影响。诸如此类，对那些涉世不深的大学生来说，无疑是一种伤害。

2. 网络游戏沉迷及网络对大学生人际关系的影响

在现实生活中，有些大学生对自己所处的现状及处境不甚满意。有的心比天高，整天夸夸其谈，总想超越他人，成为一名受人敬仰的人，而网络游戏则以独特的魅力吸引着很多大学生。一个很重要的原因是追求心理满足。他们认为在虚拟世界中获取成功的机会远远高于现实生活。很多沉迷于网络游戏的大学生是因为在现实生活中受挫或达不到自己的理想。因此，选择网络游戏来满足自己的心理需求。他们一旦从中寻得快乐，就难以走出来。例如，现实中的不如意，可以在网络游戏中发泄，级别高点的游戏者可以带着大批"兄弟"征战四方。不但从心理上得到满足，而且能得到现实中很难得到的金币、金银首饰、武器装备等使自己更加强大、更具统治力。在这种虚幻的环境中，大学生对网络的依赖性越来越强，上网成瘾已不再是不可思议，他们每天花大量时间泡在网上，长久下来，不但花费了大量金钱，还荒废了学业，摧残了精神。甚至造成心理畸形发展，心理变态。作为教育工作者，对大学生玩网络游戏上瘾这种情况，应引起重视。学习人际交往和处理人际关系需要时间的投入。由于对网络的沉迷，在人机相对封闭的环境里，使他们在很大程度上失去了与别人交往的机会，减弱了与他人交往的愿望。人际交往的减少很容易加剧自我封闭心理，造成人际关系淡化，导致一部分大学生脱离现实，只满足精神需求。一些学生在真实的交往中感到紧张，不适应，产生孤僻的情感反应，产生对现实人际交往的逃避和恐惧，甚至还会出现"网络孤独症"等症状，造成人际关系障碍，这对人生的发展是非常有害的。

3. 大学生沉迷网络影响校园文化建设

丰富多彩的文体活动是大学生生活的重要组成部分，大学生的学习任务繁重，没有良好的情绪情感和健康的体质是不能完成学习任务的。沉溺于网上游戏或聊天以后,大学生将会利用一切可以利用甚至不可利用的时间上网。人的时间和精力是有限的,从这一点来看,他们不可能再给以往的业余爱好让路。迷恋于互联网以后,他们对现实的各种活动,如打球、下棋、看电影以及班级里的各种活动都不感兴趣,认为这些活动没有什么意义,网络已成为代替一切活动的一种新的嗜好。

第二节 大学生网络心理障碍及应对

> 课前思考:有研究表明,长时间连续使用手机手机辐射不仅会引起头痛、记忆力减退和睡眠失调,还会对脑部神经造成损害。那些长期进行手机在线聊天,或者沉迷于网络游戏并满足于在游戏中扮演英雄形象的人,更容易出现心理问题。回到现实将会变得非常苦涩,让人感到失望,产生心理压力。某些人可能由于这些压力而变得易怒或者富有攻击性,最终出现极端行为。思考以下问题。
> (1)人们长期沉溺于网络,会带来哪些不好的影响?
> (2)你对网络有依赖吗?判断网络成瘾的标准是什么?
> (3)当出现网络心理问题后应如何应对?

案例导入

小王,19岁,某高职院校大一学生,因玩网络游戏成瘾,耽误学习,在大一整个学年中,因旷课情况严重,给予记过处分,同时,两学期累计十余门课程考试不及格,面临要退学的局面。小王是一个独生子,从小都很受父母、爷爷奶奶的宠爱,自制力很差。考上大学,独自一人来到大城市读书,无法适应新的环境。突然间失去了父母的约束,没有远大的目标的小王,对新的大学生活显得无所适从,网络就成了他唯一的生活主题。小王的学习基础较差,学习起来相对有些吃力。又因为没有什么特长,在校园里找不到展现自我的舞台,虚拟的网络游戏让他找到了一定的成就感。因为过度上网,小王和班级其他同学的关系越来越疏远。慢慢地,由休息时间上网发展到整天上网,甚至经常性地包夜,旷课越来越多。老师多次找其谈话,均是当面答应得很好,事后经不住网络的诱惑,又跑出去上网。同宿舍的同学也多次劝导几乎无效。

从案例中不难看出,小王深陷网络而严重影响学习和生活,之所以"网络成瘾",不是由某种单一的原因造成的,有自身的、家庭的,也有学校的、社会的原因。现实中依然还有一些像小王一样的大学生没能有效善用网络带来的便利,选择在网络世界虚度光阴,逃避现实,甚至以自杀的方式结束生命。

一、网络心理障碍的概念及表现

网络心理障碍是指个体往往没有一定的理由,无节制地花费大量时间和精力在互联网上持续聊天、浏览,以致损害身体健康,并在生活中出现各种行为异常、心理障碍、人格障碍、交感神经功能部分失调。

网络心理障碍的典型表现包括情绪低落、不愉快或兴趣丧失、睡眠障碍、生物钟紊乱、食欲下降和体重减轻、精力不足、精神运动性迟缓和激动、自我评价降低和能力下降、思维迟缓、有自杀意念和行为、社会活动减少、大量吸烟、饮酒和滥用药物等。

二、大学生常见的网络心理问题及原因

（一）网络依恋

新生入校后，因为远离亲人朋友，遇事只能靠自己处理，常常会出现各种适应困难的问题。部分大学生因为性格内向，更容易通过网络寻求帮助，以调整自己的心态，久而久之就和现实的人际关系变得比较疏远，对网络也产生了更多的依赖，例如长时间沉溺于网络游戏、上网聊天、网络技术（安装各种软件，下载使用文件，制作网页），醉心于浏览网上信息、网上猎奇，造成对网络的过度依赖和依恋，导致个人生理受损，正常学习、工作、生活及社会交往受到严重影响。同时现实中存在的学习、生活上的困难、挫折越来越多，大学生难免产生失落、自卑、抑郁、对现实强烈的回避心理等，影响了他们正常的认知、情感和心理定位，还可能形成不利于健康的性格和人生观。

课堂互动　　　　**调查与反思：网络给我带来什么**

(1) 每周平均上网时间：_____。
(2) 上网一般做什么？_____。
　a. 查资料　b. 看新闻或其他信息　c. 与朋友聊天　d. 收集信息　e. 网络游戏
f. 看网上电影　g. 其他
(3) 每周平均花费多少钱？_____。
(4) 上网后（从网吧出来）心情一般是：_____。
　a. 沮丧　b. 空虚　c. 快乐　d. 充实

（二）网络焦虑

网络焦虑是网络时代特有的现象，网络已经逐渐成为人们的一种"生活空间"，当遇到急着写字或贴文，计算机却出现故障，上不了网或者被黑了等就产生一些焦虑情绪，往往较长时间显得紧张和不安。特别是当出现停电断网的情况时，因为无法上网，大学生显得无所事事，神思游移；严重的甚至茶饭不思，失魂落魄，无法按时作息，情绪波动较大。

（三）网络孤独

网络孤独主要是指希望通过上网获取大量信息、网上娱乐、网上人际交往来提高或改变自己，但上网未能解除孤独（甚或加重了原有的孤独），或反而因为触网而引发孤独感这样一类不良心理状况。部分通过网络寻求情感依赖的大学生，当他们走进网络世界时，能够在一定程度上缓解当下的不良情绪，获得一定的心理支持；但是当离开网络后，常常会感到一样的孤单、无助，这又会加深他们继续通过网络游戏、聊天等方式暂时逃离现实的愿望，对现实中的人产生不信任感，变得寡言少语，逐渐患上网络心理孤独症。

(四)网络性人格障碍

网络性人格障碍主要是指因为个体长时间进入虚拟网络世界,出现了明显偏离正常且根深蒂固的行为方式,具有适应不良的性质,其人格在内容上、实质上或整个人格方面异常,由于这个原因,个体遭受痛苦和/或使他人遭受痛苦,或给个人或社会带来不良影响。一些大学生在网络中虚拟自我,尝试不同的生活,从而使得现实生活中的多种社会角色被网络所屏蔽。他们在网上产生一种身份虚幻感、平等感和自由感,这极可能使上网者逐渐失去对周围现实的感受力和积极的参与意识。

(五)网络违法犯罪

当前网络已经成为青年大学生发泄负面情绪的主战场,动辄发帖、跟帖,对看不惯的事情加以评论,甚至有些大学生产生了严重的反社会心理,利用网络实施违法犯罪行为。大学生网络犯罪主要有以下几种形式:用计算机网络进行网上欺诈交易、盗窃等侵害他人财产、建立淫秽网站用以传播淫秽信息、散布危害国家安全的反动言论、制造网络病毒用以造成社会恐慌等。

 知识拓展

《中华人民共和国刑法》第十三条规定:一切危害国家主权、领土完整和安全,分裂国家、颠覆人民民主专政的政权和推翻社会主义制度,破坏社会秩序和经济秩序,侵犯国有财产或者劳动群众集体所有的财产,侵犯公民私人所有的财产,侵犯公民的人身权利、民主权利和其他权利,以及其他危害社会的行为,依照法律应当受刑罚处罚的,都是犯罪,但是情节显著轻微危害不大的,不认为是犯罪。

(六)网络成瘾

1. 网络成瘾的概念

网络成瘾是指在没有成瘾物质作用下的上网行为失控,主要表现为由于对互联网过度依赖而导致个体明显的社会、心理功能损害。

2. 网络成瘾的表现

网络成瘾者常常患有强迫上网的渴望,在日常生活中脑海里常常反复出现网络上的内容,因为沉迷于网络而忽略现实生活的存在;人际关系冷漠,交际范围小,常有孤独和忧伤的情绪;严重者造成饮食和睡眠方面的障碍,思维缓慢、精神不振,时间长了就会引起植物性神经紊乱、神经衰弱、焦虑症和抑郁症等神经系统疾病,还有可能诱发心血管疾病、胃肠神经官能症、紧张性头痛等疾病,甚至会诱发猝死。

3. 网络成瘾的主要类型

(1)网络游戏成瘾。此类成瘾者沉溺于网络设计的各种游戏中难以自拔。网络游戏本身的趣味性、智力性、互动性和挑战性吸引了大学生的积极参与;游戏的层层升级,充满暴力和血腥,从一定程度上满足了大学生的竞争、渴求刺激以及宣泄情绪和获得成就的心理。

(2)网络交友成瘾。此类成瘾者过分迷恋通过网络聊天室和各种聊天软件等进行人际交流,并以网络社群的人际关系取代现实生活中的人际关系。大学生群体是一个特别渴望与人交往的群体,由于网络的独特魅力,网络交友是大学生最感兴趣的主题之一,近50％的大学生主要的上网目的就是聊天或交友。一些大学生成了网络关系成瘾的蛰居族、电子隐士族等。

(3) 网络色情成瘾。此类成瘾者沉迷于网络上的色情文字、图片、动画、视频影像、Flash以及色情聊天等而流连忘返。有关机构最近公布的一项调查显示,上网的大学生中80％以上访问过色情网站,经常光顾者占12％。网络色情是导致大学生性犯罪的主要原因之一。

(4) 网络恋情成瘾。此类成瘾者沉浸于网络所创造的虚幻的浪漫时光欲罢不能。在一些大学生看来,网上恋爱属于柏拉图式的精神恋爱,既免去了恋人厮守影响学习的烦恼,又有精神上的慰藉,所以成为眼下校园里时尚的恋爱方式。

(5) 网络信息收集成瘾。这种类型又称信息超载成瘾,此类成瘾患者强迫性地、无法自制地从网上收集无用的、无关紧要的或者不迫切的信息,堆积和传播这些信息。这种行为没有预先的计划和目的,耗费时间,是纯粹的盲目行为或网络生活怪癖,大学生的求知欲望和好奇心特别强烈,对网络所提供的信息往往趋之若鹜,过度迷恋网络信息会导致网络信息收集成瘾。

(6) 强迫行为性网络成瘾。此类成瘾者不可自控地参加网络制作、网上讨论、网上购物及网上在线赌博等。

4. 网络成瘾的原因

随着网络社会的崛起,它越发以集文字、影像、声音于一体的独特魅力吸引着众多的大学生,成为他们网络成瘾的重要致敏原。具体来说,网络对大学生的吸引力主要表现在两个方面。

(1) 来自网络的吸引力。网络空间就是一个丰富的百科全书式的信息世界,在这里,大学生几乎可以搜索到自己所需要的任何资料。这对他们而言,无疑是一个不可抵挡的诱惑。同时在网络世界里,每个大学生在使用网络时都可以隐匿自己的真实身份,以面具化的形式扮演各种角色、从事各种行为,享有自己在现实社会中渴望占有但又无法实现的权利和自由。再者网络呈现一种去中心、权力扁平化的特点,每个人都有自己的ID号,大家的地位都是平等的。在网上,大学生作为平等的一员,既可以就某个问题不停地发表自己的见解,又可以对某个事件不断地发帖、跟帖,还可以尽情发泄自己在现实生活中产生的不满情绪。这里完全没有现实社会中的各种约束和限制,大家都是平等的参与个体。当然,网络还呈现出多种功能,例如查阅资料、观看视频、玩游戏、发表评论等,使大学生可以达到多种目的,带给他们加倍的心理愉悦感,强化了他们对网络的心理依赖,而不能自拔,最终形成网瘾。

(2) 大学生自身的推动力。现实表明,也并非每一位使用网络的大学生都会出现成瘾现象,网络仅提供了成瘾的可能性,他们自身的有关因素也是网络成瘾的一种推动力。如果把来自网络的吸引理解为导致大学生网络成瘾的外部原因,那么他们自身生理、心理和人格特质的推动则是促成其网络成瘾的内部原因。

网络成瘾的第一个内部因素指在无成瘾物质作用下对互联网使用冲动的失控行为,表现为过度使用互联网后导致明显的学业、职业和社会功能损伤。生理理论认为,人脑中有"快乐中枢",每当网络成瘾者上网时,使大脑相关高级神经中枢持续处于高度兴奋状态,它会对大脑进行化学反应式的刺激,并释放一种名为多巴胺的物质。伴随多巴胺的化学物质水平升高,引起肾上腺素水平在短时间内异常增高,交感神经过度兴奋,并使血压升高,然后令人更加颓废、消沉。这些劣性改变可伴随一系列复杂的生理和生物化学变化,尤其是植物神经功能紊乱、体内激素水平失衡,免疫功能降低。如果这种刺激是经常性的,大脑会强化自身的这种化学反应,进而产生成瘾行为。

第二个内部因素是大学生的心理因素。大学生比其他群体更容易产生诸如网络成瘾等问题。除与网络的吸引力有关外,还与他们的心理特点有关联。大学生具有强烈的好奇心,关注新事物并且容易接受,这种求新求异的特点促使他们积极投身于由网络架构的新奇、丰富、动感的社会空间;网络与大学生之间存在很多契合点,造成他们无法摆脱网络,如大学生具有追求流行、赶时髦的特征,上网的时尚性符合他们追逐流行的心理,这样网络就为青少年提供了最好的心灵释放场所;大学生在认知能力上的局限以及较弱的自我控制能力也容易使自己走到网络成瘾的道路上去。

5. 网络成瘾的危害

网络成瘾危害很多,一般会使个体角色混乱,人格扭曲,道德感弱化,学习工作受到极大影响。极端情况下,网络成瘾者不清楚虚拟空间和现实世界的区别,人际关系和社会生活变得混乱不堪,身心也受到极大伤害。

知识拓展

扫码了解网络成瘾的诊断标准。

网络成瘾的
诊断标准

三、大学生常见的网络心理障碍应对

1. 提高大学生网络素质,养成良好网络生活习惯

大学生应注重个人的思想道德修养的提升,正确认识自我,认识社会,树立正确的人生方向,追求目标,增强大学生的公德意识。上网时,应选择健康的校园网络环境,明确上网目的,不浏览色情、反动、不健康的网站,要把网站作为实现学习目标的有效手段,把上网的主要精力放在收集学习资料、获取时事新闻上。另外,还要做好上网时间管理,合理分配并安排生活作息时间,不沉溺在网络游戏中,提高网上操作效率。例如设置上网时间一小时提示,提醒自己休息一会或者结束上网。上网只是我们生活的一种方式,但不是生活的全部,大学生要时刻提醒自己坚持学习的计划性和网上学习的主动性,增强行为自控力。

2. 开展网络教育宣传,引导大学生正确使用互联网

作为新时代的大学生,同学们首先应正确认识网络,认识网络不是一个真实的世界,网络可以帮助大家接触到更多的知识,但同时也有很多不好的诱惑;同时还要掌握正确使用网络的方法,用计算机上网是为了获取更多的知识,得到更多的信息,不断充实自己,提升自己。同时还要加强自身法制教育,增强法律意识。大学生中许多人不知法、不懂法,有的甚至是法盲。国家已经出台了一系列关于计算机和国际互联网的法规、条例等,大学生在使用互联网的过程中,应该做出表率,不肆意散布假消息,不发表恶意评论,不利用网络牟取非法利益,在相当程度上维护网络运行秩序。

课堂互动

扫二维码,进行网络使用情况自查。

网络使用
情况自查

3. 提高网络心理防御能力

针对大学生心理发展不够成熟的特点,要不断提高自身对网络与人、网络与社会关系的认知能力和水平,以积极健康的心态面对网络:一要有意识地参加心理健康知识讲座、寻求心理咨询服务等,学会控制情绪,增强社会应变力,学会处理现实与愿望的矛盾,学会自我调适,做事前理智思考;二要积极建立和谐的人际关系,放弃自卑心理,充满信心地对待生活,能够接纳他人,使自己的心理处于轻松愉快之中;三要正确处理恋爱与性的问题,以严肃的态度对待爱情,正视恋爱关系,保持稳定的情绪及健康的心理;四要提高网络交往能力,从网络交往态度、网络交往认知和网络交往自保意识等方面加以完善,例如诚实友好交流、不随意约会网友、增强自我保护意识等。

4. 积极参加有益于身心健康的校园文化活动

大部分同学是很乐于参加学校每学年组织的校园文化活动的,不仅能提升身心健康,还有益于增强各方面社会能力,塑造健康的人格。对于身边有网瘾的同学,应积极鼓励他们用意志力强迫自己转移对网络的注意力,回归现实生活,通过参加有益的校园文化活动,逐渐恢复他们对现实世界的感觉和认知,不断开阔视野,增强思考能力,从而形成健康的个性。

5. 认识网络成瘾的危害,主动求助

网络成瘾综合征一般会导致大学生学业荒废、身心受损等危害,大学生无法通过自我调适缓解痛苦。此时,大学生应该积极求助,通过找教师、朋友、亲人倾诉,向心理咨询师预约咨询、请心理医生治疗等方式,缓解心理压力,缓解痛苦。网络成瘾较严重的学生可在心理医生的指导下接受心理治疗并积极配合药物治疗的方式,以改善大脑功能和心理状态。

6. 科学理性对待并合理使用手机

手机作为科技进步带给人类的新工具,本身并无利弊对错,作为新时代大学生,要脱离"手机依赖症",就要做到:①合理安排使用手机时间,健康用手机,绿色上网,不当低头族;②阅读书籍时,不要边读书边看手机,分散注意力,当备考时,某些知识点不会,不要急于用手机帮助自己思考,更重要的是锻炼自己的大脑,不要产生依赖;③在闲暇时间多做运动,多锻炼身体,打游戏并不能让身心更加愉快;④下载安装适量的软件,手机网络错综复杂,最好卸载平时不怎么用的软件,避免落入不法分子的陷阱;⑤睡觉时禁止带手机上床,培养自律的生活作息,使用手机时考虑周围环境,音量不要太大,以免影响他人,同样也会影响自身健康。

本章小结

互联网具有发展性,对人类的影响是深刻的、多方面的,不仅改变了人类的工作方式,也深刻影响了人类的生活方式。网络能够满足大学生社会交往、获取信息的需要。网络对大学生成长的影响主要有积极的影响和消极的影响两个方面。

网络心理障碍会损害身体健康,并在生活中出现各种行为异常、心理障碍、人格障碍、交感神经功能部分失调。患有网络心理障碍的人主要会表现出情绪低落、不愉快或兴趣丧失、睡眠障碍、生物钟紊乱、食欲下降和体重减轻、精力不足、有自杀意念和行为、社会活动减少、大量吸烟、饮酒和滥用药物等。培养大学生养成良好的网络生活习惯、开展网络教育宣传、提高网络心理防御能力、科学合理使用手机等方式,不断提高大学生的网络心理素质。

资源链接

扫二维码分享好书和电影。

第七章资源链接

第八章

心理素质拓展
——做好职业规划,迈向美好人生

➡ 章节导言

第二篇前三章学习了关于学习心理、网络心理调适以及职业生涯规划的理论知识,下面用有趣的活动体验,开启心理素质拓展训练的大门。本章课程,需要大家积极地动起来,主动参与活动环节,用心体验和感悟。相信自己,做好职业规划,迈向美好人生。

➡ 学习目标

【知识目标】
1. 了解素质拓展活动的目标和意义;
2. 学会在游戏和测验中进一步探索自我职业偏好。

【能力目标】
1. 能够通过游戏的方式,进一步明确自我职业方向;
2. 能够通过游戏互动,提高人际交往能力。

【课程思政】
1. 增强职业规划的自主意识,提升自我效能感;
2. 促进人际和谐,进一步认识自我,理解他人。

➡ 心理测评

想知道自己喜欢从事什么职业吗?扫码测一测吧!

霍兰德职业兴趣测评

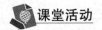

课堂活动

活动一　愿景先行，生涯幻游

1. 活动目的

伴随着轻音乐,同学们在老师的指导语帮助下,通过生涯幻游的游戏体验,尽情畅想十年后的具体生活与工作场景。通过自我描绘和想象出的这一幕幕画面,进一步厘清同学们想要的未来具体是什么样子,从而引发同学们关于职业的憧憬和理想生活的向往。

2. 活动准备

轻音乐,生涯幻游指导语手册。

3. 活动流程

(1) 教师播放音乐,同学们在音乐和指导语中闭眼、放松、想象。

(2) 同学们认真聆听,尽情畅想。

(3) 幻游结束,归返讨论感受和对自身未来可能产生的影响。

4. 活动记录

写下你的幻游感受:_____
_____
_____

讨论后,你如何认识自己的职业憧憬?_____
_____
_____

活动二　主动出击,生涯分享

1. 活动目的

同学们通过分组的形式,选择一位优秀师兄师姐或者杰出校友进行人物访谈,形成生涯人物案例,以报告的形式分享给全班同学。通过访谈和分享,让同学们深入实践,提高团队协作能力的同时,培养自己主动学习的意识。走进身边优秀的人,总结成长过程,感悟成才之道。

2. 活动准备

多媒体展示设备,汇报 PPT。

3. 活动流程

(1) 提前两周分组,可在课堂上指定组长,布置生涯人物访谈作业要求,包含汇报时间限制,访谈提纲等。

(2) 提前一周上交阶段性成果。包含各小组访谈对象的基本信息,访谈提纲等过程性资料。

(3) 各小组完成汇报 PPT,课程开始前根据课堂时间限制,选取具有代表性的小组分享案例。

(4) 教师或同学做点评。激励同学们确定自己的职业目标和找到前进的方向。

4. 活动记录

你所在小组的分享内容是什么?_____
_____
_____

哪个小组的分享最令你印象深刻,为什么?_____
_____
_____

活动三 相互赋能,成就展示

1. 活动目的

同学们两两一组,各自选择三件人生中认为最有成就感的事情进行分享,分享者讲述,聆听者根据讲述的过程,提取出分享者在成就性事件中所展现出的专业能力、通用能力和自我管理能力。然后相互交换角色。通过这种形式,锻炼同学们的倾听能力、语言表达能力和归纳总结能力,在明确自己优势能力的基础上,提升自我效能感,找到在学业奋斗和职业前行中的动力。

2. 活动准备

纸、笔、鼓励图章。

3. 活动流程

(1) 教师讲解活动规则和要求,让同学们在时间限制内写下三件最有成就感的事件。

(2) 同学们就近两两一组,组成分享者和聆听者。分享者讲述成就事件,聆听者总结其事件中展现出的专业能力、通用能力和自我管理能力。

(3) 时间允许的话,同学相互交换角色。

(4) 邀请同学代表分享感受。

4. 活动记录

写下你的成就感事件:_____
_____
_____

聆听和分享后,你的感受如何?_____
_____
_____

本章小结

通过霍兰德职业兴趣测评和三个不同类型、不同要求、不同形式的体验活动,同学们不知不觉地全身心地投入职业探索、愿景畅想和工作世界实践的活动设计中。不仅有情感上的体验、知识上的收获,还有对自我效能感的提升。

资源链接

扫二维码分享好书和电影。

第八章资源链接

第三篇 自我管理

第九章

情绪管理

▶ 章节导言

情绪对一个人的心理成长和发展有着极大的影响。对在校大学生来讲,管理、调节情绪,做情绪的主人,不仅是维护身心健康的需要,而且也是自我发展和人格成熟的条件。大学生正处在人生观和世界观形成的关键时期,其情绪是复杂多样的,与个体的需要、认知和行为相联系。同时,情绪具有自我保护、人际交往和信息传递等方面的功能,对大学生的学业、成长和身心健康都具有直接影响。对大学生而言,掌握情绪产生的原因、情绪的特征和功能,可以帮助大学生更好地管理与调节情绪。

▶ 学习目标

【知识目标】

1. 了解情绪的定义及分类;
2. 了解大学生情绪的特点和影响,以及常见的情绪困扰。

【能力目标】

1. 培养和提高自己的情商;
2. 掌握情绪 ABC 理论,能够调整自己的不良情绪;
3. 学会识别不良情绪,掌握情绪调控的方法。

【课程思政】

1. 端正自己的人生态度,健康快乐地度过大学生活;
2. 热爱集体、敢于竞争、善于合作、勇于奉献。

第一节 大学生的情绪特点

> 课前思考:"00后"的你喜欢在聊天平台上使用表情包吗?你经常使用表情包代表你的情绪吗?可否给大家分享喜欢用它的原因?你知道情绪的分类和特征吗?它对我们日常生活和学习有什么影响?

案例导入

卡斯丁早上起床后洗漱时,随手将自己的高档手表放在洗漱台边,妻子怕被水淋湿了,就随手拿过去放在餐桌上。儿子起床后到餐桌上拿面包时,不小心将手表碰到地上摔坏了。卡斯丁心疼手表,就朝儿子的屁股揍了一顿,然后黑着脸骂了妻子一通。妻子不服气,说是怕水把手表打湿,卡斯丁说他的手表是防水的。于是,二人猛烈地吵起来。一气之下卡斯丁早餐也没有吃,直接开车去了公司,快到公司时突然记起忘了拿公文包,又立刻转回家。可是家中没人,妻子上班去了,儿子上学去了,卡斯丁钥匙留在公文包里,他进不了门,只好打电话向妻子要钥匙。妻子慌慌张张地往家赶时,撞翻了路边的水果摊,摊主拉住她不让她走,要她赔偿,她不得不赔了一笔钱才摆脱。待拿到公文包后,卡斯丁已迟到了15分钟,挨了上级一顿严厉批评,卡斯丁的心情坏到了极点。下班前又因一件小事,跟同事吵了一架。妻子也因早退被扣除当月全勤奖,儿子这天参加棒球赛,原本夺冠有望,却因心情不好发挥不佳,第一局就被淘汰了。

这就是美国社会心理学家费斯汀格的著名理论——费斯汀格法则,手表摔坏是其中的10%,后面一系列事件就是另外的90%。都是由于当事人没有很好地掌控那90%,才导致了这一天成为"闹心的一天"。试想,卡斯丁在那10%产生后,假如换一种反应,例如,他抚慰儿子:"不要紧,儿子,手表摔坏了没事,我拿去修修就好了。"这样儿子高兴,妻子也高兴,他本身心情也好,那么随后的一切就不会发生了。可见,你控制不了前面的10%,但完全可以通过你的心态与行为决定剩余的90%。

一、情绪的定义

美国心理学家罗伯特·利珀把情绪定义为:"情绪是一种具有动机和知觉的积极力量,它组织、维持和指导行为。"美国心理学家丹尼尔·戈尔曼认为:"情绪是感觉及其特有的思想、心理和生理状态和行动的倾向性。"苏联心理学家为情绪做出一种概括的定义:"情绪是对事物的关系或态度的体验。"总之,情绪是个人的主观体验和感受,是对外界刺激所产生的心理反应及附带的生理反应,如喜、怒、哀、乐、悲、忧等。它左右人的精神状态,驱使人们去行动。行为在身体动作上表现越强,就说明其情绪越强,如会手舞足蹈、会咬牙切齿、会痛心疾首、会茶饭不思等。这些都是情绪在身体动作上的反应。

除情绪的概念外,在心理学上还经常使用情感这一概念。情绪和情感都是人对客观事物所持的态度体验,两者有着紧密的联系;情绪是情感的表现形式,情感是情绪的本质内容;情绪带有极大的情境性,情感则带有很大的稳定性;情绪较为强烈,冲动性大,具有明显的外部表现。情感一般较微弱,较少有冲动性,外部表现也不明显;情绪更倾向于个体基本需求欲望上的态度体验,而情感则更倾向于社会需求欲望上的态度体验。

二、情绪的分类

人的情绪和情感的表现形式多种多样,根据情绪发生的强度、持续时间和紧张度,可以将情绪分为心境、激情和应激。

1. 心境

心境是指人比较平静而持久的状态。心境具有弥漫性,它不是关于某一事物的特定体验,而是以同样的体验对待一切事物。例如,小张高考被理想的大学录取,在一段时间内一直处于愉悦的心境,做什么都觉得很愉快。心境持续的时间有很大差别。有的心境可能只持续几个小时,有的心境却能持续数周甚至数月。一种心境的持续时间依赖于引起客观刺激的性质,越是对个体影响大的刺激对心境的影响越大。例如,亲人离世会使人长时间处于悲痛中。人格特征也会影响心境的持续时间,性格开朗的人往往事过境迁不再考虑,而性格内向的人则容易耿耿于怀。心境对人的生活、工作、学习、健康有很大的影响。积极向上、乐观的心境,可以提高人的活动效率,增强信心,使人对未来充满希望,有益于健康;消极悲观的心境,会降低认知活动效率,使人失去希望和信心。经常处于焦虑状态对健康不利。

2. 激情

激情是一种强烈的、爆发性的、为时短促的情绪状态。这种情绪状态通常是由对个体有重大意义的事件引起的。激情往往伴随着生理变化和明显的外部行为表现,例如,盛怒时双目怒视,咬牙切齿,紧握双拳;狂喜时眉开眼笑,手舞足蹈。激情状态下的人常常出现"意识狭窄"现象,即认知活动的范围缩小,理智分析能力受到抑制,自我控制能力减弱,行为容易失去控制,甚至做出一些鲁莽的行为。有人用激情爆发来为自己的错误找借口,认为"激情时完全失去理智,自己无法控制",这种说法不对,人能够意识到自己的激情状态,也能够有意识地调节和控制。

3. 应激

应激是指人对某种意外的环境刺激所做出的适应性反应。例如,人们遇到某种意外危险或面临某种突发事件时,必须集中自己的智慧和经验,动员自己的全部力量,迅速做出选择,采取有效行动。此时,人的身心处于高度紧张状态,这就是应激状态。例如,正常行驶的小轿车突然遇到故障,司机紧急刹车,此时司机就处于应激状态。应激状态的产生与人面临的情景及人对自己的能力的估计有关。当情景对一个人提出了要求,而他意识到自己无力应对当前情境的过高要求时,就会体验到紧张而处于应激状态。人在应激状态下会出现一系列生物性反应,如肌肉紧张度、血压、心率、呼吸以及腺体活动都会出现明显的变化。这些变化有助于适应急剧变化的环境刺激,维护机体功能的完整性,但是长期处于应激状态会损害机体。

三、大学生的情绪特点

人们的情绪和情感都有着从简单到丰富、从不成熟到成熟的发展过程,每个发展阶段有其不同特点。大学生正处在青年期,具有青年人共有的情绪和情感特征,情感丰富、复杂、不稳定。青年人对人、事、社会现象十分敏感、关注,对友谊、美、爱情、正义等的追求十分执着,爱思考、辩论,甚至以行动来维护心目中的真善美;他们的情感体验深刻、强烈,感情容易外露,喜怒哀乐常形于表面,在外界刺激下容易冲动、凭感情用事,过后又懊悔不已;情绪起伏波动较大,呈两极趋势,有时兴奋激动如火山爆发,有时消沉忧郁,甚至失去活下去的勇气。此外,大学生这一群体由于其独特的社会地位、知识水平、心理发展特点及生理状况,使他们的情绪和情感具有鲜明的特点。

(一)稳定性和波动性并存

大学生普遍具有较高的智力水平和知识素养,加上社会和自我的高要求、高期望,因而在日常生活和活动中具有一定的自我控制情绪的能力,一般能用理智约束冲动,对不良情绪进行自我调适,总体上来看,大学生的情绪和情感是比较稳定的。但是,大学生的情绪和情感仍有不稳定因素存在,突出表现在情绪和情感经常在两极之间起伏、动荡,时而平静,时而激动;时而积极,时而消极;时而肯定,时而否定;时而外显,时而内隐,呈现出波动性的特征。这种波动性是由大学生在生理、心理和社会性三方面发展的特点决定的。

大学生的生理发展已经成熟,由于性成熟和性激素分泌旺盛,使大脑皮层和皮层下中枢之间出现暂时的不平衡,易产生情绪波动。另外,从人体生物节律来看,人的体力、情绪和智力都有周期性的变化,处在高潮期时,人感到体力充沛、心情愉快、思维敏捷;处在低潮期时则正好相反,人会觉得疲劳乏力、心情沮丧、思维迟钝,也呈波动的特点。

大学生的心理发展正处于由不成熟向成熟过渡的时期,产生各种内心矛盾并不断冲突,如独立与依赖、自尊与自卑、理想与现实、闭锁与开放等,这些内心矛盾和冲突常会打破大学生的心理平衡状态,引起情绪和情感的波动起伏。

大学生的社会性发展尚未成熟,虽然他们对社会现象和政治事务极为敏感、活跃,但是人生观的不稳定、认识上的不成熟往往使他们不能对社会现实和现象进行全面分析,容易以偏概全地加以肯定或否定,从一个极端走向另一个极端。尤其是在遇到困难和挫折时,更容易跌到悲观失望的谷底,难以自拔。

综上所述,由于大学生自身在生理、心理和社会性发展上的不平衡,使他们的情绪和情感呈现出忽高忽低、激烈多变的两极波动,并与稳定性共存,形成稳中有动的特点。

(二)丰富性和复杂性并存

大学生的情绪和情感丰富复杂,表现形式多种多样。首先,大学生的情绪和情感极为丰富,无论是在日常生活、学习、交往中,还是从事社会活动时,无不带有浓厚的感情色彩。大学生在自我情感体验方面敏感丰富,注重独立感、自尊心、自信心和好胜心;在学习活动中有强烈的求知欲、好奇心,热爱科学和真理,憎恨迷信和谬误;大学生对祖国、社会和集体有着深厚的情感,他们有强烈的民族自豪感和自尊感,有"天下兴亡,匹夫有责"的责任感、义务感,疾恶如仇,喜恶分明,正义感鲜明;大学生对纯洁的友谊和爱情十分向往,还积极地在发现美、欣赏美、创造美的活动中体验到美的感受等。

其次,这些丰富的情感在表现形式上复杂多样,呈现出外显和闭锁、克制和冲动交错的特征。通常情况下,大学生对外部刺激的反应迅速、敏感,喜怒哀乐溢于言表,内心体验和外部表现是一致的,呈现出明显的外显性特点,如为比赛胜利欢呼雀跃,因考试失败而垂头丧气。然而,在一些特定场景和事件上,大学生的情绪在表现和内心体验上往往并不一致,有时会把内心真实的情绪和情感隐藏起来,显得冷淡、无所谓。例如,当大学生感受到不友好、不公正的对待和压制时,在得不到理解和尊重的场合中,在对立紧张的情况下,他们就会把心思紧闭起来,不轻易表露自己的真情实感,有时还会采用文饰、反向的办法来掩饰内心情感,就像伊索寓言中的狐狸那样,吃不到葡萄说葡萄酸,或说自己从来就不爱吃,也不想吃。这就是大学生情绪和情感的闭锁性的特点,它与情绪的外显性是交错共存的,只要有适当的场合和理解、关心的对象,大学生就会敞开心扉,表露真实情感。大学生正处在青年期,他们精力充沛、血气方刚,在外界刺激下极易产生冲动性情绪和行为,尤其是在感受到挑衅和敌意时,容易情绪失控,呈现出冲动性的特点。大学生对自己的情绪和行为有一定的自制力,多数情况下都能用理智克制冲动,自我约束、自我调节,因而冲动性和克制性并存。

(三)阶段性和层次性并存

大学生情绪和情感的发展呈现出明显的阶段性与层次性的特点。一方面,随着年龄的增长、知识的积累和阅历的增加,不同年级阶段的大学生各有特点;另一方面,同一年级的大学生由于成绩、能力等方面的差异,又表现出不同层次的情绪和情感特点,两者交织共存。

下面主要介绍不同年级阶段大学生情绪和情感的特点。

(1) 大一学生的情绪和情感的特点。刚刚跨入大学校园的新生,心中涌动着成为一名大学生的自豪感,对校园中的一切都感到新鲜、好奇,体验到走出"黑色七月"的轻松和愉快;同时,由于没有考上更好的专业和学校或在新班级中失去原有的中心位置,以及理想中的大学生活与现实的巨大落差等原因,许多大学生感到强烈的失望、迷惘和自卑。激烈的竞争、繁重的课程、不同的教学方法,使大学生在短暂的轻松感后很快便感到压力和紧迫感;陌生的环境和人、生活上的不适应,使得低年级大学生产生恋旧感,深深地思念父母、家人和旧日同学。因此,一年级大学生的情绪和情感体现出自豪感和自卑感交织、轻松感和压力感交织、新鲜感和恋旧感交织的特点。

(2) 大二学生情绪和情感的特点。二年级的大学生经过一年的调整后,已逐渐融入大学生活和学习之中,适应性情感增强,表现在:专业思想渐趋稳定,学习兴趣浓厚,求知欲强,思维活跃。对自我的认识进一步深入,独立感、自尊感和自信心得到发展。此时大学生的人际交往逐渐增多,与班级同学的感情较为密切,并建立起深厚的友谊,一些大学生还开始了对爱情的追求。中年级大学生爱好广泛,积极参加社会活动和审美活动等,社会责任感、义务感、荣誉感和美感进一步发展并成熟。情绪和情感总体看来较为平稳。

(3) 大三、大四学生情绪和情感的特点。经过近三年时间的大学学习,高年级学生即将告别学校,走上工作岗位,此时他们的社会责任感明显增强,社会性情感日趋丰富,主要表现为更多地关心个人与社会的关系,思考人生价值和意义的倾向。毕业在即,高年级学生大多面临毕业考试、论文答辩、求职择业、恋人去向等诸多抉择和压力,因此紧迫感和忧虑感十分明显,同时对母校和班级、同学产生惜别留恋之情,依依不舍。但也有个别大学生,因在学习或择业中遭到挫折,产生愤怒、焦虑、紧张情绪,在冲动中做出毁坏公物、打架斗殴等恶劣行为,需要引起注意,并加以教育和引导。

四、情绪对大学生心理健康的影响

1. 对身心健康的影响

不良的情绪对人的身心健康有直接的影响。不良情绪表现为过度的情绪反应与持久的消极情绪。现代医学研究表明,紧张、焦虑、忧愁、悲伤、惊恐、愤怒、抑郁等不良情绪持续时间长,会激活体内的有害物质,击溃机体保护机制,破坏人体免疫功能,从而导致疾病的发生,人的生理疾病中,70%同时伴随有心理上的病因。很多大学生患紧张性头痛和偏头痛、心律失常、胃溃疡、神经性皮炎、月经失调等疾病和一些心理障碍有关。因此,正如马克思说过,一种美好的心情,比良药更能解除生理上的疲惫和痛苦。保持愉快、平稳的良好情绪,能促进大学生身心健康地发展。

2. 对人际关系的影响

情绪具有感染性和传染性。豁达乐观的积极情绪能使别人更喜欢接近自己,从而有助于建立良好的人际关系。美国心理学家杰·列文认为会不会笑是衡量一个人能否对周围环境适应的尺度。此种说法虽然有些夸张,但真诚的笑,确能感染别人,消除隔阂。一个面孔阴郁,从来不笑、情绪抑郁的人,很难有良好的人际关系。

3. 对学习的影响

在生活中经常有这样的现象,由于过分的紧张,烦躁不安,有的学生在舞台上表演失常,唱歌发声困难,弹琴曲不流畅;有的考生甚至"晕场",不能正常参加考试。而良好的情绪,如轻松、愉快、热情、主动、振奋和稳定的情绪能使人最大限度地发挥自己的能力,促进学习进步,取得良好的成绩。

4. 对个人发展的影响

情绪会影响人们对自我的认识和评价。人在处于消极情绪时,会降低对自我的评价,会做出"我总是失败的""我没有能力""我永远也不会有光明的前景"这样的归因,这种负面思维模式总是使所有的体验变得阴沉黯淡。良好的情绪不仅能促使学生热爱生活、充满自信,而且有助于增强求知欲,活跃思维,培养创造能力和百折不挠的良好品质;对自己和他人情绪的认知和理解则会有助于培养真诚、友好、宽厚大度、善解人意等良好性格。这些良好的品质和性格是成功的基础。

认 识 情 商

情商又称情绪智力(EQ),是心理学家根据"智商"这一概念而提出的与之相对应的概念。情商是一种非智力因素,主要指人在情绪、情感、意志、耐受挫折等方面的品质。情商包括以下几方面内容:①认识自身的情绪,因为只有认识自己,才能成为自己生活的主宰;②妥善管理自己的情绪,即能调控自己的情绪;③自我激励,它能够使人走出生命的低潮,重新出发;④认知他人的情绪,这是与他人正常交往、实现顺利沟通的基础;⑤人际关系的管理,即领导和管理能力。常说的情商,是指智力因素以外的因素,即非智力因素。其中情绪在个体的整个非智力因素中的地位举足轻重。

心理学家认为,一个情商高的人,常常能清醒地进行自我认知并准确地把握自己的情感,能敏锐地感受他人的情绪并有效地进行反馈。在校园中,看到情商高的同学往往社交能力较强,性格外向而愉快,不易陷入恐惧或伤感,对学习较为投入,情感生活较丰富但不逾矩,无论是独处还是与很多同学在一起时都能自然大方地表现自我。无疑,这样的同学在各种场合都会受到更多的关注,也容易在新的环境中认识、结交新的朋友。

心理学家在调查分析后指出,在一个人成功的因素中,智力因素(智商)占20%左右,而其性格、情绪、意志、社会适应能力等非智力因素(情商)则占80%左右。因此,推出的成就方程式为20%的IQ(智商)+80%的EQ(情商)=100%的成功。1995年,美国心理学家格尔曼对情商做出解释,他认为情商包括五个方面的能力:了解自己情绪的能力、控制自己情绪的能力、以自己的情绪激励自己行为的能力、了解别人情绪的能力、与别人友好相处的能力。此外,格尔曼还通过实验证明,在情商的这五个方面的能力中,控制自己情绪的能力是关键,也意味着高情商的个体具备了良好的心理素质。

那么如何提高和培养自己的情商?

1. 充分了解自己,建立足够的自信心

客观正确地认识自己是至关重要的:弄清楚积极的心态究竟是什么;不要拿他人的标准来衡量自己,一定要有自信心,每一个人都具有独一无二的特色,努力走出属于自己的道路;每个试图追求卓越的人必须先消除自卑心理,你无须在每件事上都期望得到别人的赞许,不要太在乎别人对你的看法,无须勉强自己对别人百依百顺,对自己偶尔的小错误、小疏忽无须过分自责;积极的自我暗示能够提升自我形象,要学会不断地在内心肯定自己。

2. 提高自我控制能力,学会管理情绪

在日常生活中应时时提醒自己要自律;与其抱怨别人,不如加强自我控制;为了获得理想的生活,你必须善于约束自己;适度地进行自我控制,防止冲动和鲁莽;努力培养超常的自制能力;学会快速地打破消极的念头;尽量从消极中去激发积极情绪;积极从起床开始激发好情绪;从身边的小事开始,告别冷漠;在日常生活中培养积极的心态。

3. 觉察他人的情绪,理解他人的态度

理解他人的能力是非常必要的。沟通之道,贵在先学会少说话;恰到好处地适应别人的情感需求;尽量去理解身边的人,提高交往质量;学会站在对方的角度去考虑问题;巧妙地了解和考察对方的情绪;欲改变对方,从称赞和让对方满足开始;把赞美当作送给对方的最好礼物;努力使自己的赞美巧妙而有效;适当地贬低自己以达到捧高他人的目的;得体对待别人对你的嘲讽;冷静地去面对激烈的情绪冲突;不要把一时的不愉快或纠纷看成巨大的灾难;用得体的策略来告诉别人如何尊重你。

4. 学会与他人和睦共处

克服人际交往中的悲观心理和态度,让你的热忱影响自己和身边的人;区别对待与自己脾性不和的同学,与不同性格的同学进行有效沟通、和谐相处,在同学需要的时候伸出援助之手,积极消解矛盾,与同学产生矛盾时,要善于自我反省,培养与他人密切合作的能力。

5. 待人宽容豁达,不必斤斤计较

豁达是最值得追求的个性境界之一,宽容是人际交往中的润滑剂。从自己做起,化解矛盾,减少冲突;宽阔的心胸是成大事的基础:不以个人的爱恶喜厌定交往。成功是每个人的梦想，但是成功不是从天上掉下来的，而是经过不断地磨炼和积累而获得的。把成功比作一座大厦，德商、情商、灵商、胆商等，都是构造这座大厦必不可少的材料。对大学生来说，现在正是培养自己这些能力的黄金时期。活力、魄力、充足的时间、名师的指导等都是大学生所拥有的得天独厚的优势。

第二节　大学生常见的情绪问题及管理

> 课前思考：相信每个人在人生道路中都会受到情绪困扰，这其实是很正常的事，当前大学生常见的情绪困扰有哪些？情绪有什么特征？影响大学生情绪困扰的原因是什么？

案例导入

有一个男孩儿脾气很坏，特别任性，一天到晚在家里发脾气，动不动就摔摔打打，把家里的气氛搞得很紧张。他的父亲为了帮助他，就给了他一袋钉子，并且告诉他，每当他想发脾气的时候，就钉一根钉子在后院的围篱上。

第一天，这个男孩儿钉下了40根钉子，第二天钉下了30几根……慢慢地，男孩可以控制自己的情绪，不再乱发脾气，所以每天钉下的钉子也减少了。而且他发现控制自己的脾气比钉下那些钉子来得容易一些。

直到有一天，父亲告诉他，从现在开始，每当他能控制自己脾气的时候，就拔出一根钉子。一天天过去了，最后男孩儿告诉他的父亲，他终于把所有的钉子都拔出来了。于是，父亲牵着他的手来到后院，告诉他："孩子，你做得很好。但请你看看围篱上那些坑坑洼洼的小洞，这些围篱将永远不能恢复从前的样子了。你在生气时所说的每一句伤害他人的话、冲动时所做的每一件伤害别人的事，就像这些钉子一样，都会留下或深或浅的疤痕，而且有许多是无法弥补、难以磨灭的呀！"

一、大学生情绪健康的基本特征

大学生健康的情绪是良好的情绪状态、良好的心理状态。情绪健康首先是情绪上的成熟，是指一个人情绪的发展、反应水平和自我控制的能力与其年龄和社会的要求相适应，并为社会所接受。

1. 热爱学习

情绪健康的学生应该表现为热爱学习，努力探究事物以获得新知识，努力掌握新的科学技术以解决现实生活中的新问题。如果学生不爱学习，厌倦学习，或者只是热衷于某些消极而无益的活动，如沉溺于玩牌、酗酒等，显然是情绪不健康的表现。

2. 热爱生活

热爱生活就应该关心国家大事，关心周围的一切，关心生活中的变化，对生活有强烈的兴趣，并能从生活的点滴中发现乐趣。同时，还表现为积极参与社会实践活动，乐于参加文化和娱乐活动，并努力克服生活中的困难与挫折，不折不挠地追求实现美好生活的目标，在奋斗中体验到快乐。如果感到生活无聊、空虚、整天无所事事、得过且过,同样是情绪不健康的表现。

3. 悦纳自己

悦纳自己,对自己持肯定接纳的态度。即使知道自己在外貌或个性上有某些不足之处,但仍喜欢自己,认为自己的优点和长处是主要的。如果怀有严重的自卑心理、自惭形秽或自我厌恶,就很难拥有健康的情绪。不能悦纳自己,这常常是引起抑郁症的重要原因。

4. 悦纳他人

悦纳他人就是能正确理解人与人之间的关系,认识别人的优点和长处;能理解他人的情感,并乐于同他人交往;对他人的缺点和弱点持宽容、同情的态度,并能积极帮助他人。

5. 保持乐观而稳定的心境

能适应环境的变化与外界事物的影响而保持乐观稳定的心境,这是大学生情绪健康的重要特征。

6. 情绪反应合乎同龄人的常态

如果该笑时不笑,该哭时不哭,且与同龄人的情绪反应不符,表现出类似少年的过分幼稚、冲动而缺乏自控,是情绪不健康的表现。

二、大学生健康情绪的标准

《内经》提到:怒伤肝,悲胜怒;喜伤心,恐胜喜;思伤脾,怒胜思;忧伤肺,喜胜忧;恐伤肾,思胜恐。其主要思想是说人的内心体验有两极,如果不能持中而偏向一极,就会导致某个部位疾病,因而必须善于用另一极体验来控制、调和,以达到内心平衡,从而治疗和避免疾病。

如果从情绪的角度去考查一个人的心理健康状态,那么心理健康的情绪标准有以下几个方面。

(1)任何情绪的产生都是由特定的原因引起的,特定的事物引起与之相应的情绪反应,这是情绪健康的标志之一。如果一个人得到令人伤心的消息却兴高采烈,则是情绪不健康的表现。

(2)情绪对人的影响所持续的时间会随着客观情况的变化而改变。一般而言,引起某种情绪的因素消失后,与之相连的情绪反应也应逐渐淡化直至消失。例如,孩子因为禁受不住糖果的诱惑而趁妈妈不在家的时候偷吃了一块。妈妈发现后,当时可能非常生气,事情过后,也就不再生气了。可是如果做妈妈的一连几天都生气,甚至"怒气冲天半个月",这就是情绪不健康的表现。长此以往,就会形成所谓的"感时花溅泪,恨别鸟惊心"的消极心境,这对个体的身心发展极为不利。

(3)情绪要相对稳定。一个人稳定的情绪表明个体的中枢神经系统活动处于一种相对平衡的状态。如果个人的情绪变化极不稳定,朝晴暮雨,变化莫测,这就是情绪不健康的表现。

三、大学生常见的情绪困扰

现代社会的激烈竞争、快速的生活节奏,文化观念的多元碰撞,加之大学生自身身心发展的矛盾以及生活、学习的压力与挫折等,都可能使大学生形成种种负性情绪。所谓负性情绪是指因生活事件引起的悲伤、痛苦长时间持续不能消除的状态,是在人们主观预期有挫折、威胁、压力等事物和情境将要来临,自己又感到缺乏有效的应对措施而产生的以紧张为主并伴以忧虑、恐惧、不安等的情绪体验。如果负性情绪反应持续时间过长或者泛化,就会严重影响学习和生活。大学生中常见的负性情绪及表现主要有以下几种。

1. 焦虑

在大学生所有的情绪问题中,焦虑是最主要的一种情绪困扰。人们对即将发生的某个事件或情境感到担忧和不安,又无法采取有效的措施加以预防和解决,此时心理上会产生紧张的期待情绪,表现出不明原因的忧虑和不安,混合交织着紧张、害怕、担忧、焦急的情绪体验,这就是焦虑。焦虑本身并不是病态的,几乎每个人都曾有过焦虑的体验。有时候焦虑是一种正常的情绪反应,而且适度的焦虑是发挥潜能、解决问题、有效学习的动力之一。但过度焦虑则会对大学生带来不良的影响。

焦虑是大学生常见的情绪状态,当他们在学习、工作、生活各方面遭遇挫折或担心需要付出巨大努力的事情将要来临时,便会产生这种体验。被焦虑困扰的大学生内心感到紧张着急、惶恐害怕,并且心烦意乱,会无缘无故地紧张,总是担心有什么事情将要发生,常常烦躁不安、心事重重,不能放松自己,经常处于警觉的、无所适从的状态,他们思维迟钝,记忆力减弱,同时伴有头痛、食欲不振等身体反应。

大学生中常见的焦虑情绪主要有考试焦虑、社交焦虑和就业焦虑三种。考试焦虑是因考试压力引起的一种心理障碍,主要表现在迎考及考试期间出现过分担心、紧张、不安、恐惧等复合情绪障碍,还可能伴有失眠、全身不适等症状。这种状态影响思维广度、深度和灵活性,降低注意力、记忆力,使复习及考试达不到应有的效果,甚至无法参加考试。社交焦虑是一种与人交往的时候,觉得不舒服、不自然、紧张甚至恐惧的情绪体验,表现为情绪上的紧张、不安、担心甚至害怕,还伴随心跳加快、出汗、脸红、发抖、呼吸困难等生理表现,行为上还会回避。就业焦虑是大学生在面对毕业求职问题时,对可能出现无法实现就业目标的情况所产生的焦躁不安的情绪体验。

案例:张某,女,大一学生。从高一的时候就开始对考试紧张、焦虑,每次考试来临的时候便开始坐卧不安。虽然每次考试前她都会很积极地复习功课,每次考试也都能考得不错,但仍然每到考试就紧张,一听到要考试了便觉得惴惴不安。她老是担心自己在考试时会出问题,强迫自己抓紧时间看书、复习,课间不敢长时间出去休息,即使这样,复习效率也不高。每到考试前的一天或几天,她就会突然拉肚子,浑身不舒服。现在快要到期末考试了,张某想到这些就害怕,怕自己再出现这样的现象,影响考试。

2. 自卑

自卑是个体在自我认识过程中对自己的能力或品质评价过低,轻视或者看不起自己,担心失去他人尊重的一种心理状态。产生自卑感的学生大都情绪低落,做任何事情都提不起精神,不敢或不积极参与各项工作和各种活动,甚至在学习上不敢提问,造成心理上、能力上、学习上的恶性循环。

自卑并不是指客观上看来自己不如别人,而是主观上认为自己不如别人,认为自己不够好、一文不值。上课的时候,不敢举手发表自己的意见,因为害怕自己的回答不够好;很多事情想做,但是又害怕去做,因为害怕自己做不好;一件衣服,穿在别人身上很好看,但是穿在自己身上,即使很合身,也觉得不如别人穿着好看;做任何事情都会小心翼翼,因为害怕别人说自己不够好。这就是自卑心理在大学生身上的表现。有自卑感的大学生由于自我评价过低，导致行为畏缩，瞻前顾后，多愁善感，自尊心极强，过于敏感，严重影响各方面的正常发展。

案例：小张在上高中时，在大众场合不敢发言，跟别人交流时不能恰当地表达自己，尤其是跟教师或陌生人谈话，总觉得十分局促，举手投足不知如何是好，并且脸红得厉害。没有一个可以谈心的朋友，让他变得越来越自闭，有时甚至偷偷掉眼泪。他很羡慕别的同学在公共场合能够从容不迫，侃侃而谈。他知道自己的性格会影响生活，甚至是以后的成长，强烈希望改变自己。进入大学后，小张暗暗下定决心要改变自己的"交往低能"，他认为"最怕什么，就去做什么"。进校不久，他就不断挑战自己，参加各种校园精英挑战比赛，如"精彩大学特训营""课前5分钟演讲""辩论赛"等。通过一系列的练习，小张变得神采奕奕，自信非凡。他不再是那个不敢和别人交流的胆小鬼，而是面对别人的不屑、疑问、耻笑，仍会笑着做下去的小张。以前的同学们也惊喜于他的现状，觉得他现在有了脱胎换骨般的变化，多了自信、勇气，还有想法。小张说："在我改变的过程中，遇到的都是友善的笑脸，困难比我想象的要小得多，走出自己心灵桎梏的一小步，就成功了一大步。"

3. 抑郁

抑郁是一种持续时间较长的低落消沉的情绪。抑郁状态中的大学生对学习、对生活兴趣索然，情绪低落，遇事缺乏信心，无精打采，常常逃课，不愿与人交流思想，思维抑制，反应迟缓，行为被动，自我封闭，突发冲动，行为极端，常感到精力不足，注意力不集中，缺少青年人应有的朝气与活力，对生活失去信心，同时伴有羞愧、痛苦、自怨自艾、悲伤、忧郁、沮丧、孤独、绝望、自责等不良心境。

大学生产生抑郁的主要影响因素：性格方面，如内向孤僻、不爱交际、敏感等；学习方面，压力过大、成绩不理想等；人际交往方面，如长期不受欢迎、人际关系紧张、得不到理解与尊重等。研究表明，长期处于抑郁状态下的个体，其对活动的参与性和主动性会降低，严重者甚至出现辍学、自杀等行为。

4. 恐惧

恐惧感包括担心、惧怕、被威胁感、不安、焦虑等。在负性情绪中，恐惧是最常出现的情绪。大学生常常担心自己长得不好看、担心考试不及格、担心朋友背叛自己、害怕生病、害怕孤独、害怕穷困潦倒、害怕别人对自己的印象不好、害怕高考落榜丢面子、害怕找不到工作等。他们在日常生活中总是怕别人说三道四，怕社会舆论压力，怕被别人拒绝而使行为受阻，这些所有的"怕"，若情况严重，就会影响学习和生活。

恐惧感通常与当事人幼年及青春期的经历和挫折体验有关。因恐惧而导致的心理疾病多种多样，如疑病症、强迫症、恐惧症等。对于恐惧，可以采取以下措施消除其影响：面对现实，接受事实；放弃消极无效的行动，采取积极行动；对于潜在的危险、威胁、恐惧等，最好的办法是从心理上做最坏的打算。

案例：小吴，女，大三，相貌平平，成绩一般，性格内向、胆小、孤僻。其父母很正统、很古板，从小就对她要求极严甚至苛刻：不准和陌生孩子交往，女孩子不能在外蹦蹦跳跳、打打闹闹。父亲动起怒来特别可怕，所以，除了学校和家，小吴很少在外玩耍。谈到不愉快的经历，有两件事小吴印象非常深刻：初中时，一向学习成绩很好的她，一次提问没答好，教师当众批评她、挖苦她,她难过得直流眼泪。大一时,同寝室一位同学A来自农村,家境不好,小吴就经常主动帮助她,可这样反而伤了A的自尊,A不但不把小吴当朋友,反而时常挑剔她、指责她、刁难她,故意当着她的面和其他同学说说笑笑,冷落她、孤立她。这使小吴非常委屈、难过。她恨自己,认为自己是不受欢迎的人。不知不觉,小吴就害怕和人接触了,越来越害羞了。她认为自己是一个怪人,怪毛病就是害羞。一年多来,她从不与人讲话,一与人讲话脸就发烫,也不敢直视对方,只能低头盯住脚尖或眼睛躲闪,像做了亏心事一样心怦怦跳,浑身起鸡皮疙瘩,好像全身都在发抖。她不愿与班上的同学接触,觉得别人讨厌自己,在别人眼中自己是个"奇葩"。她也害怕教师。上课时,只有教师背对学生板书时,她才不紧张。只要教师面对大家,她就不敢朝黑板方向看。而且常常因为紧张,她对于教师所讲的内容什么也听不进去、记不住。更糟糕的是,现在在亲友、邻居面前,她说话也"不自然"了。由于这些毛病,她极少去社交场所,很少与人接触,平常最大的娱乐就是在家里上网,因为她认为"在虚拟世界里的交往比较有安全感"。

从大一下学期起她就申请了走读,除了上课和考试,基本上不与同学有任何交往。表示自己和"不熟悉"的人在一起生活会感觉不自在,自己难以适应大学生活。长期以来,她一直经受着心理障碍的困扰和折磨,这给她的生活和学习造成了很大的影响。

5. 悲哀

悲哀是指失去所热爱的对象或无法获得需要的东西或期盼破灭等产生的情绪体验,包括遗憾、失望、难过、悲观和极度悲痛等不同程度的消极体验。悲哀虽不能导致大学生心理失调,但体验过多或时间过久也会导致大学生承受过多负面情绪,给学习和生活带来负面影响。

6. 冷漠

冷漠是情感的萎缩,是对他人冷淡漠然的消极心态。主要表现为对人怀有戒心甚至抱有敌对情绪,不与他人交流思想感情,对他人的不幸冷眼旁观、无动于衷、毫无同情心,感知迟钝,缺乏热情和激情,对集体、他人漠不关心,麻木不仁。冷漠通常因遭受欺骗、暗算等心灵创伤或因某种原因受人漠视、轻视甚至歧视所致。

案例:一女生小李曾这样认为:"自我一出生,父母就教我与人竞争,别人会弹琴,我也得会弹;别人会跳舞,我也得会跳;别人考第二名,我得考第一名。比来比去,虽然上了大学,但我觉得很没有意义,父母真不该把我带到这个世界上来。"这个女生平时表情平淡呆板,行动无生气、懒散,对他人的奋斗进取精神不理解。

案例中的小李冷漠的形成与其生活经历有关。由于一直处在竞争的心态下,并且每次竞争几乎都以胜利告终,因此发现比来比去毫无意义,进而用一种冷漠的态度来应对周围的一切。帮助该女生克服冷漠的根源是改变其认知,让其发现生活的意义,发现自我的价值,改变长期以来形成的对人生消极的看法;从行为上要多鼓励其积极投身于各种有意义的活动中,融入集体中,进行积极的自我暗示与自我提升。

7. 厌恶

厌恶是对现实、人生都感到不满或厌烦,不愿学习、不愿工作,对什么都毫无兴趣,常伴有悲观厌世心理。厌恶有时是由某种挫折感引起的。挫折感通常是当个体的愿望与现实发生矛盾时产生的,如升学、应聘、晋级受阻和受挫。它导致人的心理失调。长期处于对某一对象的厌恶感中的人,可能会把这种厌恶感"泛化"到更多的对象身上,从而严重影响当事人的社会适应功能,造成人际关系紧张。对厌恶情绪,只要不断调整自己用来对比的参照体系,看到更多的解决途径,就能减少由于挫折感而引起的厌恶情绪,从而保持良好的心境。

8. 愤怒

愤怒情绪通常表现为血液涌向四肢、躯干、脑部,心率加快,肾上腺激素分泌增加,产生强大的身心能量,以应对激烈的行动。愤怒、生气、不满、仇视、鄙视等情绪都属于激怒冲动类情绪。处在这种情绪下的人,常容易产生难以自控的行为。

大学生产生愤怒情绪时,首先,应调动自己的自制力,并弄清愤怒的根源。内心质问自己:在我的生活中,究竟是谁给我造成了怒气冲冲的感觉,这种感觉是从什么时候开始反复出现的。通过分析会发现,自己的愤怒情绪往往都有历史根源。其次,分析一下发怒、冲动或报复的后果,重要的是对自己会造成什么样的影响。再次,怎样使自己不过分冲动。平常要训练自己的自我约束能力和放松能力,尽量避免冲动后的遗憾。有时仅是别人不经意的举动,关键在于自己怎样去理解。最后,尝试做出建设性的行动来改善人际关系。

案例:某高校一女生宿舍被盗,丢失的东西包括:小李的手机及笔记本电脑各一部,价值人民币5800元;小青的手机一部,价值人民币1315元;小蓝的耳机1副,价值人民币180元,而同宿舍的小云则未丢失任何东西。警方接到报案后,迅速展开调查。很快,小云发现事态严重,主动投案认罪,并将所有物品都归还了失主。事后,经调查得知,小云父母均为国家干部,家庭条件很优越。但因与室友不和,小云便想"教训她们一下",发泄自己对她们的愤怒和讨厌情绪。于是趁室友上课之机,盗得以上物品。

9. 自我

所谓自我就是以自我为中心。以自我为中心的人很难与别人相处,因为他们常常表现得自私和自负,以自我存在为处世的前提,凡与我相吻合的便是真理。有这种心理的大学生片面强调自我需求的合理性,自私自利、自以为是。

案例:一直以来,周围的人都对我很不满,很多人都不喜欢我。我现在很少和同学来往,他们有事也不找我,觉得很孤单。其实我内心是很想交朋友的。刚进校不久,我住在宿舍,另外三个人特别吵闹,弄得我晚上总是睡不好,后来我就在外面租了房子,清净多了,但这样同学们都不理我了。但一开始并不是这样,记得有一次去同学宿舍玩,看到同学们忙忙碌碌的,我就问他们在干什么,同学说正在张罗晚上给一个同学过生日,还问我是否愿意一起去。我问了大概每人出75元,就说:"那你们去吧,我觉得我没有能力承担75元,要是20元,我就参加了。"但这次没有参加后,有同学过生日时就再也不叫我了。

有一次,一个不是很熟的同学,找我帮助他,之后他主动请我吃饭,我推辞不掉就答应了。请客那天因为早上没吃饭,临近中午时就特别饿,我就在同学请客的饭馆点了一碗面条,打算一边吃一边等他,结果他来了,发现我在吃面条就非常生气,说我这样做是不给他面子,而且责问我,是不是我以为他请不起客。其实我根本没有那个意思,我觉得饿了就吃一点,这很正常吧。

对我不满的还不只是同学。去年春节期间,姑妈来我家做客,她特地为我们做了一个汤,她把汤端上来,说太烫了,小心点喝,我就说,烫没关系,正好去毛。我是开玩笑的,但姑妈立刻就不高兴了。一般情况下和人说话,我总是想表现自己的独特性,大家都会说的常用语,我基本上都不说,因为我觉得太平常了,说了没意义。

10. 内疚

内疚是个体认为自己对实际的或者想象的罪行或过失负有责任,而产生的强烈的不安、羞愧和负罪的情绪体验。内疚者往往产生良心和道德上的自我谴责,并试图做出努力来弥补自己的过失。内疚往往使人产生羞耻感、自责心理、自卑心理、无地自容的心理。过少或者过多的内疚感都是不健康的,特别是过多的内疚感是心灵的"毒药",会使人长期生活在压力、紧张和痛苦中,这样不利于身心健康。被这类情绪所缠绕的人,常常会沉湎于往事,为过去所做的事情而自悔自恨。

控制内疚情绪的积极措施:设法面对和理解自己在逃避的问题;保证最重要的心理需要得到满足的同时,学会放弃一些并不重要的需要;检查造成内心冲突和焦虑的观念,用新的观念替代陈旧的观念。

案例:某男生,21岁,大三。平时性格比较内向,不善于与人交往,从没有和哪一个女孩子特别亲近,然而,不久前他做了一个梦,梦中居然和别人发生了性关系。梦醒后他愧疚不已,感到犯了乱伦的罪过,无颜面对他人。后来又做了一个梦,梦中和班中的女团支书发生了关系。他觉得这是潜意识似乎在证明什么,他不相信自己的道德如此败坏,竟这样下流无耻,担心团支书因此受到伤害,以至于不敢面对她。只要她在教室,他就看不下去书。如果单独与她不期而遇,一天便会心神不宁。强烈的罪恶感使他不能安心学习。他担心自己会变成性犯罪分子,有时还怀疑自己是不是得了精神病,否则为什么会如此不正常。心理的负荷使他不敢入睡,生怕"旧梦重温"。讲又讲不出口,想也想不开,忘更是忘不掉,万般苦闷中,他走向心理咨询室。

11. 嫉妒

嫉妒是指由于他人在某些方面胜过自己而引起的不快甚至是痛苦的情绪体验。就内心感受来讲,前期依次表现为由攀比到失望的压力感;中期则表现为由羞愧到屈辱的心理挫折感;后期则表现为由不服、不满到怨恨、憎恨的发泄行为。嫉妒在高职生中普遍存在,具体表现是:当看到他人学识能力、品行荣誉甚至穿着打扮超过自己时,内心产生不平、痛苦、愤怒等感觉;当别人身陷不幸或处于困境时则幸灾乐祸,甚至落井下石,在人后恶语中伤、诽谤。

要想解脱嫉妒的苦恼,最根本的是自己的胸襟要宽,气量要大,不去斤斤计较别人的一言一语,保持坦诚的态度与人相处。即使是嫉妒自己的人,也不必疏远,也许在相处中别人对你的嫉妒也就随之瓦解;闲言碎语也不再有作用,因为常相处的人都了解你是什么人,不实事求是的言论自然站不住脚。要懂得自己所取得的成绩与别人的帮助是分不开的,在取得成功和荣誉时,不要冷落了大家,更不要居功自傲,因为这的确容易招来他人的嫉妒;相反,真诚地感激大家,让大家一同分享荣誉,虚怀若谷,就会得到众人的拥护、支持,不致招来嫉妒。

案例:秦某,女,大二,来自农村,家庭条件较差。由于同宿舍的几位室友家庭条件较好,在与同伴交往的过程中,秦某产生了强烈的心理落差与嫉妒感,为了能像别的同学一样吃好、穿好、玩好,她疯狂地打工、做家教,挣来的钱全部用来买名牌衣服和生活用品,而且经常借钱买这些物品,一度被同学们誉为"购物狂"。每当看到别人穿着高档的衣服、生活幸福的样子,她就感到心理不平衡,怀疑别人都看不起她。大学一年级时,她的学习成绩是寝室6位同学中最好的,她常常以此为傲。可是大学二年级时,寝室有一位同学的外语成绩优于她,她便心里觉得难受,怎么看这位同学都不顺眼,于是趁这位同学不在寝室时,将其英语资料全部损坏。之后,她很内疚,也很矛盾,可无论如何也不能容忍其他同学比她成绩好,因为她就只有这一点在寝室里占绝对优势。后来又有两位同学的总分超过她,她觉得无地自容,感到痛苦不堪,甚至感觉自己的天塌了,坐卧不安。有一天深夜,趁同学们睡着时,她用剪刀将那两位同学摘下的隐形眼镜各捅破一个,使内心获得了暂时的平衡。事后她又不断地谴责自己,心理上产生了严重的罪恶感,导致自我否定,进而产生了轻生的念头。

知识拓展   情绪 ABC 理论

合理情绪疗法又称合理情结疗法,它的基本理论主要是 ABC 理论。在 ABC 理论模式中,A 是指诱发性事件;B 是指个体在遇到诱发性事件之后相应而生的信念,即他对这一事件的看法、解释和评价;C 是指特定情境下,个体的情绪及行为结果。通常人们认为,人的情绪的行为反应是直接由诱发性事件 A 引起的,即 A 引起了 C。

ABC 理论指出,诱发性事件 A 只是引起情绪及行为反应的间接原因,而人们对诱发性事件所持的信念、看法、理解 B 才是引起人的情绪及行为反应的更直接的原因。人们的情绪及行为反应与人们对事物的想法、看法有关。合理的信念会引起人们对事物适当的、适度的情绪反应;而不合理的信念则相反,会导致不适当的情绪和行为反应。当人们坚持某些不合理的信念、长期处于不良的情绪状态之中时,将会导致情绪障碍的产生。

因为情绪是由人的思维、信念引起的,所以埃利斯认为每个人都要对自己的情绪负责。他认为当人们陷入情绪障碍之中时,是他们自己使自己感到不快的,是他们自己选择了这样的情绪取向。不过有一点要强调的是,合理情绪治疗并非一般性地反对人们具有负性的情绪。例如,一件事失败了,感到懊恼、有受挫感是适当的情绪反应。而抑郁不堪、一蹶不振则是所谓不适当的情绪反映了。例如,两个同事一起上街,碰到他们的总经理,但对方没有与他们招呼,径直走过去了。这两个同事中的一个认为:"他可能正在想别的事情,没有注意到我们。即使是看到我们而没理睬,也可能有什么特殊的原因。"而另一个却有不同的想法:"是不是上次顶撞了老总一句,他就故意不理我了,下一步可能就要故意找我的茬了。"两种不同的想法就会导致两种不同的情绪和行为反应:前者可能觉得无所谓,而后者可能忧心忡忡,以至于无法平静下来干好自己的工作。从这个简单的例子中可以看出,人的情绪及行为反应与人们对事物的想法、看法有直接关系。在这些想法和看法背后,有人们对一类事物的共同看法,这就是信念。前者在合理情绪疗法中被称为合理的信念,而后者则被称为不合理的信念。合理的信念会引起人们对事物适当、适度的情绪和行为反应;而不合理的信念则相反,往往会导致不适当的情绪和行为反应。人们坚持某些不合理的信念,长期处于不良的情绪状态之中,最终会导致情绪障碍,也就是 C 的产生。

课堂互动

扫码用合理情绪理论分析负性事件。

用合理情绪理论
分析负性事件

四、大学生产生情绪困扰的原因

导致大学生产生不良情绪的原因错综复杂，其中既有外部社会、学校、家庭诸方面因素的影响，又有内部生物遗传及生理、心理特点的影响。

（一）个体原因

个体原因包括个体的生理因素和心理因素。生理因素中，除神经类型等因素外，人体内部的生物节奏也会影响情绪。

1. 生理方面

有研究认为，人的体力、情绪和智力呈现一种周期性的盛衰节律，它们的周期分别为23天、28天和33天。当三者均处在高峰期时，人就处于心身最佳状态，精力充沛、生机勃勃、愉快豁达、头脑清醒、思维敏捷；而当三者均处于低谷期时，人的各种机能效率都降低，情绪不佳，而体力和智力的不佳也会加强已有的低情绪状态；当三者均处于临界状态时，则是一个极不稳定的过渡期，机体协调性差，易出差错，情绪易波动。同时，躯体疾病会引起不良情绪，而心理疾病常伴有不良情绪。

2. 心理方面

影响情绪的心理因素很复杂，知识经验、认知方式、情感成熟水平、意志品质和个性特点等都可能导致情绪不良。

（1）情绪特征。不稳定、好冲动、易暴易怒或者消沉、冷漠、抑郁寡欢。

（2）意志特征。固执、刻板、任性、胆怯、优柔寡断，缺乏自制力，遇到困难过分紧张不安，经受不住挫折，不易摆脱内心矛盾。

（3）自我意识特征。过分自尊或缺乏自信、自贱自卑。

（4）社交特征。孤僻、退缩、自我封闭、敏感、多疑、心胸狭窄、好嫉妒等。有以上心理特征的人较易陷入情绪困扰。

（二）环境因素

环境因素包括家庭、学校和社会三方面。

家庭内的影响有家庭结构、家庭气氛、父母关系、父母情绪特征及教养方式等。

学校环境包括教育方法、学习压力、人际关系、教师身心健康状况等因素。

社会环境包括社会文化背景，社会风气，社会的经济、政治、文化条件等。大学生的情绪常会受到社会环境的影响。

五、大学生常见情绪困扰的应对策略

（一）应对大学生焦虑情绪的策略

大学生存在焦虑情绪问题时，除积极地向心理咨询师咨询外，一些心理自助的方法也可以非常好地缓解焦虑状况。常用的方法有以下几种。

1. 调整呼吸法

当大学生处于焦虑状态时，呼吸会变得急促与费力，在各种焦虑反应中，都会出现这种呼吸上的变化。呼吸的加快会使大学生出现呼吸困难、胸部疼痛等身体上的难受反应,而这种身体上的反应,又会加重其在心理上的焦虑感。针对这种现象,应训练用全肺呼吸,基本要求是缓慢、均匀地用肺部呼吸,从而使身体慢慢地放松。在刚开始练习全肺呼吸时,大学生应以躺着的姿势进行,因为这种姿势最容易练习,随着对这种呼吸方式的掌握,大学生可以在任何姿势下进行这种呼吸,这样可有效地帮助其舒缓与控制焦虑。

2. 运动调整法

运动是调整焦虑情绪的有效方法。大学生在运动过程中,体内的"内啡肽"物质的分泌会使其体验到愉快、平和的情绪,从而有效地进入一种与焦虑相反的松弛状态。运动调整法要求一周至少运动三次,每次20分钟以上;运动项目可选择一些轻松有趣的锻炼项目,最主要是自己感兴趣的。如果可以,最好结伴运动,以相互鼓励与支持,维持长期的运动。

3. 改善睡眠法

处于焦虑状态的大学生往往晚上睡眠不好,对失眠的担忧,更加重其自身的焦虑情绪。因此,针对焦虑,大学生首先要学会一些改善睡眠的方法,具体应做到以下几方面。

(1) 睡觉前不要进食刺激性的食物,如喝酒、喝茶、喝咖啡等。在睡前30分钟喝一杯热牛奶,可有助于睡眠。

(2) 不要在床上看书、看报、吃东西,只在想睡觉时才上床,把床与睡眠紧密地联系起来,将床只看作睡觉的地方。

(3) 适当地进行体育运动。在晚上睡觉前进行30分钟的运动,特别是快走或慢跑,有助于睡眠。

(4) 如果在床上躺了15~20分钟仍未入睡,那么可以起床做一些其他的事情,但此时不要做过于激烈的运动,可做一些简单和轻微的事情,如看书。当你有了睡意时再重新上床。

(5) 使自己的身体与心理处于较为放松的状态。不要过于担心失眠问题,接受自己会偶尔失眠的状态;可在入睡前1~2小时通过洗热水澡、听音乐等方法让自己松弛;当你躺在床上时,可通过放松或调整呼吸的方法使自己的身体达到松弛。

4. 放松法

焦虑会使大学生感到紧张、肌肉酸痛、无法集中精力,或者有一些躯体上的症状。如此种种反应,都会使大学生感觉非常难受。因此,对大学生来说,学会放松是一种有效舒缓焦虑的方法。常见的放松法主要包括以下几种。

(1) 简单放松法。大学生可以找一个让自己心情平静和放松的目标,如自己喜欢的一件物品,或默念"放松、放松",在练习的过程中,将注意力集中在自然、放松的呼吸上,想象自己的身体逐渐放松。

(2) 暗示性放松法。大学生在焦虑时找到一个可以供自己放松的标志物,如一件自己常见的物体。当看到这件物体时,就提示自己做放松训练,基本过程仍是注意呼吸和放松全身肌肉。

(3) 渐进性肌肉放松法。渐进性肌肉放松法的基本原理:首先使你的肌肉紧张,保持这种紧张感3~5秒,并注意这种紧张的感觉,之后放松10~15秒,最后,体验放松时肌肉的感觉。在放松训练中,一般是从下向上放松,即从脚趾到头顶的放松。通过这种全身主要肌肉收缩—放松的反复交替训练,可以稳定大学生的情绪。长期坚持训练,可以使大学生总是处于一种心态较平静的状态,对其性格及生活适应都有积极意义。

(二) 应对大学生嫉妒情绪的策略

大学生可以对嫉妒情绪进行管理和调节,具体来说,大学生应该做到以下几方面。

1. 充实自我

认识和寻求自我价值的提升是解决大学生嫉妒情绪的根本途径,大学生应该发挥自身潜能,努力使自己处于其领域的领先位置,嫉妒情绪自然会得到化解。

2. 客观评价自己

当嫉妒心理萌发或是有一定表现时,大学生应主动地调整自己的意识和行动,同时客观地评价自己,找出差距和问题。当认清自己后,再重新看待别人,自然也就能够有所觉悟了。

3. 用审美的眼光欣赏可能引发嫉妒的对象

大学生应该学会化嫉妒为动力,以审美的眼光欣赏可能引发嫉妒的对象,这是去除嫉妒的有效途径。大学生应该明白,嫉妒并不能使人变得更加优秀,倒不如把对对手的嫉妒转化为学习的动力,尽量缩短与对方的差距或赶超对方,才能真正达到减弱以致消除嫉妒的目的。

4. 进行自我宣泄

大学生可以通过一定方法来宣泄嫉妒情绪。例如,可以通过向自己亲近的朋友或者亲人倾诉自己内心的不平衡,然后由亲友适时地进行开导。虽然自我宣泄并不能从根本上解决嫉妒心理,但是却可以避免这种消极的情绪朝着更为严重的方向发展。除此之外,大学生也可以通过培养广泛的兴趣爱好来宣泄自己内心的不平衡。

(三) 应对大学生自卑情绪的策略

要想克服由于自卑情绪产生的种种不良表现,首先应改变心态,端正认知,然后进行必要的心理调适。概括来说,大学生可以通过以下几种方法对自身的自卑情绪进行调节。

1. 端正认知

大学生的自卑情绪往往是来自对自己的不自信,往往会忽略自己的优点,而放大自身的缺点。因此,大学生必须端正态度,切不可妄自菲薄。要多关注自己的优点,建立自信心,从而摆脱自卑情绪。

2. 勇敢交往

自卑的大学生往往不善于与人交往,但是人始终是处于社会各种各样的关系之中,不可能脱离社会而孤立存在。因此,大学生要放下心理包袱,坦然接受,不要因为少数人的刻薄和轻视而将自己封闭起来,要勇敢面对生活中的人和事,尝试友好地接纳别人。

(四) 应对大学生抑郁情绪的策略

大学生在出现抑郁情绪时,接受专业心理教师的治疗是第一选择。除了这一途径外,大学生还可以通过一些自助疗法来管理和调节抑郁,具体来说,这些自助疗法主要包括以下几种。

1. 运动疗法

患有抑郁症的大学生缺乏获得快乐的能力,脑海中总是出现自动的负性思维,而在运动中,大脑内会分泌出一种叫"内啡肽"的物质,这种物质会激发人体获得快感,同时使个体变得更加敏感,可以从食物、爱人、朋友的友谊那里体会到更多的快乐。因此经常运动的人会有更多的幸福。而且,经常运动的人还会发现自己在运动的过程中往往会忘记当时正在烦心的事,慢慢进入一种专心运动的状态。在运动的这段时间内,个体似乎进入了另一种状态,在这种状态中,个体能更积极、更有创造性地看待事物。

2. 食物疗法

根据新的研究表明,抑郁病人在服用一种含有奥米加-3的鱼油后,抑郁症状在几周内有明显缓解。而富含奥米加-3的食物有香蕉、深海鱼、南瓜、大蒜、蔬菜、低脂牛奶及全麦面包等。因此,当大学生出现抑郁情绪时,可以通过食用以上食物来缓解甚至是消除自己的抑郁。

3. 阳光疗法

在抑郁症中,有一种叫 SAD(季节性情感障碍)的抑郁症。研究发现,对于约 3/4 的 SAD 患者,每天在人工光线下照射几个小时,其抑郁症状就会大大缓解。研究者们认为这与个体生理上的节律有关。因此,每天适当晒太阳,也可以有效地预防抑郁。

4. SOLER 社交技巧训练

SOLER 是由下列英文单词的第一个字母组成的。

(1) S(squarely)——面对对方。在社交活动中,与他人交谈时,面对对方,是对对方的一种基本尊重。在与他人交谈时,可以选取面对面、并排、90°角的站姿或坐姿。面对面的位置往往表示一种对峙,并排表示亲密,而 90°角则可进可退,既保持较亲密的关系,又可以保留各自的缓冲空间。因此,在选择位置时,根据你与他人的心理空间来确定你们的人际位置较为合适。

(2) O(open)——身体姿势开放。在与他人的交往中,一些身体姿态,如放松拳头、手心向上、身体不过度摆动等代表包容与接纳,愿意向对方开放自己,也会使对方愿意开放自己。如果身体姿势是双手放平、手心向下或双手抱胸、跷起二郎腿等,则显得畏缩封闭,会使对方也表现退缩、不愿表达和开放自己。

(3) L(lean)——身体稍微倾向当事人。在与他人沟通中,身体稍微倾向对方的姿势,传达出对对方的关心和尊重,会让对方也愿意开放自己。如果在与他人沟通的过程中身体后倾、紧贴椅背,不仅拉大了与对方的空间距离,而且显得冷漠、疏远和蔑视,会使对方感觉不被尊重而不愿将谈话深入。

(4) E(eye)——良好的目光接触。在与他人交谈时,与对方的目光接触,能够传递出正在认真聆听对方的意思,表达了对对方谈话内容的重视,通过这种眼神的接触,对方可以感受到被尊重和认可。如果在与对方交谈时,目光闪烁不定,就让对方的眼神无法凝视,会使对方感觉你不认真倾听他的谈话,不在乎他的感受。同时,在与人交谈中,目光不要始终接触对方。一般而言,当在倾听对方谈话时,接触可以多一些,当自己谈话时,视线可有短时间的离开。

(5) R(relaxed)——身体放松。在与他人沟通时,放松的身体姿势,可传达出身心的平静,对方受到这种姿态的感染,也能够放松下来,和你进行放松而自然的沟通。如果在交往过程中双拳紧握、双眉紧锁、双肩紧扣,这种紧张的姿态,不仅不能让对方放松下来,还会使对方感受到紧张与压抑,从而不愿继续沟通。

(五) 应对大学生愤怒情绪的策略

大学生的愤怒情绪对自身的发展极为不利,大学生可以通过以下几种方法来对自身的愤怒情绪进行调节。

(1) 为愤怒情绪寻找一个合适的出口,如可以参加一些自己喜爱的文体活动,包括打球、爬山、旅游等,通过这些途径,将愤怒宣泄出来。

(2) 了解自己愤怒的来源,把愤怒的能量转化为建设的动力。

(3) 在愤怒情绪产生之后,努力去了解自己发怒的原因,也可以找一个人进行倾诉,使其帮助自己缓解这种情绪。

(4) 当发现自己非常愤怒时,可以写一封信给你发火的对象,在信中将自己发火的原因阐述一下。然后将信放起来,第二天再拿出来,感受这件事情是否值得自己发怒。

(5) 要对自己的愤怒负责。在怒气刚产生时要以理智来加以抑制,可以强迫自己先不要讲话,通过一段时间的静默以便能够对事情冷静地进行思考;也可以在怒不可遏时,选择合适的格言来暗示自己,使冲动的言行得以缓解,避免不必要的损失。

第三节 大学生的积极情绪及养成

课前思考:积极情绪会促进人们走向成功,当面临恐惧、悲伤和愤怒的消极情绪时,你通过什么样的方式和途径调控?

 案例导入

1965年9月7日,世界台球冠军争夺赛在纽约举行。美国选手路易斯·福克斯十分得意,因为他远远领先对手,只要再得几分就能稳拿冠军。就在这时,他发现一只苍蝇落在主球上,他挥挥手赶走了。可是他伏身击球时苍蝇又飞回来了,他起身驱赶,但苍蝇好像在跟他作对,他一回身,苍蝇就落在主球上,周围的观众发现了这个现象,开始哈哈大笑。

他的情绪恶劣到了极点,终于失去了理智,愤怒地用球杆去击打苍蝇,结果碰到了主球,裁判判他击到了球,于是他失去了一轮机会。现场平息后,比赛继续进行,可路易斯却再难稳定下来。苍蝇的多次"搅局"让他方寸大乱,连连失利,而对手约翰·迪瑞后来居上,最后获得了冠军。

第二天,人们发现了路易斯的尸体,他投河自杀了,他选择用这种方式来摆脱这次比赛带来的伤害。

一只小小的苍蝇,竟然打垮了大名鼎鼎的世界冠军。这是一件不该发生的事情,不得不引起人们的反思。

打败世界冠军的不是苍蝇,而是当事人自己的消极情绪。在掌握调节消极情绪的方法之外,还要善于激发自己的积极情绪,这是非常重要的。

一、积极情绪与消极情绪

先来比较一下积极情绪和消极情绪。消极情绪如恐惧、悲伤和愤怒,是应对外界威胁的第一道防线,它使我们进入备战状态:恐惧是危险靠近的第一个信号,悲伤是即将面临失去的信号,而愤怒则是受到侵犯的信号。从进化的角度来看,危险、损失和侵犯都会威胁我们的生存,而且这些威胁都是非输即赢、生死一线的事。一个人赢了代表另一个人输了,就像网球比赛,每次对方得一分你就输一分。消极情绪在非输即赢的生存游戏中扮演主角,比赛的结果越严重,情绪体验就越强烈。

显然,消极情绪在人类进化过程中有着非常重要的作用,人们需要消极情绪来应对危险。但是,为什么人类需要积极情绪呢?

 知识拓展   **积极情绪的扩展和建构理论**

心理学家费雷德里克森提出了积极情绪的扩展和建构理论。她认为积极情绪在进化中有其目的:①积极情绪扩展了我们智力的、身体的和社会的资源,增加我们在威胁或机会来临时可动用的储备。例如,年幼的赤猴喜欢玩追逐游戏,它们迎头冲向一株柔韧的小树或灌木,然后把自己朝着一个让人意想不到的方向弹出去,其实在游戏中,赤猴发展了一项在将来的某天可能挽救它们生命的特殊技能。②积极情绪让我们变得更好。积极情绪使我们的思想和心灵更加开放,我们更容易学到新知识,发展新的关系,掌握新的技能和获得新的生存方式。设想一下,你对一个新地方很感兴趣,你的心态是开放而好奇的,它指引着你不断地去探索新环境。科学家已经证明,由于积极和开放的心理定向引发我们进行探索和学习,它们实际上也制造出我们关于世界的更精确的心理地图。消极情绪使我们把注意转向内部,让你畏缩不前,也限制了你对世界的体验(当然,面临生命危险时,对世界的体验退到次要的地位了)。积极情绪正好相反,它扩展了我们的心智视野,增加了我们的包容性和创造力,我们在心情好时更容易接受新的想法和经验。

此外,冷漠、消极的情绪会激发一种挑剔的思维方式,像"身边的故事"中的宁宁,她在心情不好时,觉得老师讲课枯燥无味,同学们太吵了,组员的失误简直无法忍受。但是,积极情绪会使思维进入有创造性、包容性、建构性、非防御的大道,在心情好的时候,我们胸襟更开阔、更具包容性。

二、积极情绪的作用

积极情绪使人更健康、更长寿。研究者对美国西南部 2282 名 65 岁以上的墨西哥裔美国人做了人口和情绪统计问卷,研究持续了两年,结果发现积极情绪可以很好地预测生死及残障情况。在控制了受访者的年龄、收入、受教育程度、体重、抽烟和喝酒状况及疾病因素之后,研究者发现有幸福感的人和没有幸福感的人相比,死亡率降低一半,残障率也降低一半。积极情绪还使人不易衰老。也有研究表明,积极情绪较高的人较少患感冒。积极情绪越高,白介素 6(一种能诱发炎症的蛋白质)水平就越低,因此炎症也较少发作。

知识拓展

扫码了解增加积极情绪的方法。

弗雷德里克森——增加积极情绪的11种方法

三、大学生积极情绪养成途径

1. 优化个性

优化个性是培养积极情绪的基础。在日常生活中,可以通过参加社会实践的方式锻炼自己良好的行为方式,建立有益身心的行为习惯。注重修身养性,使自己变得自信坚强、乐观豁达。

2. 助人为乐

助人也是快乐之源。我们在帮助他人的时候,自己也会收获满足感,同时对方也会对你的助人行为表达感激和赞赏,从而提升自我价值和自我肯定。正所谓赠人玫瑰,手有余香。

3. 丰富生活

单调乏味的生活方式会让我们感觉厌倦和沉闷,善于创造美好的生活乐趣也会给自己带来快乐。找到个人喜欢的兴趣爱好,和好朋友一起活动,既丰富课余生活,提升个人能力,又可以放松心情、陶冶情操,可谓一举多得。

(1) 保持积极乐观的心态。其表现包括保持好奇心,善于关注和发现生活、学习中积极的事物,并能够充分地享受愉悦,主动创造能使自己感到快乐的生活和事业。快乐不是等待和被赐予,而是一种发现和创造。

(2) 能接纳自己的情绪变化。能接受自己的情绪,不苛求自己,不过于追求完美,以平常心来面对自己情绪上的波动。

(3) 善于及时调整自己的不良心态。其中包括能够保持一个正确客观的理性认知,善于采用多种方式及时宣泄自己的情绪,在生活中遇到挫折时能够积极地自我暗示,使自己的情感升华。

(4) 宽容别人。保持良好的人际沟通,并能够理解和宽容别人,尤其是在对方有过失时,不去伤害别人,更不拿别人的错误来惩罚自己。怨恨是一把双刃剑,既会伤人,也会伤己。

四、大学生情绪调控方法

朋辈心理微课:大学生情绪调适法则

大学生克服不良情绪的关键就在于情绪的自我调控。情绪控制的方法很多,如运用错觉和幻觉影响情绪,利用语言和动作进行暗示,发挥积极的想象产生激情,依靠坚强的意志对情绪进行控制等。根据控制的方向,还包括利用心理宣泄、倾诉,使情绪发生转移,用相反的情绪代替形成转化控制,采取措施使强烈的情绪冷静下来的冷化控制,例如自我激励,使自己的情绪保持一定的兴奋状态的自激控制。总之,通过控制、调节可以有效地管理情绪。下面提出几点自我情绪调控的具体实施办法。

1. 合理宣泄

心理学认为,每个人都会经常遭受不同的挫折,可能因忧郁、焦虑、苦闷、烦恼、不安、不满乃至愤怒等处于心理不平衡状态。消极地压抑不良情绪,就会在心理上累积侵犯性能量,这种累积往往处于"潜意识层",成为隐藏于内心深处的暗流,而不会自然消失。它可以通过对内(对自己)侵犯,破坏人体机能平衡协调运行,也可以通过对外(对他人)侵犯,产生攻击行为,以减少一定的能量。过分压抑只会使情绪困扰加重,而适度宣泄则可以把不良情绪释放出来,从而使紧张的情绪得以缓解、放松。因此,有不良情绪时,最简单的办法就是"宣泄",以排解消极情绪,恢复正常的情绪状态。

有着丰富的、复杂的、强烈的情绪体验的高职生也应得到情绪宣泄的机会,使不良的情绪得到排解。宣泄的方法有找人倾诉、畅快地哭一场、在旷野中大声喊叫、拳击沙袋、到运动场上猛跑一阵等。但是,在采取宣泄法来调节自己的不良情绪时,必须增强自制力,不要随便发泄不满或者不愉快的情绪。要采取正确的方式、选择适当的场合和对象,以免引起意想不到的不良后果。

在公认的游戏规则允许范围内的嬉闹中可以使不良情绪得以宣泄。大学生们的打闹、斗嘴等攻击性游戏,甚至痛心疾首的大哭等,其适度运用都有利于不良情绪的排解。合理发泄不等于放纵、任性、胡闹。如果不分时间、场合、地点随意发泄,不仅不能调控不良情绪,还会造成不良后果。

2. 调整认知

美国心理学家艾利斯认为,人的情绪困扰并不是诱发事件本身引起的,而是由对诱发事件的非理性的解释与评价引起的。正是由于我们常有的一些不合理的认知才使我们产生情绪困扰。如果这些不合理的认知旷日持久,还会引起情绪障碍。

艾利斯经过归纳研究,总结出了不合理认知的几个特征。

(1) 绝对化要求。绝对化要求是指人们以自己的意愿为出发点,对某一事物怀有认为其必定会发生或不会发生的信念。它通常与"必须""应该"这类字眼连在一起。例如,"我必须获得成功""别人必须很好地对待我""生活应该是很容易的"等。

(2) 过分概括化。这是一种以偏概全、以一概十的不合理思维方式的表现。过分概括化的内容是人们对自身的不合理的评价。例如,当面对损失或是极坏的结果时,往往会认为自己"一无是处""一钱不值"、是"废物"等。以自己做的某一件事或某几件事的结果来评价自己整个人、评价自己作为人的价值,其结果常常会导致自责自罪、自卑自弃的心理及焦虑和抑郁情绪的产生。

(3) 糟糕至极。这是一种认为如果一件不好的事发生了,将是非常可怕、非常糟糕,甚至是一场灾难的想法。这将导致个体陷入极端不良的情绪体验(如耻辱、自责、自罪、焦虑、悲观、抑郁的恶性循环之中)而难以自拔。

如果改变了非理性认知、调整了对诱发事件的态度,消极情绪就会改变,就会达到"退一步海阔天空"的效果。任何事物都有正、反两面,既没有绝对的好事,也没有绝对的坏事。正如古代寓言故事"塞翁失马,焉知非福"所讲的那样。

能引起什么样的情绪,最关键的不是遇到了什么样的事物,而是会用怎样的方式去看待这一事物。当闷闷不乐或忧心忡忡的时候,所要做的第一步是找出原因,分析是哪些问题导致自己情绪消极,优先或集中解决这些问题,找出问题的症结所在,并调整好自己的认知方式,改变错误观念,树立正确的观点。

3. 正确评价自我

正确评价自我是大学生心理健康的重要条件。大学生正值青春年华,青年人在一起易出现争强好胜、相互攀比的现象。在这种充满了竞争的氛围中,就需要正确地评价自我,增强自己的适应性,提高自信心。现实中,很多大学生的自我评价往往缺乏客观性,出现高估自我或低估自我的倾向,其结果都易导致严重的心理压力,使自身受消极情绪的困扰。因此,大学生应学会正确评价自我,对自己进行客观、公正、全面地分析,对自己的长处不要骄傲自满,对自己存在的不足也不要妄自菲薄,可以通过与别人的比较、与过去的自己比较来认清自己,以人之长补己之短,不断地修正、调整和提高自己。

4. 积极暗示法

积极暗示法即运用内部语言或书面语言对自身进行暗示。例如,默想或用笔在纸上写出"冷静""三思而后行""制怒""镇定"等词语来平息怒气;也可反复默念一些简短、有力、肯定的语句,如"我的能力很强""我一定会考好""我一定会胜利"来稳定情绪,排除紧张;还可以用"胜败乃兵家常事""塞翁失马,焉知非福""坏事变好事"等来自我安慰,消除焦虑、抑郁和失望。实践证明,这种暗示对人的不良情绪和行为有奇妙的影响和调控作用,既可放松过分紧张的情绪,又可用来激励自己。

5. 自我放松法

自我放松法又称松弛反应训练或自我调整疗法。它是一种通过自主调节身体的主动放松来增强自我调控能力的有效方法。只要有一个相对安静的环境,按要求完成一系列动作,通过反复练习,就能对缓解紧张焦虑情绪有很好的效果。

自我放松训练中较常用的是渐进性放松法,其原理是通过让人有节奏地控制自己的肌肉收缩、放松,并反复交替,使其体验到从紧张到松弛的过程,了解到自己的紧张状态,从而达到全身心放松的目的。其操作方法如下。

首先是让身心处于一种舒适的状态,从头到脚一点一点通过放松暗示来舒缓身心,即双眼只看一个固定目标,有意识地放慢呼吸,专注呼吸,做深且均匀的呼吸,到慢慢忘记呼吸进入一种无我状态,从而使自己平静下来。

另外,我们也可以通过学习和掌握呼吸调节、放松全身肌肉的方法来消除杂念。先把注意力集中于躯体的一部分(如左手),尽量使这部分肌肉放松,直至产生温暖感。然后转移注意力到躯体的另一部分(如右手)。如此反复训练,可使心情平静,心跳规律,呼吸均匀。

还可以通过想象达到放松的目的,如静卧后,自我意念想象,脑海里出现了一幅图画,湖面平静,清澈安宁,一只美丽的白天鹅浮在湖面;天上洁白的雪花轻轻地飘落着,或金光灿灿的太阳跳出地平线、海洋上浪花激荡,孩子们在草地上嬉戏,清澈的蓝天,团团白云飘浮。在这些诗情画意中,自然会感到心旷神怡,心情格外轻松、舒适和愉快,内心平静极了。

放松需要五个条件:①安静的环境;②专注;③顺其自然的态度,不在意自己在做什么;④身体舒适舒展,肌肉张力减到最小;⑤逐渐放慢的、深度的呼吸。

对于自我放松法,最好在平时就多加运用,而不是临时抱佛脚。如果平时能熟练掌握,经常使用,到考试时或其他紧张焦虑的场合也能运用自如。反之,如果平时知而不用,到临场想救急不一定会有好效果。

6. 注意力转移法

当人的情绪激动时,为了使它不至于爆发和难以控制,可以有意识地转移注意力,把注意力从引起不良情绪反应的刺激情境转移到其他事物或能使自己感兴趣的事物上去。例如,外出散步,看电影、电视,读书,打球,下棋,找朋友聊天,更换环境等。在活动中寻找到新的快乐,不良情绪就可以得到减轻或排解。

7. 音乐调节法

音乐具有明显的调节情绪的功能。情绪主要表现在人的精神方面,精神世界的波动起伏,显示了不同情绪的情感色彩。因为音乐的节奏、旋律、音色、速度、力度,可以影响人的情绪变化,所以当倾听者全神贯注地倾听时,可用不同情绪的乐曲去诱发他们产生相应情绪。节奏明快、铿锵有力的音乐能振奋人的情绪,旋律优美、悠扬婉转的乐曲能使人情绪安定、轻松和愉快。实践证明,让神经衰弱、失眠的人听舒缓的民乐、轻音乐等,可以使其情绪平稳、放松、安静。所以,音乐有着不同程度的镇静、镇痛、降压作用,能使人心平气和,消除不安和烦躁,从而安静入眠。对于有焦虑、忧郁症状的人,听柔和、优美、抒情的音乐,能帮助其排除不良情绪,忘记忧愁,沉浸在欢乐之中,这无疑有助于改善人的精神状态。

8. 向心理教师咨询

在上述方法都失效的情况下,仍不要灰心,在有条件的情况下,可以去找心理教师进行专业咨询、倾诉,在心理教师的指导和帮助下克服不良情绪。

情绪调控方法多种多样,可视每个人的情况灵活选用适合自己的方法。重要的是要坚信不良情绪是可以克服的,情绪是可以调控的。为了身心的健康,要适时地、不断地对情绪进行自我调控。

自我调控的关键是重获一种自我控制,只有做到自控,才会有自由选择的能力,在烦恼的时候,仍需知道我们内心还有快乐与轻松。真正的自我情绪调节是一种情绪的平衡,人不能总是快乐,也不能总是不快乐。大学生应让情绪处在一种流动的状态,关注、体验它的起伏,并乐在其中。

知识拓展

扫码了解情绪管理三部曲。

情绪管理三部曲

本章小结

情绪在人们生活中扮演着重要的角色,它影响着人们的日常行为表现、人际关系、学业成就,也影响着人们的心理健康。本节阐述了情绪的含义和分类、大学生情绪的特点及其影响作用,介绍了健康的情绪基本特征和标准、大学生常见的情绪困扰的内容及其原因、常见情绪困扰的应对策略;同时,探讨了关于积极情绪的养成途径和情绪调节的方法,希望能够帮助同学们识别情绪,能够准确地认知自己的不良情绪,运用相应的应对策略,远离情绪困扰,学会自我调控情绪,建立积极的情绪,做情绪的主人,努力奋斗,追求幸福人生。

资源链接

扫二维码分享好书和电影。

第九章资源链接

第十章

建立良好的人际关系

🠖 章节导言

每个人都渴望快乐时有人共享、痛苦时有人分担、迷惘时有人指点、困难时有人援助、忧伤时有人安慰、气馁时有人鼓励,通过人际交往,以寻求心灵沟通、感情寄托。对于成长中的大学生来说,培养良好的人际交往能力,不仅是学习生活的需要,更是人生发展的重要课题。

🠖 学习目标

【知识目标】
1. 了解人际关系的定义和人际交往的过程和意义;
2. 认识大学生常见的人际关系困扰。

【能力目标】
1. 掌握和运用构建和谐人际关系的方法;
2. 学会处理寝室人际关系;
3. 掌握基本的交往礼仪,学会人际交流与沟通;
4. 善于与人合作,努力建立良好的人际关系。

【课程思政】
1. 树立正确的人际交往理念;
2. 学会关心、尊重、宽容、理解他人,乐于助人,与人为善。

第一节 大学生人际交往概述

> 课前思考:进入大学,辅导员经常强调提高个人的综合素质是大学的必修课,综合素质中最重要的就是人际交往能力,你了解人际关系的定义、形式和功能吗?人际交往的意义又有哪些?

 案例导入

美国心理学家沙赫特曾做过"人际剥夺"实验。实验中,沙赫特以每小时15美元的高薪招募志愿者在他创设的一个与外界完全隔绝的小房间里居住,居住的时间越长,得到的报酬越多。这个小房间只供应饮食等必需品,没有报纸,没有电话,不准写信,听不到外界的声音,当然也找不到人来聊天。先后有5人应聘参加了这个实验。结果,其中1人在屋里只待了2小时就出来了,3人待了2天,所待时间最长的1人待了8天。这位待了8天的人出来后说:"如果再让我在里面待1分钟,我就要疯了。"

当个体基本的人际需要无法得到满足时,个体往往会觉得孤独和痛苦。可见,人际交往对人是十分重要的。

一、人际关系的定义

人际关系是指人们在人际交往过程中形成的心理关系、心理上的距离。交往双方在个性、态度、情感等方面的融洽或不融洽、相互吸引或相互排斥,必然会导致双方人际关系的亲密或疏远。

从社会心理学角度看,它是特指人与人之间在感情寄托、信息沟通和合作共事中的心理距离。

大学生的人际关系是指大学生在其所处的特定学习生活与社会实践环境中建立起来的心理联系。

人际关系一般分为广义的人际关系和狭义的人际关系。广义的人际关系是指大学生和与之有关的一切人的人之间的联系。在这些人际关系中,有的对大学生的身心具有举足轻重的影响,如大学生和父母家人、亲朋好友以及教师、同学之间的人际关系;有的作用却无关紧要,如大学生和那些偶然相遇的路人的人际关系。显然,广义的大学生人际关系既涉及与大学生存在的时空接近的人际关系,又涉及时空阻隔的人际关系。时空接近的人际关系对大学生的影响往往较大,称为狭义的人际关系。它是指大学生在校期间和周围与之有关的个体或群体的相处及交往的关系,其中最主要的是师生关系和同学关系,而同寝室的关系更是大学生的一种密切的人际关系。

人际关系包括三种成分:认识成分(指相互认识、相互了解)、动作成分(指交往动作)和情感成分(指积极情绪或消极情绪、爱或恨、满意或不满意)。其中情感成分是核心成分。人际关系反映了交往双方需要的满足程度。若交往双方能互相满足对方的需要,就容易结成亲密的人际关系;反之,则容易造成人际排斥。

  　　　　　　　　　　认识人际关系

人际关系不是交际应酬、逢迎巴结或虚应故事。这些行为也许可以帮助你建立良好的公共关系,却不一定能帮助你建立美好的人际关系。

人际关系也不是人脉,良好的人际关系可以帮助你建立广大的人脉;但是,人脉广大却不一定就表示你有良好的人际关系;有可能是因为你位高权重(别人不得不买你的账),也有可能你握有某些关键因素(关键性资源),才得以建立广泛的人脉,但其实你的人际关系可能还是很糟糕。

二、人际交往的过程

人际交往从最开始建立交往到双方情感的深入发展要经历一个由浅入深、由表及里的渐进发展过程,而在这个过程中,人们大致会经过以下四个阶段。

1. 定向阶段

这一阶段中,人们在产生某种交往的心理需求后,会将注意力优先集中在那些具有某种会激起自己某方面兴趣的人身上,并通过初步接触,判断其是否可以作为交往和建立人际关系的对象。这一阶段的时间跨度会随着交往对象彼此之间的契合度而表现出明显的差别,因此会出现在相遇后相见恨晚、成为密友的现象;也会出现在初步接触后觉得对象选择错误,而再选择其他对象的现象;还会出现因双方都有较强的自我防卫倾向,而需要经过长时间沟通才能建立人际关系的现象。

2. 情感探索阶段

这一阶段中,交往双方的沟通有所增强,自我暴露的深度和广度也逐渐增加。但这一时期人们的沟通仍然停留在表层,选择的滑梯大多避免触及别人私密性的领域,自我暴露的内容也不涉及自我根本的方面。因此,这一阶段是交往双方在进一步接触中寻找共同的心理领域,以形成情感联系的过程。

3. 感情交流阶段

这一阶段中,随着交往双方在人际关系安全感的确立,交往中自我暴露的深度和广度也会不断增加,开始讨论一些私人性的问题,如工作、生活中的烦恼,家庭中的情况等。此外,由于涉及的情感交流越来越多,交往双方的关系会越来越稳定,越来越自在,也越来越真诚。

4. 稳定交往阶段

这一阶段中,交往双方心理上的相容性进一步增加,会允许对方进入自己高度隐秘性的个人领域,彼此互相分享幸福、分担痛苦。然而在现实生活中,很少有人可以达到这一情感层次的友谊关系,大多数人际交往停留在第三阶段中。

三、大学生人际交往的意义

据统计,大学生每天除睡眠外,其余时间中有 70% 左右用于人际交往。从心理发展的角度看,人际交往对大学生的成长与成才都具有十分重要的意义。

(一)人际交往是维护大学生身心健康的重要途径

1. 人际关系影响大学生的生理和心理状况

处于青年期的大学生,思想活跃、感情丰富,人际交往的需要极为强烈,人人都渴望真诚友爱,大家都力图通过人际交往获得友谊,满足自己物质和精神上的需要。但面对新的环境、新的对象和紧张的学习生活,一部分学生心理矛盾凸显。此时,积极的人际交往,良好的人际关系,可以使人精神愉快、情绪饱满、充满信心,保持乐观的人生态度。一般说来,具有良好人际关系的学生,大都能保持开朗、热情、乐观的性格,从而正确认识、对待各种现实问题,化解学习、生活中的各种矛盾,形成积极向上的优秀品质。相反,如果缺乏积极的人际交往,不能正确地对待自己和别人,心胸狭隘,目光短浅,则容易形成精神上、心理上的巨大压力,难以化解心理矛盾。严重的还可能导致病态心理,如果得不到及时的疏导,可能形成恶性循环而严重影响身心健康。

2. 人际交往影响大学生的情绪和情感变化

处于青年发展期的大学生,正处在人生的黄金时代,在心理、生理和社会化方面逐步走向成熟。但在这个过程中,一旦遇到不良因素的影响,就容易导致焦虑、紧张、恐惧、愤怒等不良情绪,影响学习和生活。实践证明,友好、和谐、协调的人际交往,有利于大学生对不良情绪和情感的控制和发泄。

(二) 人际交往是大学生成长成才的重要保证

1. 人际交往是交流信息、获取知识的重要途径

现代社会是信息社会,信息量之大,信息价值之高,是前所未有的。人们对各种信息的需求,随着信息量的扩大,也在不断地增长。通过人际交往,我们可以相互传递、交流信息和成果,丰富自己的经验,增长见识,开阔视野,活跃思维,启迪思想。

2. 人际交往是个体认识自我、完善自我的重要手段

《礼记》曾说过:"独学而无友,则孤陋而寡闻。"人际交往,可以帮助我们提高对自己的认识,以及对别人的认识。在人际交往的过程中,彼此从对方的言谈举止中认识了对方。同时,又从对方对自己的反应和评价中认识了自己。交往面越宽,交往越深,对对方的认识越完整,对自己的认识也就越深刻。只有对他人的认识全面,对自己的认识深刻,才能得到别人的理解、同情、关怀和帮助,自我完善才可能实现。

3. 人际交往是集体成长和社会发展的需要

人际交往是协调集体关系、形成集体合力的纽带。而一个良好的集体,能促进青年学生优良个性品质的形成,如正义感、同情心、乐观向上等都是在平等、和睦、友爱的人际关系中成长起来的。良好的人际关系还能够增进学生集体的凝聚力,成为影响集体的最重要的教育力量。

(三) 良好的人际交往有利于大学生心理成熟

人际交往以及在交往中形成的人际关系的好坏,不仅会影响大学生的学习与生活,还会直接影响大学生心理发展与成熟。大学生心理与发展规律揭示了这样一种现象:心理矛盾现象贯穿于大学期间乃至一生。在大学低年级,大学生已经逐步摆脱对家庭的依赖,走上自立的第一步,其成人感和自我意识日渐增强,但心理发展却往往滞后,从而导致一系列的心理矛盾现象。例如,自主感与依赖感的矛盾、渴望别人理解与闭锁心理的矛盾,以及表露于外的强烈的自尊、自信与隐藏在内心深处的自卑感及对自己能力的怀疑的矛盾等,时时困扰着大学生,甚至影响大学生的身心健康。对于高年级大学生来说,他们更多地对如何适应社会、如何处理复杂的人际关系、如何发展性与爱情等问题苦恼。社会心理学家认为,人的心理矛盾乃至心理疾病大多是由于对人际关系的不适应造成的。

良好的人际交往有利于大学生心理健康的发展,其影响主要体现在以下几个方面。

(1) 能起到代偿作用。和谐的同学关系、师生关系可以代替补偿其与父母、兄弟姐妹的亲情,从而可以减少或消除失落感与孤独感。

(2) 能起到稳定情绪的作用。大学生的生活既充满着紧张的学习、生活,又交织着复杂丰富的情感,烦恼时要向人倾吐,欢乐时希望能与人分享,良好的人际关系能满足大学生的这些需求,从而使他们从紧张的心理冲突中解脱出来,给他们带来情感上的稳定。

（3）有助于大学生自我意识的发展与深化。置身于良好的人际关系中,能使大学生感到自己为他人所接受、承认,从而满足了自尊心,也将增强自信心和自豪感。

扫码了解心理健康的基本条件:学会分享、接受和给予。

心理健康的基本条件:学会分享、接受和给予

第二节　大学生人际交往中常见的心理困扰及调适

> 课前思考:你在人际交往中有心理困扰吗?当人际关系心理困扰出现时,你是如何进行调适的?

案例导入

我叫李强,有件事困扰我已经大半年了,我怎么也想不通。我们宿舍有八个同学,大家关系都不错,我跟王风走得更近一些。王风计算机玩儿得好,有时饭都顾不上吃,更别提学习了。我就常催他按时去吃饭,考试前他也总找我帮他复习功课。

大二的一次考试前,我自己忙着复习,就没有帮王风突击复习。接下来的几天我一直主动跟他说话,甚至私下问他是不是生气了,他依然对我不理不睬。有时候我问烦了,他就回一句:"别磨叨了行不行?我啥事没有。"接下来的日子,我们之间就一直这样,我在他面前好似空气。真不明白,这几年的友谊就因为这么一件小事没了吗?看见我很苦恼,其他同学也安慰我:"没事的,他就那样,别跟他一般见识。"本来挺好的关系就因为一件小事突然变得尴尬起来。他过生日那天,邀请大家出去吃饭。他瞅着其他人说:"大家一起走啊。"当时我就在旁边,可他看都没看我一眼。别的同学拽我一起去,我先说"吃过了",大家一定要我也去,拗不过,我就一同去了,而王风自始至终什么都没说。席间,他和大家挨个喝酒,唯独没有和我碰杯。我感觉自己很多余。之后,我几乎夜夜失眠,总是在纠结一个问题,是不是自己有不对的地方?可却想不明白他怎么能这么对我。我们真回不到以前了吗?我到底做错了什么?

李强大学期间遭遇的这种情况叫人际交往困惑。人际关系对每个人的情绪、生活、工作都有很大的影响,甚至对组织气氛、组织沟通、组织运作、组织效率以及个人与组织之间的关系均有极大的影响。下面学习人际交往定义、交往技巧和原则相关知识,帮助大家建立良好的人际关系。

一、大学生人际交往现状

近些年来,高等教育取得了长足发展,随着招生规模的逐年扩大和招生人数的增长,大学生的人际交往问题越来越突出,主要包括以下四种。

1. 室友之间的关系问题

大学生进入大学校园后,其最重要的生活、学习和休息的场所是宿舍。除去上课时间,大学生每天待在宿舍的时间最长,接触室友的机会最多,不同性格的成员朝夕相处,形成了一种特殊的人际关系。但由于宿舍的交往空间比较狭小,交往密度比较大,摩擦、冲突等问题层出不穷,宿舍成员之间常为一些小事发生口角,不少宿舍长期笼罩在紧张、沉闷的气氛之中,成员之间互不往来,个别成员戒备心理严重,怀有无意识的猜疑和敌视,自觉不自觉地在情感上筑起了一道"防火墙";有的成员嫉妒心较强,心理上经常表现为不平衡;而有的成员比较自我、缺乏同情心,对人冷漠。大学生若长期在这种紧张、烦躁和压抑的宿舍环境里生活,其学习、身心健康及人格的发展都会受到极大的影响。

2. 同学之间的关系问题

除室友之外,大学生经常接触的就是班级同学,在班级这个大集体中,人际关系一般是同学之间的关系,是同学在平时的学习、生活中相互交往而建立起来的。现在的大学生群体多是"90后",他们出生在信息飞速发展以及各种思想、生活理念层出不穷的时代,是信息时代的优先体验者。很多"90后"大学生主张自我、崇尚自我,课堂上交流的机会少,课外活动又不多,致使班级出现了一定程度的离散化,学生集体观念和班级观念不强,做事不积极主动,从而导致难以营造良好的班级风气。

3. 师生之间的关系问题

师生关系是高校人际关系中最基本、最重要的关系,高校中的师生关系是大学生与班主任或辅导员、任课教师之间的关系,良好的师生关系是教育活动取得成功的必要保证。但由于高等教育不同于初等、中等教育,再加上学生多,教师的教学及科研任务比较重,除正常的上课时间外,教师和学生很少有交流的机会。一些教师忙于教学及科研,没有多余的时间和精力主动与学生交流,致使某些任课教师甚至不认识班上的学生,师生之间的关系疏远,甚至趋于紧张。教师不仅是传道、授业、解惑的人,而且是学生人生的导师。所以,良好的师生关系对学生的学业和人生至关重要。

4. 异性之间的关系问题

大学生作为一个特殊群体,不管是在生理上还是在心理上,都处于"性"的敏感时期。在大学生中大约有70%的人有强烈的想和异性交往的愿望,并且男性强于女性。在异性面前,他们勇于表现自己,以引起对方的注意,希望能够得到对方的肯定。但由于性别上的差异,他们在交往过程中表现出紧张、敏感、害羞,甚至不知道该如何恰当地与异性交往。因此,在与异性交往时,表现出不自然,甚至不得体,从而影响与异性交往的自信心。

二、大学生人际交往中常见的心理困扰及调适

1. 自卑心理及调适

自卑就是轻视自己,自己瞧不起自己,认为自己不如别人,是一种消极的情感体验。在人际交往中表现为对自己的能力估计过低,缺乏信心,不敢表现自己。自卑感严重的人,大多性格内向、感情脆弱、体验深刻、多愁善感,常常自惭形秽,经受不起刺激。所以,他们处事多采用回避方式。

案例:吴某,上海某重点大学二年级学生。自从进入大学后,他一直很自卑,他父母都是

农民,家境贫寒。因为他在中学时成绩拔尖,深受老师器重和同学仰慕,所以自己也因此忽视了家境。为了他上大学,家里已经负债累累。进了大学后,他又借了不少钱以掩饰自己的贫困。他原本以为,到了上海,会有很多打工机会,可以补贴自己,但实际上很难。他曾想了许多办法来提升自己的素质,例如加入社团、看书、看展览会、考证书等,但实施之后,往往都是半途而废,从而感觉自己不可能脱离贫穷、走出社会底层,毫无前途,不可能光宗耀祖,甚至连在上海找女朋友都很困难。

吴某由于之前成绩拔尖,一直受到关注和重视,心理得到了充分的满足,从而忽视了家境本身的贫困和普通。而进入大学后,因为不再如过去那样受关注,所以他失去了心理满足的基础,以致他第一次认识到家庭的贫穷以及与周围其他人之间的差距,而他又过分看重这种落差,希望掩饰自己的贫困。同时,他之前对在上海的生存估计错误,所以换了一个环境后,发觉并不如自己预期的那样,于是出现了适应障碍,并有了一种挫折感。另外,他对贫穷和成功的关系也不能正确认识,而是以偏概全地看待自己的未来,从而意志力下降,形成自卑心理。

自卑感严重,会对一个人的生活、学习、工作造成巨大的负面影响。可以通过以下方法进行自卑心理调适。

(1) 正确认识自我,提高自我评价。要客观地认识自我,善于发现自身的优点,正确面对自己的不足,学会接纳自己。同时,针对自己不如别人的方面进行自我调整,改善自我形象,并积极参加活动。

(2) 进行积极的自我暗示。面对问题,要积极进行自我鼓励,暗示自己"我一定可以,一定行",同时,要经常回忆自己曾经有过的成功体验,给自己增加信心。

(3) 积极与人交往。自卑的人往往容易把自己孤立起来,并陷入恶性循环。所以,要积极参加团体活动,在活动中寻找成功体验。

2. 孤独心理及调适

孤独是指不愿意与他人接触、交往,喜欢单身一人,独来独往,时常感到孤单、无所依靠和寂寞的心理现象。产生孤独心理的原因多种多样,很多是家庭环境,如父母关系不和、教育方式粗暴等;还有些是在交往过程中遇到的失败,使人从此逃避与别人交往。

3. 嫉妒心理及调适

嫉妒是指对才能、机遇、地位或名誉等比自己好的人心怀怨恨。在日常生活中,当看到别人的成绩优于自己、容貌胜于自己、能力强于自己时,有的大学生把因此而产生的烦恼和痛苦压抑在心底,或者直接发泄到别人身上,对别人进行嘲讽挖苦,或造谣中伤,甚至做出一些过激的行为。嫉妒心理在大学生(尤其是女生)当中比较普遍。

4. 猜疑心理及调适

猜疑心理是由主观推测而产生的不信任的不良心理。表现为疑心很重,对他人的言行过于敏感,总觉得别人在背后议论自己,看不起自己,算计自己。经常把无中生有的事强加给别人,甚至把别人的好意曲解为恶意。所以,猜疑心理会影响同学之间的关系,而且长期下去会使自己的心态扭曲,产生严重的心理问题。

案例: 曹操刺杀董卓失败后,与陈官一起逃至吕伯奢家。由于曹吕两家是世交,吕伯奢一见曹操到来,本想杀一头猪款待他,可是曹操因听到磨刀之声,又听到要"缚而杀之",便疑心大起,以为吕伯奢要杀自己,于是不问青红皂白,拔剑误杀无辜。

猜疑是人性的弱点之一,历来是害人害己的祸根。一个人一旦掉进猜疑的陷阱,必定处处神经过敏,事事捕风捉影,对他人失去信任,损害正常的人际交往,影响个人的身心健康。

要调整猜疑这种偏差,可以从以下几个方面着手。

(1)及时沟通,解除疑惑。在社会交往中不轻信流言,遇到问题冷静思考,如果思考后还存在疑虑,可以通过适当的方式与"怀疑"对象谈一谈,以便弄清真相,解除误会。

(2)改变为人处世准则。猜疑心重的人应该学会改变自己为人处世的准则,使自己的胸襟逐渐变得开阔,不过分拘泥于一些小事。在社会交往中要以诚信为基础,诚以待人。

(3)学会自我安慰,培养信心。在人际交往中出现误会是客观存在的现象,当与他人产生误会,或遭到别人的非议与流言攻击时,要暗示自己,人生在世没有不被别人议论的,一个人不可能让所有人都喜欢自己,走自己的路,让别人去说吧。要看到自己的长处,培养信心,对自己有信心了,就不会过多地担心别人在背后议论自己、为难自己、挑剔自己了。

5. 羞涩心理及调适

羞涩心理是在大学生中常见的一种心理现象。有羞涩心理的人在他人(特别是陌生人,尤其是异性)面前,常常表现为腼腆、紧张、不自然,严重者表现为见人脸色绯红、语无伦次、手足无措,甚至连一句话也讲不出来。有严重羞涩心理的人往往不愿意与人接触,在交往中采取回避的态度,甚至还可能会导致社交恐惧症。

为了克服羞涩心理,可以从以下几个方面努力。

(1)正确评价自己。认识到每个人都有优缺点,要善于发现自己的闪光点,积极肯定自己的长处,鼓起勇气,敢于迈出第一步,增强自己在交往中的信心。

(2)放下精神负担。积极参加各种实践活动,在实践中锻炼自己。要勇于和他人交往,丢下包袱,大胆前行,不怕说错话、做错事。说错了话虽然不能收回,但可以改正;做错了事,要引以为鉴,明白失败并不等于没有能力,从失败中吸取教训。不要因为一时的失败和挫折而背上沉重的思想包袱和精神负担。

(3)掌握交往知识,增强交往能力。掌握一些社交知识和技能,通过知识的积累,增强交往的勇气。在校园里,要多为自己创造交往机会,鼓励自己在各种场合大胆讲话,勇于发言,多与他人交往,促使自己的交往能力进一步发展。

课堂互动

扫码了解社交恐惧症测试。
社交恐惧症测试

第三节 构建和谐的人际关系的技巧及原则

课前思考:什么是和谐的人际关系?建立和谐的人际关系的技巧及原则是什么?

案例导入

小冬是大一电子专业的学生,12月30日是她的生日,小冬邀请了几位同学到她的家里参加她的生日Party。

下午17:00刚到,小冬家的门铃响了起来,几个同学面带微笑地出现在小冬的面前,"你家可真难找,怎么住在这个鸟不拉屎的地方?"不请自来的何强强无所顾忌地大声发着牢骚。小冬知道何强强向来说话随便,也不在意。而在厨房里忙碌着的小冬奶奶想必也听到了何强强的感叹,她走出来,一边招呼大家坐,一边客气地说:"我们家小了点,人一多就挤了些。"

"是呀!你家也太小了,落脚的地方都没有,住着多闷呀。"何强强接着说:"房子也太破旧了,应该退休了。我家小区那里房子就不错,价格也不贵,一平方米才几千元,你们家留着钱做什么用呢?"

何强强的一席话让小冬奶奶的脸一阵白一阵红,热情的微笑也慢慢地消失了。原来前年小冬的妈妈得了癌症,在病床上躺了一年多,半年前去世了,为了治病,家里的积蓄全都花光了,哪有钱换房子呀!同来的月月听不下去,提醒何强强:"你说话注意点好吗?咱们是来做客的。"何强强勉强表示接受。不一会儿小冬的奶奶陆续把饭菜端出来。何强强又说话了:"我想鸡肉、猪肉都有了,就缺海鲜了,菜不在多而在精嘛!"话一出口,小冬和奶奶的脸色就都有点难看,但小冬奶奶还是笑着说:"哟,我们今天可真没有准备海鲜,要不,打电话给小冬她爸,叫他带海鲜回家好不好?"

"不用了,不用了!不过我算是知道你家的小冬个子怎么长得那么小了,原来你们家不注意营养搭配,你们看人家月月,都快超过相扑运动员了……"

"说什么呀,你!"小冬和月月气得涨红了脸,直喘粗气……

好端端的生日Party,就这样被何强强这个说话不注意分寸的家伙给搅黄了。聪明的你已经看出来了,何强强不懂得建立和谐的人际关系,总是说话不注意分寸。

一、如何建立和谐的人际关系

大学生常常会因各种各样的人际关系不和谐而苦恼和惆怅。人际关系的和谐,是每个人追求的目标。良好的人际关系将会使你在工作中、职业生活发展中占据主动,左右逢源。如果你拥有一个强大的人际关系网,那就会比竞争者具有先天的资源优势。无论如何,处理好人际关系和培养好交际技能都是在这个社会中立足与发展的资本。

从某种程度上说,人际关系的好坏决定了个人的心理是不是健康。那么,怎样才能建立和谐的人际关系呢?

(一)建立成熟的认知观念

建立成熟的认知观念是一个不断调整、改变自己的不当观念,对人际交往形成一种积极的、准确的认识过程。因此,在人际交往中应尽可能地做到:重视第一次交往,但不可仅凭第一印象就断定一切;在交往过程中,千万不可戴有色眼镜;要善于聆听,敢于表达,勇于承认自己与他人的优缺点;善于总结,调整原有的认知观念。

朋辈心理微课:大学生人际交往之"3A法则"

（二）坚持正确的交往原则

1. 平等尊重原则

每个人都有自己的人格尊严，并期望受到尊重。尊重能够引发人的信任、坦诚等情感，缩短交往的心理距离。大学生不应因出身、家庭、经历、长相等方面的客观差异而对人另眼相看，要做到不自卑、不孤傲。

2. 真诚开放原则

真诚是人与人之间沟通的桥梁，只有以诚相待，才能使交往双方建立信任感，并结成深厚的友谊。同时，带着满腔真诚，以诚待人，就不要胆怯、退缩，要以诚心换诚心。

3. 守信用、言出必行原则

有约按时到，借物按时还，不胡乱猜疑，不轻易许诺，不信口开河。

4. 宽容大度、换位思考原则

大学生个性较强，接触密切，不可斤斤计较，而要谦让大度、克制忍让；分析矛盾的产生，要换位思考，并勇于承担自己行为的责任，避免矛盾的升级。要明白，宽容克制并不是软弱、怯懦的表现。

5. 求同存异原则

在处理矛盾时，坚持寻求共同基础、保留意见分歧，原则性和灵活性相结合。求同存异思想中蕴涵着中华民族和合思想的历史传承。"和谐"是中华传统文化的精髓。《道德经》认为"万物负阴而抱阳，冲气以为和"，将矛盾对立双方互相冲突交和作为达到和谐状态的必要条件；《论语·子路》则提出"君子和而不同，小人同而不和"的著名论断，将人与人之间的和谐共处建立在个性差别的基础之上。"和而不同"的实质是追求内在的和谐统一。

6. 互利原则

互利原则是指交往双方的互惠互利。人际交往是一种双向行为，所以有"来而不往非礼也"之说，只有单方获得好处的人际交往是不能长久的。人际交往要双方都受益，不仅是物质的，还有精神的，所以双方都要讲付出和奉献。

（三）掌握成熟的交往技巧

1. 学会聆听

带上你的耳朵，做一个好的听众，做到心平气和、不乱发牢骚，这样不仅自己乐，别人也会心情愉悦；要注意语言的魅力，安慰受创伤的人，鼓励失败的人，帮助有困难的人。要做到耐心、虚心、倾心，把握交谈的技巧，吸引和抓住对方。

2. 敢于表达自己

沟通时多赞扬、少批评并会批评。如果同学被你赞扬，他会觉得自己是很优秀的，自己被肯定，他也一定会对你产生好的印象，可以增进彼此的吸引力。

3. 热情大方、真诚幽默

在人际交往中，如果对方感受到你的热情与真诚，风趣幽默，显然会得到对方肯定的评价。

4. 勇于实践，讲究交往方式、方法

大学生们来自五湖四海，在人际交往中要善于发现共同话题，即找到"共鸣点"。要注意，对交往对象的期望值不要太高，不要奢望每个人都成为你的知心朋友，避免造成心理上的失落感。要经常换位思考，体会对方的心理感受，就会理解别人的感情和行为，从而改善自己待人的态度。

（四）打开心扉，积极交往

每个人的内心都非常渴望得到朋友，但是却很少有人能够主动去和他人交流。生活中就常常出现这样的状况，两个人坐在一起，可以面对面交流，但是两个人都不愿意主动开口，宁可各自拿着手机给远方的亲人或朋友打电话。勇敢一点，大方而主动地跟别人打招呼，一定能赢得很多朋友。例如，当在寝室楼道里碰到某个陌生的同学，如果试着主动向对方点头微笑，慢慢地，你们一定会熟识起来。

（五）帮助别人，快乐自己

在别人需要帮助和支持的时候，积极地为他人做些事情，不仅能够增加他人对你的好感，还可以与他人建立融洽的关系。在帮助别人后，体会助人的快乐，实现自己的价值。

假设有一天突然下雨，却找不到合适的人送雨伞给你，你是不是很悲哀？积极为他人做些事情吧，那么，在你遇到困难的时候，自然会有更多的人愿意帮助和支持你。

（六）精诚合作，交流思想

现在很多同学都能认识到我们所处的社会是一个能力较量的社会，因而会努力在各方面完善自己，但正因为如此，有的同学草木皆兵，时时处处把周围的人都当作竞争对象，不愿与别人合作。这种做法是不对的。

当今社会不仅是一个能力较量的社会，还是一个强调合作的社会。每个人都有自己的优势与不足，彼此之间的思维撞击往往能产生新的思想火花。我们很容易感受到，经常与他人交换思想、交流情感，真诚地互相帮助，不仅能够共享成功的喜悦，同时还能与他人建立起良好的人际关系。

（七）不遗寸长，真诚赞美

在与他人相处的过程中，要善于发现他人的优点，感受这份美好，然后真诚地给予他人赞美。这样，每个人都会乐意与你交往。"良言一句三冬暖，恶语伤人六月寒。"有这样一则故事：一个周游世界的人，她并不懂得每个国家的语言，但每到一个国家，她都会提前学会用那个国家的语言说一些礼貌和赞赏别人的话。这样，她每到一个陌生的国家，都能交到很多朋友，度过愉快的时光。

（八）接纳他人，换位思考

很多同学在家里被父母迁就，逐渐变得事事以自我为中心。凡事只考虑自我感受，不懂得为他人着想。在与他人交往中，高兴时，就高谈阔论，手舞足蹈；不高兴时，就乱发脾气。

有时候自己遇到烦心的事情,看到别人高高兴兴,就埋怨别人不理解自己,不关心自己。我们应该明白,每个人都有自己的生活,别人没有义务也不可能时时刻刻都关注着你的感受。

要尽量接纳别人,多站在他人的立场上想问题。例如,在同学午睡时,尽量放轻动作,自己听音乐时戴上耳塞等。

(九)感恩怀德,知恩图报

每个人在与他人相处的过程中,都或多或少地得到过别人的帮助,一定注意不要忘记感谢别人为你做的事情,带着热情和真诚的笑容去感谢他们。在他们遇到困境的时候,我们也要施以援手,知恩图报。常怀感恩之心,常念相助之人,常感相识之缘,常忆朋友之情。

人际关系可以改变人一生的命运,它是一种十分微妙的东西,是无处不存、无时不在的。这种无形的东西已经完全渗透到社会的每一个角落之中,甚至已经渗透到每个人的心灵深处。所以,它不但影响着个人的行为,而且影响和决定着社会的存在,自然也就会影响和决定个人的成败。

二、大学生的寝室人际关系

寝室人际关系是大学生人际关系中最普遍、最直接、最重要的一种人际关系。有研究表明,大学生一天的24小时当中,除睡觉外,还要在寝室至少待上5~8小时。寝室成为大学生交往最为频繁、联系最为紧密的重要场合。近几年来,寝室室友之间发生争执互殴、动用刀枪甚至下毒造成伤害的案例时有出现。震惊全国的马加爵案,就是由不良的寝室人际关系而导致的。某高校对近千名大学生进行了一次寝室人际关系的问卷调查,结果显示,60%的大学生认为寝室里有自己最不喜欢的人,33%的大学生认为室友无法相互关心,相处不融洽。

(一)大学寝室人际关系的主要矛盾

寝室里的矛盾主要表现在以下几个方面。

(1)谁动了我的"奶酪"?有的同学随意吃、拿其他室友的东西。

(2)都是电话惹的祸。半夜12:00了,还有同学在被窝里甜甜蜜蜜地煲"电话粥",而寝室里的其他同学却辗转无法入眠。

(3)凭什么让我多干活?寝室的公共卫生,有的同学从来都不做。

(4)我就这样。有的同学没有良好的卫生习惯,不洗脚、不洗衣服,寝室里气味难闻,而且往往因此影响了整个寝室的卫生成绩,让其他同学非常气愤。

(5)南腔北调难调和。由于彼此之间生活习惯的不同和相互误解,致使生活在同一寝室中的同学感到很别扭。

案例:有的同学被室友孤立感到很苦恼:"也不知怎么的,可能是我不太注意说话方式的原因。我感到大家开始用讥讽的口吻跟我说话,我若无意间说了哪位同学,大家就一起帮着她来挤对我。我感到很苦闷,觉得回寝室也没什么意思,怕说错话引起更大的麻烦。所以每天很早就起床,背着书包到教室看书,晚上很晚才回去。有时即使看不进去书,也不愿意回寝室,就顺着操场遛,一圈又一圈,估计快熄灯了才回去。"而那些生活在对立面的同学也感到难过:"我们寝室的一位同学很过分。虽然她现在已经被孤立了,但我现在也感到很压抑,因为寝室气氛不好,形成对立的局面。其实,我觉得那位同学也不是一无是处,也很想和她说说话,但大家都不理睬她,我若主动与她交好,势必也会造成她那样的结果,不被大家所理睬。"还有一部分同学,即使没有这种情况,也觉得在寝室不是很开心:"我们寝室关系还可以,没有争吵,但大家都很客气,没有什么话好说,觉得挺闷的。"

(二)建立良好寝室关系的良策

1. 与室友统一作息

一个寝室一般有2~8个人,甚至更多的人在一起生活,宜有统一的作息时间。只有大家协调一致、共同遵守统一的作息时间,才能减少争执,消除摩擦,维持正常的生活秩序。如果你是"夜猫子",晚上睡得很迟,待寝室成员都睡了,才洗漱睡觉,这样就容易惊醒其他人,影响别人休息。久而久之,你就会引起室友们的厌恶。

因此,寝室的全体成员应当尽量统一起居时间,减小作息差距。倘若实在有事,早起或晚睡的成员也应尽量减少声响和灯光对室友们造成的影响。

2. 不搞"小团体"

在寝室,应当以平等的态度对待每一个人,不要厚此薄彼,只和一部分人打得火热,而对另一部分人疏远不理。有些人喜欢与寝室之中的某一个人十分亲近,在平时,老是与同一个人说悄悄话,无论干什么事、进进出出都和某一个人在一起。这样就容易引起寝室其他成员的不悦,认为你是不屑与之交往。结果,两个人之间的关系也许搞好了,但却疏远了其他人。这就不利于建立和谐的寝室关系,也是得不偿失的。不反对建立有深度的友谊,但决不能以牺牲友谊的宽度和广度为代价。所以,在寝室里,对每个人都要尊重、平等相待,尽量不搞"小团体",不孤立他人。

3. 不触犯室友的隐私

首先,每个人都有自己的秘密,也都有好奇心。对于室友的隐私,不要想方设法去探求。对方把一个领域化为隐私,那么这个领域对其来说就有特殊的意义,任何试图闯入这个领域的话题都是不受欢迎的。大学生要学会尊重他人,不去触碰他人的"禁区"。其次,未经室友同意,不可擅自乱翻其衣物、用品,切莫以为是熟人,就忽视了这一问题。最后,同住一个寝室,有时难免不经意间知道室友的某些隐私,也要守口如瓶,告诉他人,不仅是对室友的不尊重,也是不道德的。

4. 积极参加集体活动

寝室的活动不单纯是娱乐休闲,更是室友之间联络感情的重要形式,大学生应该尽量积极参与配合。千万不要幼稚地把集体活动当作纯粹的费财费力的无聊之举,表现出一副不屑为伍的样子。确实有事不能参加,可以把自己的想法和意见提出来,勉强参与反倒让室友觉得你在应付了事,更不要简单回绝,从而伤了室友的心。

可以说,集体活动的有无和多少,也从一个侧面反映这个寝室的团结程度。倘若你总是不参加这样的活动,多多少少就显得你不合群了。

5. 别人有困难要帮忙,自己有事情也要求助

良好的人际关系是以互相帮助为前提的。当室友遇到困难时,应当主动伸出援助之手,这自不必说。那么,当自己有事时,是否能向室友求助呢?答案是肯定的。因为有时求助反而能表明你对别人的信任,能够融洽关系,加深感情。在你有事需请人帮忙时,倘你舍弃身边的室友而远求他人,室友得知后,反而觉得你不信任他。你不愿向别人求助,别人以后有事又怎么好意思求你帮忙?其实,求助室友,只要讲究分寸,不使人家为难,都是可以的。

6. 不拒绝零食和宴请

室友买点水果、瓜子之类的零食到寝室,分给你时,不要一味拒绝。室友因过生日或其他事请你吃饭,也应欣然前往。你接受别人的邀请,从某种意义上说,也是给别人面子。倘若无论零食或宴请,你都一概拒绝,时日一久,别人难免会认为你清高傲慢,就会对你"敬而远之"了。

7. 不逞一时口快

"卧谈会"是寝室的一个重要活动项目。室友们互说见闻,发表意见,本来是一件很愉快的事,但也往往因小事而发生争执,"卧谈会"变成了"口舌大战"。

有些人喜欢说别人笑话,占别人便宜,哪怕玩笑,也绝不肯吃一点亏;有些人喜欢争辩,试图通过说服对方显示自己的能耐,让室友"尊重"自己;有些人害怕被人看不起,就故意在"卧谈会"中唱反调,甚至揭人之短,对他人进行人身攻击。

这种喜欢逞一时口快,在嘴巴上占便宜的人实际上非常愚蠢,会给人感觉太好胜,难以合作,破坏人际关系。你不尊重别人,别人也不会尊重你。夸夸其谈,想处处表现得比别人聪明的人,最后也只会引起别人反感。

8. 完成该做的杂务

寝室每位成员该做的杂务,不仅指做好自己一个人的事,也包括搞好集体的事。有些人在家懒惰成性,所有的事都指望家人打理,住集体寝室难免恶习毕露:开水从来不打,每天喝别人的,衣物不注重整理,乱扔一气,寝室的公共卫生更是不闻不问,扫地、擦门窗等事都指望室友来完成。这样自私、懒惰和邋遢的人,没有哪个集体会欢迎。

因此,你必须尽力搞好属于自己的那份杂务,不要指望别人来"帮助"你,凡事要养成亲力亲为的好习惯。集体的事,要靠集体来完成,任何一个人都不能撒手不管或敷衍了事。

以上八点,虽然都是日常生活中的小事,倘若大学生能够注意,对处理好寝室关系能够起到事半功倍的作用。反之,小小"蚁穴"也能够将我们良好寝室关系的"千里之堤"给毁了。

 知识拓展　　　　　　　　**和谐人际关系经营**

人们处在繁忙的工作生活当中,复杂的人际关系无疑给人增添了新的压力,那么,该怎样经营好你的人际关系呢?

1. 处理好各种关系

对上级:上级一般都把下属当成自己的人,希望下属忠诚地跟着他、拥戴他、听他指挥,所以要在上级面前讲诚信、讲义气、敬重他。在与上级的相处中,谦逊还是相当重要的。谦逊意味着你有自知之明,懂得尊重他人。谦逊可让你得到更多人的支持,能助你更好地成就事业。

对同事:对同事不能苛求,对每个人都一样友好。任何人日后都可能成为你的好朋友、重要的工作伙伴,甚至变成你的顶头上级,所以千万不要预设立场,认为他不是重要角色,就忽略他的存在,同时,也不要随便听信别人的闲言碎语,让自己保持一个开阔的胸襟,以眼见的事实客观地去评断每一个人。

对下属:多帮助关心下属。对下属要坦诚,而对下属善意地表示接近的良好愿望,使下属感到受尊重、被重视,不仅会激发下属的积极性,还会使下属对上级的思想修养、工作作风、领导意图有所了解,下级对上级习惯性的心理距离由此逐渐缩小。

对竞争对手:在我们的工作当中,处处都有竞争对手。当你超越对手时,没必要蔑视人家,别人也在寻求上进;当人家的进步超过你时,也不必心存忌妒。无论对手如何使你难堪,都不必计较,既要有大度开明的宽容风范,又要有一个豁达的好心情。这样还担心败北吗?说不定对手早已在心里向你投降了。

2. 人际交往需要真诚

且不说在亲友交往中需要真诚,那是情理中的事,就是在复杂社会交往中,也非常需要真诚。例如,在我们周围有这样一些人,长期共处但还未达到亲密无间的程度,所以,在交往中,要注意把握说话的尺度,但是不能虚情假意,不能欺骗对方。如果对方是我们能够信赖的人,我们必须坦诚相对。总之,人际交往中还是要多一些真诚。

3. 多认识一些"带圈"的朋友

多认识一些"带圈"的朋友,意思是多认识一些朋友多的人。每个人的人际网络是不一样的,朋友的朋友也有可能成为你的朋友。这就如同数学的乘方,以这样的方式来建立人际网络,速度是惊人的。

假如你认识一个人,他从来不跟你介绍他的朋友,但另外一个说:"下星期我们有个聚会,你来参加我们的聚会吧!"你应邀参加了那个聚会,结果认识了不少新朋友,五湖四海哪里的都有。"带圈"的人和"不带圈"的人的附加值是不一样的。我们知道在人际网络中,朋友的介绍相当于信用担保,朋友要把你介绍给其他人,就意味着朋友是为他做担保。基于这一点,你可以请你的朋友多向你介绍他的朋友。认识一些"带圈"的朋友很重要的一点,就是可以弥补我们个人在社会关系中的不足。

本 章 小 结

关系是一种客观存在,人际关系的协调、融洽对于群体或个人来说都至关重要。本节主要介绍了人际关系的定义及功能,以及良好人际关系对大学生发展的意义,通过认识大学生人际交往的现状,并指出了大学生在人际交往过程中遇到的困扰问题与解决调适途径,帮助大学生构建和谐的人际关系技巧和原则,认识到目前人际关系对个人成长成才的重要性。

资源链接

扫二维码分享好书和电影。

第十章资源链接

第十一章

压力调适

📌 章节导言

大学生是一个承载着社会、家长高期望的特殊群体,成长、成才的欲望非常强烈,但心理发展尚未完全成熟,经济和社会的发展、生活环境的变化、成长过程中遇到的问题、求职择业的激烈竞争、涉及大学生切身利益的各项改革措施的实施等,使大学生成为当前我国社会的高压力群体。部分大学生心理压力过大,缺乏正确应对挫折的能力和保持心理健康的方法,更有甚者,一遭遇挫折就出现精神崩溃和行为失常的表现,这就要求大学生必须加强心理健康素养和人格塑造。

📌 学习目标

【知识目标】
1. 了解大学生压力及挫折的主要来源;
2. 了解压力与挫折对人生的意义。

【能力目标】
1. 能够理解压力和挫折;
2. 能够正确管理压力和应对挫折。

【课程思政】
1. 坚持吃苦耐劳的精神,积极应对生活中的困难和压力;
2. 培养坚强意志,提高自己的应挫能力。

第一节 认识压力和挫折

> 课前思考:
> (1) 回忆自己压力特别大时,自己当时是怎么做的?
> (2) 自己有没有遇到压力,反而激发了动力的例子?做什么事情能让自己觉得很愉快?

 案例导入

阿甘出生在美国亚拉巴马州一个闭塞的小镇,先天弱智,智商只有75,而他的妈妈性格坚强，想让儿子和其他正常人一样生活，自强不息。上帝也并没有遗弃阿甘，不仅赐予他一双疾步如飞的"飞毛腿"，还赐给了他一个单纯正直、不存半点邪念的头脑。在上学的校车里，阿甘与金发小女孩珍妮相遇。从此，在妈妈和珍妮的爱护下，阿甘开始了他一生不停地奔跑。中学时，阿甘为了躲避同学的追打而跑进了一所学校的橄榄球场，就这样跑进了大学。在大学里，他被破格录取，并成了橄榄球巨星，受到了肯尼迪总统的接见。

大学毕业后，阿甘应征参加了越南战争。在一次战斗中，他所在的部队中了埋伏，一声撤退令下，他的飞毛腿救了他一命。

战争结束后，阿甘因负伤救了战友成为英雄，受到了约翰逊总统的接见。在一次反战集会上，阿甘又遇见了珍妮，而珍妮已经堕落，过着放荡的生活。阿甘一直爱着珍妮，但珍妮却不爱他。两人匆匆相遇又匆匆分手。作为乒乓外交的使者，阿甘到中国参加乒乓球比赛，并为中美建交立了功。他教"猫王"埃尔维斯·普莱斯里学跳舞；帮约翰·列侬创作歌曲；在风起云涌的民权运动中，瓦解了一场一触即发的大规模种族冲突。

"傻人有傻福"，阿甘还阴差阳错地发了大财，成了百万富翁。但他不愿为名利所累，做了一名园丁。阿甘时常思念珍妮，终于有一天，珍妮回来了，之后又悄然离去。

三年以后，阿甘又一次见到了珍妮，还有一个小男孩，那是他的儿子。这时的珍妮已经得了不治之症，阿甘同珍妮和儿子一起回到了家乡，度过了一段幸福的时光。

人生在世，不如意事十之八九，谁都会遇到各种各样的困难、失败、打击、挫折、压力。适度的挫折与压力对人的成长起着积极作用，能帮助人们消除懦弱，培养坚强意志，使人奋发上进。

一、认识压力

（一）什么是心理压力

心理压力是个体在生活适应过程中的一种身心紧张状态，源于环境要求与自身应对能力的不平衡，这种紧张状态倾向于通过非特异的心理和生理反应表现出来。关于压力，每个人都有切身的体会。压力也是现代社会最普遍的一种情绪体验，它存在于社会生活的方方面面。但是，对于压力概念的理解却存在许多不同的观点。美国心理学家卡普兰（1975年）认为，压力是对个人产生威胁的工作和环境特征的总和。这个概念强调了构成压力的外在刺激和事件。加拿大心理学家谢尔耶（1936年）认为，压力就是对外在要求的非特异性反应。这种反应有多种形式，包括直接的生理反射性反应，如行为和身体健康方面的慢性变化等。后来有研究者从刺激和反应的交互作用角度对压力进行了综合分析。认为压力是环境刺激（压力源）与个人反应（精神紧张状态）之间相互作用的结果。这也是目前学术界对压力较为普遍的看法。

从心理学角度来看，人们因为一些已经发生或即将发生、存在或虚幻的威胁性事件而产生了精神困扰，而压力就是这些困扰使得人的精神思想和行为语言受到了一定影响的情绪情感体验。它包含着三个方面的含义：压力是一种心理体验；压力形成于人对威胁性事件或情境的反应；压力表现为认知、情绪、行为的有机结合。由此可见，当人为了顺应社会环境的要求或者感受到威胁性的生活事件时，个体就会体验到压力，其整体平衡状被打破，并且伴随有生理、心理和行为上的相应变化。

压力源主要有以下三种。

(1) 生物性压力源。躯体创伤或疾病、饥饿、性剥夺、睡眠剥夺、噪声、气温变化。

(2) 精神性压力源。错误的认知结构、个体不良经验、道德冲突、不良个性心理特点。

(3) 社会环境性压力源。纯社会的压力；由自身状况造成的人际适应问题。

心理学家格拉斯通提出了会给我们带来明显压力感受的九种类型的生活变化。

(1) 就任新职、就读新的学校、搬迁新居等。

(2) 恋爱或失恋，结婚或离婚等。

(3) 生病或身体不适等。

(4) 怀孕生子，初为人父母。

(5) 更换工作或失业。

(6) 进入青春期。

(7) 进入更年期。

(8) 亲友死亡。

(9) 步入老年。

此外，家庭、工作与环境状况之间的关系、所从事工作的性质等，也是能造成心理压力的情境。

(二) 压力的种类

(1) 一般单一性生活压力（其后效不完全是负面的）。

(2) 叠加性压力（同时叠加压力、继时叠加压力）。

(3) 破坏性压力。可以造成创伤后应激障碍(PTSD)和灾难综合征(DS)（惊吓期、恢复期、康复期三个阶段）。

(三) 压力适应的三个阶段

1956年，谢尔耶医生通过对动物做实验，发现动物会有生理应激反应的先兆，甚至可能导致胃溃疡，并可能引发死亡。谢尔耶由此提出了适应综合征的三个阶段。

(1) 警戒反应阶段。当威胁或压力第一次出现时，人体在短时间内会产生一个低于正常水平的抗拒，从而使人肠胃失调、血压升高，然后人体会做出自我调节。如果防御性反应有效，警戒就会消退，人体回复到正常状态。大多数短期的应激都会在此阶段得到解决。

(2) 抗拒反应阶段。如果有机体不能控制外界因素的作用或由于第一阶段的反应没能排除危机，而使应激仍然持续，人体则需要全身性动员。最后以抗拒的减少而告终，并出现更为严重的身体症状，如溃疡、动脉粥样硬化，而这些身体症状也可随着压力的减小而减弱。

(3) 衰竭阶段。若压力非常大，人体便会进一步耗尽已经储存的能量，同时抗拒也会一起衰弱，人就可能面临死亡。

(四) 压力的产生及特点

心理压力的产生原因是复杂的，每一个人的压力都有所不同。但总体说来，可以将引起压力的原因归为四类：生活事件、心理挫折、心理冲突和不合理的认知。

1. 生活事件

心理压力是人类生活中一种必然的存在，各种各样的生活事件都能引起不同程度的心理压力。从大的方面说，战争、地震、水灾、火灾等灾害，都会给人们带来沉重的心理压力和负担。从小的方面讲，面临一次考试或考核，自己生病或亲友生病，也会给我们正常的生活带来意外的冲击和干扰，成为我们心理压力的来源。

2. 心理挫折

谁没有过成功的喜悦，谁没有过失败的痛苦？正是成功的喜悦，加上失败的痛苦，构成了实实在在的人生。失败和挫折总是难免的，想得到的得不到，不想失去的却偏又失去，世上的事就是这样，经常难如人愿。

3. 心理冲突

世界是复杂的，每个人所经受的挫折也是多种多样的。有的人是因为无法拥有自己认为重要的东西；有的人是因为失去了自己认为很重要的东西；还有的人是因为自己的需要受到外在因素的阻碍而无法实现。种种挫折都给我们造成了心理压力。

挫折的形成有客观原因，也有主观原因。客观上，重要的生活事件（如考试失败、失业等），用来约束我们行为的道德、法律规范和风俗习惯等，都能导致挫折感的形成。主观上，需求机动的冲突、个体心理素质以及人的个性心理品质等都是挫折产生的影响因素，其中，最重要的主观因素是个体内在的欲求水平。

4. 不合理的认知

心理学研究表明，一个人对成功与失败的体验，包括对挫折的体验，不仅依赖于某种客观的标准，而且更多地依赖于个体内在的欲求水准。任何远离这一欲求水准的活动，都可能产生成功或失败的体验。在现实生活中，这一事实体现为取得相同的成绩，不同的人会有不同的反应。例如，考试得了80分，对于60分万岁的人来说，已经是很大的成功了；但是，对于平时都是以90分为目标的人来说，则属于失败，会产生挫折的体验。

 知识拓展　　　　　　　　　**放松心理压力的食物**

食物不但能满足我们的生理需求，让身体得到能量，也可以帮助我们放松心理压力，调整不良情绪。下面就来看一下，帮助我们放松心理压力、调整不良情绪的食物有哪些？

（1）香蕉。香蕉是色氨酸（一种必需的氨基酸，是天然安眠药）和维生素 B6 的良好来源，帮助大脑制造血清素。香蕉含的生物碱也可以调节情绪和提高信心。

（2）葡萄柚。葡萄柚含有丰富的维生素 C，在制造多巴胺时，维生素 C 是重要成分之一。多巴胺是一种神经传导物质，用来帮助细胞传送脉冲讯息；多巴胺会影响大脑的运作，传达开心的情绪，恋爱中男女的幸福感，与脑里产生大量多巴胺的作用有关。

（3）蔬果。叶酸存在于多种蔬果中，含量较丰富的有芦笋、菠菜、柑橘类、番茄、豆类等，当叶酸的摄取量不足时，会导致脑中的血清素减少，易引起情绪问题，包括失眠、忧郁、焦虑、紧张等。叶酸还能促进骨髓中的幼细胞发育成熟，形成正常形态的红细胞，避免贫血；妇女怀孕期间缺乏叶酸，会影响胎儿神经系统的发育。

(4) 全麦面包。碳水化合物有助于增加血清素,睡前2小时吃点富含碳水化合物的食物,如蜂蜜全麦吐司,有安眠药的助眠效果,但没有像药物产生依赖性的副作用,不会上瘾。

(5) 深海鱼类。根据哈佛大学的研究报告,鱼油中的Omega-3脂肪酸,与抗忧郁成分有类似作用,可以调节神经传导,增加血清素的分泌量。血清素是一种大脑神经传递物质,与情绪调节有关,如果血清素功能不足、分泌量不够或作用不良时,会有忧郁的现象发生,因此,血清素是制造幸福感的重要来源之一。

二、认识挫折

(一) 挫折的含义

挫折是指人类个体在从事有目的的活动过程中,指向目标的行为受到阻碍或干扰,致使其目标不能实现,需要无法满足时所产生的情绪状态。心理学上是指个体有目的的行为受到阻碍而产生的情绪反应。

挫折包括三个方面的含义。

(1) 挫折情境。人们在有目的的活动中所遇到的内外障碍或干扰的情境。构成刺激情境的可能是人或物,也可能是各种自然、社会、环境因素。如考试失利、失恋、失业、地震、台风等。

(2) 挫折认知。对挫折情境的知觉认识和评价。挫折情境是否构成挫折心理,往往取决于挫折认知。例如,有人看见别人在一起讨论,由于没有邀请他一起讨论,于是他就怀疑别人并不是在讨论问题,而是在议论他,因此对别人产生了强烈的不满情绪。

(3) 挫折反应。个体在挫折情境下所产生的烦恼、困惑、焦虑、愤怒等负面情绪交织而成的内心感受,即挫折感。如果在实现目标的过程中碰到了困难、遇到了障碍,就容易产生挫折,挫折会表现成各种各样的行为,心理、生理上都会有反应。遭受严重挫折后,个人会在情绪上表现抑郁、消极、愤懑;在生理上会出现血压升高、心跳加快,导致胃溃疡、胃穿孔等。

总之,个人的挫折会产生反常行为。

在实现目标的过程中产生的挫折可以表现为以下几种情况。

(1) 改变方法、绕过障碍物、另择一条路径,实现目标。

(2) 无法从困难逾越,修改目标,改变行为的方向。

(3) 在障碍面前无路可走,不能实现目标,人们会产生严重挫折感。

可以这样认为,一个人的欲求水平和主观态度,是能否产生挫折的最重要原因。我国有句俗话"知足者常乐",就是鼓励人们降低欲求水平,以减少挫折感,减少压力。

一般来说,挫折情境越严重,挫折反应就越强烈;反之,挫折反应就轻微。但是,只有当挫折情境被主体所感知时,才会在个体心理上产生挫折反应。如果出现了挫折情境,而个体没有意识到,或者虽然意识到了但并不认为很严重,那么,个体心理上也不会产生挫折反应,或者只产生轻微的挫折反应。因此,挫折反应的性质、程度主要取决于个体对挫折情境的认知。

挫折反应和感受是形成挫折的重要方面,个体受挫与否,是由当事人对自己的动机、目标与结果之间关系的认识、评价和感受来判断的。对某人构成挫折的情境和事件,而对另一人不一定构成挫折,这就是个体感受的差异。正如巴尔扎克所说:世上的事情永远不是绝对的,结果完全因人而异。苦难对于天才来说是一块垫脚石,对于能干的人是一笔财富,而对于弱者是万丈深渊。

(二)挫折的产生及特点

挫折的产生与以下五个方面有关:①需要和由此产生的动机;②在动机驱使下有目的的行为;③使需要不能获得满足或目标不能实现的内外障碍心理反应;④对心理反应的知觉、认识和评价,也称挫折认知;⑤因受到挫折而产生的情绪和行为反应,称为挫折反应。

在以上五个方面中,挫折认知是产生挫折最重要的因素,因为只有在挫折情境被知觉后人们才会产生挫折感,否则,即使挫折情境实际存在,只要不被知觉,人们也不会有挫折感。所以,挫折感的实质是当事人的一种主观感受,当事人是否有挫折感和挫折反应的强弱,主要取决于当事人对挫折情境以及对自己的动机、目标与结果之间关系的知觉、认识和评价。不同的人,需要和动机的强度、对实现目标的评价标准、对自我的预期以及对挫折的归因等都不尽相同,所以,即使面对同样的挫折情境,不同的人便会产生不同的挫折反应。如同样是考试不及格,有的学生痛不欲生,有的学生懊悔不已,有的学生则不以为然,就是因为他们对考试不及格这一挫折情境的认知不同所造成的。

(三)挫折的种类

关于挫折的类型,有许多种划分方法,一般来说,挫折可分为以下几种。

1. 需要挫折

需要挫折是指因为各种原因而造成行为者的需要无法得到满足时的情绪状态。需要挫折又可以分为需要冲突与需要受挫。前者是指行为者在特定条件下,因若干种需要发生矛盾冲突又未能妥善解决而造成挫折;后者是指行为者认为自己的合理需要被外界条件阻碍不能满足而体验到挫折感。

2. 行为挫折

行为挫折是指行为者在一定动机支配下,并且有了行为的意向,但是因各种条件的影响,行为无法付诸实现时的情绪状态。

3. 目标挫折

目标挫折是指行为者在行为过程中,由于遇到无法克服的障碍,不能达到目标时的情绪状态。目标挫折与行为挫折是有区别的:行为挫折实质是行为意向或行为的准备状态受到了挫折,挫折发生在行为之前;而目标挫折则是行为本身受到了挫折,挫折发生在行为过程中。

4. 丧失挫折

丧失挫折是指行为者自认为本来应是自己之所有,却在一定条件下丧失了的一种情绪状态。需要、行为、目标这三种挫折是行为者自认为应得到而未得到,因而受挫;丧失挫折则是自认不应丢掉的却丢掉了,因而受挫。

(四)挫折的作用

生活中的挫折有正向和负向两个方面的功能。挫折既可使人走向成熟、取得成就,也可能破坏个人的前途,关键在于怎样面对挫折。

1. 挫折的积极作用

挫折的积极作用主要表现在三个方面:①挫折能够增长人的聪明才智。一个人在遭遇挫折后,如果他想要再一次站起来,那他就会去认真总结经验教训,探究导致失败的原因,寻找摆脱困境的办法。正是在这样一个思考、总结、探索、创造的过程中,提高自己的认识、增长自己的才智,使自己变得比以前更加聪明起来。另外,挫折还能使人真正懂得人生的意义而变得更加高尚。心灵大师卡内基在青年会中执教的时候,曾因自己失败的演讲而被解雇,正当他对自己不抱什么信心的时候,他收到了一位名叫伊丽莎白·康妮女士寄来的一封信,正是这封信使他看清了自己,最终找到了发挥自己才智的地方。②挫折可以激发人的进取精神。对于一个有志者来说,挫折往往会唤起他的自信心,激发他的进取心。失败只能说明某一时间、某一地点的情况。许多失败与挫折可能连接着成功,此时的失败与挫折也许正孕育着将来的成功。如果你拒绝了失败与挫折,实际上你也就拒绝了成功。如果你是一个害怕失败与挫折的人,那你就不会成功。成功一定是在失败与挫折中产生的。③挫折还能磨砺人的意志。有的人渴望成功,他们经过一段时间的拼搏,如果遭到一次乃至几次的失败后,便会偃旗息鼓,鸣金收兵。这不是对意志的磨砺,只是弱者的一事无成。"自古英雄多磨难,从来纨绔少伟男。"真正出类拔萃的人,大多是那些历尽艰辛,在挫折中磨炼出坚强意志的人,是在逆境中不懈地奋斗的人。

2. 挫折的消极作用

如果不能有效地对待挫折,挫折就可能导致一个人自信心降低,自我效能感水平下降,长期处于挫折的心境中,就会产生情感和人格障碍,自卑、冷漠、焦虑、恐惧,导致一系列心理疾病。

总之,挫折对造就人才和促进事业的成功有着极大的推动作用。但是,挫折毕竟是人生道路上的逆流,与人生前进的方向背道而驰。所以,不提倡挫折越多越好。正确的态度应该是尽量避免、争取向成功转化。

第二节　大学生常见压力与挫折分析

课前思考:

(1) 长久以来,"压力有害"的观点导致人们对压力厌恶甚至恐慌,进而造成压力管理的失效。你是怎么看待压力的?你觉得压力是不是真的有害?

(2) 你遭遇过怎样的压力,和自身特点有关系吗?对于同样的体验,为什么不同的人有不同的反应?

案例导入

有这样一句话:"当你抱怨没有鞋的时候,还有人没有脚。"而有着这样一个人,他不但没有脚,连双手都没有,但他却拥有两个大学学位,担任着国际公益组织"没有四肢的生命"的总裁,创办了自己的演讲经纪公司,同时投资房地产和股票。骑马、游泳、冲浪打鼓、踢足球,他样样皆能。年仅30岁,他已踏遍世界各地,接触逾百万人,激励和启发着他们的人生。他就是尼克·胡哲。1982年12月4日,胡哲出生于澳大利亚墨尔本。他天生没有四肢,只有左侧臀部以下的位置有一个带着两个脚趾头的"脚"。尽管身体残疾,但父母并没有放弃他。胡哲的父亲是一名工程师、母亲是一名护士。在他6岁时,父亲教他如何用身体仅有的"小鸡脚"打字。而母亲则为他特制了一个塑料装置,好让他学会"握笔"写字。8岁时,胡哲的父母把他送入小学。因身体残疾,胡哲饱受同学的嘲笑和欺侮。10岁时,他曾试图在家中的浴缸溺死自己,但没能成功。

在胡哲19岁的时候,他打电话给学校,推销自己的演讲。被拒绝52次之后,他获得了一个5分钟的演讲机会和50美元的薪水,开始了演讲生涯。2003年,胡哲大学毕业,并获得会计与财务规划双学士学位。2005年,出版DVD"生命更大的目标"。2005年胡哲被提名"澳大利亚年度青年"。2008年,胡哲担任国际公益组织"Life Without Limbs"(没有四肢的生命)总裁及首席执行官。2008年出版DVD"我和世界不一样"。2009年,出版DVD"神采飞扬"。2010年,出版自传式书籍《人生不设限》。2012年,出版书籍《永不止步》。2014年,出版书籍《坚强站立:你能战胜欺凌》。2014年6月,出版书籍《谁都不敢欺负你》。2015年出版书籍《爱情不设限》。尼克·胡哲是澳大利亚第一批进入主流学校的残障儿童,也是高中第一位竞选学生会主席的残障者,创设"没有四肢的生命"非营利组织,在五大洲超过25个国家举办1500多场演讲。

在大学生的学校生活中压力与挫折并存,鉴于挫折情境在本质上属于一种负面压力源,因此在下面的叙述中将两者结合起来进行分析。

一、大学生常见的心理压力与挫折

大学生的心理压力主要表现为学业压力、人际压力、就业压力、生活压力、恋爱问题、经济压力等方面,所遭受的挫折也与这些压力相关。

1. 学习压力与挫折

我国高等职业教育学制短,实践课时要占很大比例,与传统教育模式相比,理论课时相对较少,部分学习基础薄弱的大学生抱怨教师授课速度快,教学内容跨度较大,对掌握理论知识感到吃力,绝大部分大学生对实践教学类、技能提高类课程感兴趣,而往往实践实习条件又有限制,学习的愿望得不到满足,由此感觉理论与实践有脱节现象,久而久之对基本理论和发展能力类的课程感到没有实际用途,部分大学生感到学习压力重。另外,部分大学生盲目追求职业技能证书、计算机等级证书、外语等级证书等,认为越多越好,多处缴费报名赶考。由于学习方法或学习能力与美好愿望之间存在差距,有人屡考不中,备受挫折。

大学生应该意识到,高等职业教育的培养目标使它在人才培养模式上与其他普通高校不一样,高职主要培养应用型、技能型高级人才,强调"实用""适用",理论知识强调"必需、够用",因此课堂知识的扩充主要靠自己。如果单纯满足于教师课堂传授的知识,就很可能陷入"一知半解"的境地。必要的专业等级证书是大学生就业时重要的筹码,但是考试要根据自己的实力与需要而定,不可盲目追求。

2. 交往压力与挫折

马斯洛认为,人有五种基本需要,即生理需要、安全需要、归属和爱的需要、尊重的需要和自我实现的需要。良好的人际交往对满足人的基本需要具有积极的作用。人际交往具有双重性,当人际交往和谐、有效时,它给人以愉快、满足、成功、光明,而当人际交往失调、受挫时,它给人以烦恼、失望、痛苦、阴影。人际关系不适的问题给大学生造成了很大的心理压力。一方面,大学里人际交往范围增大,不同的生活习惯、不同的个人爱好、不同的性格等使人际关系变得更为复杂,容易在心理上因不善沟通产生压力。大学生的人际交往日趋社会化、复杂化,但大学生的生活习惯和思想观念又越来越个性化。在人际交往过程中,他们常常因不能克制自己、不懂得尊重别人而产生摩擦,而且因为过于理想化,在发生人际矛盾时,他们容易产生怀疑他人、怀疑自己的心理。同时,由于缺乏处理人际交往摩擦的经验,很多大学生在出现与他人的矛盾后未能及时有效地处理,造成人际关系紧张,形成强烈的挫折感。另一方面,由于社会的原因,部分高职大学生自认为没有考上"理想的大学",在别人眼里"会不会低人一等",由此把自己封闭起来,不愿意交往或在交往过程中存在自卑心理。

3. 经济压力与挫折

伴随着全国高校大规模扩招和收费并轨制实施的步伐加快,大学校园里涌现出越来越多因高昂的教育费而使整个家庭背上沉重负担的贫困生。学费成了一笔不小的家庭负担,那些家庭经济收入低微或有特殊情况的大学生更是雪上加霜,他们因为经济原因而存在心理上的巨大落差。同处一个寝室,那些家庭经济困难的大学生,在与他人的比较中容易产生自卑心理。对大多数家庭来说,支付高昂的教育费用确实有些困难,致使来自这些家庭的大学生在校学习期间背负很重的思想包袱,认为自己对父母索取过多,对为了支持自己上学而辍学打工的兄弟、姐妹亏欠太多。同时,由于没有自立,因此很多生活消费他们不能承担,对物质的欲望和现实经济条件之间的冲突也在一定的程度上造成了他们的心理挫折。

目前,我国高校困难大学生占大学生总数的10%～20%,虽然学校采取了"奖、贷、勤、免、补"等各种措施解决困难大学生的就学问题,但大学生又为还贷能力和自卑心理所困扰,产生很重的心理负担。由此,许多大学生用更刻苦的学习来抗衡这种生活的压力,而这同时又加重了学习压力。

4. 性与爱的压力与挫折

性与爱是青年人不可回避的生活话题。在大学校园里,谈恋爱的大学生比较多,失恋的大学生自然也比较多。性与爱的挫折和压力主要表现为失恋、单恋、意外怀孕等。失恋给大学生的心理造成了很大压力,在有的人看来甚至可以算是重大人生挫折,很多失恋的大学生都有强烈的情绪反应,如焦虑、抑郁、冷漠,对任何事情都不感兴趣。他们无心学习,痛苦不堪。有的因此得了神经症,如焦虑症、抑郁症、神经衰弱等,有的甚至因失恋而患上了精神分裂症,后果非常严重。大学校园里的很多极端事件往往与大学生失恋密切相关。尽管国家法律并不禁止大学生结婚,但是因为年龄的原因、经济不独立或者感情尚不成熟,高职大学生一般是未婚者,因恋爱中冲动而为的怀孕不仅只是一个意外,由于它在一定时间内必须面对、处理,所以这对当事人形成的压力是巨大的,包括心理压力、生理压力,还有经济压力,特别是女生承受着更多的痛苦。

5. 就业压力与挫折

高职生在与本科生的竞争中,学历方面居于劣势,从市场上招聘的现状分析,目前报考国家公务员的学历要求基本都在本科以上,许多用人单位不要专科学生。加之人才市场的具体运作还不规范,择优用人的就业机制还不健全,存在找工作时的不公平竞争,就业压力成为高职大学生面临的主要压力之一。许多高职生从入学伊始就对毕业就业整日忧心忡忡,甚至得过且过,失去了学习兴趣和方向。一些大学生在找工作时多次遭拒,产生挫折心理、牢骚满腹或悲观失望。

目前这种状况正在发生变化,《2021年中国大学生就业报告》显示,2022届高职院校毕业生半年后就业率约为90.9%,2021届高职院校毕业生半年后就业率为91%,比2020届(84.23%)分别高了6.67和6.77个百分点。高职毕业生就业率和就业质量在连续几年时间里一直呈持续攀升的态势。但是很多大学生由于自己的知识结构不完备、能力不强、与工作相关的社会实践不足,就业求职的压力和挫折依然很大。

二、压力与挫折承受力的影响因素分析

压力与挫折如同人生的双刃剑,它究竟是使你备受伤害,还是使你倍增勇气?受很多因素的影响,前面我们谈到,有的人面对压力和挫折时总是惊慌失措,有的人则常常能镇定自若,这是因为对于压力和挫折的承受能力存在个体差异。影响一个人对压力和挫折的承受能力有多种因素,它不仅包括导致压力和挫折的事件、情境,还包括当事人的自我强度及社会支持度等一些起调节作用的因素。

1. 挫折承受力

挫折承受力是指人们在遇到挫折时,能够忍受和排解挫折的程度,也就是人们适应挫折、抵抗和应对挫折的一种能力。挫折承受力包括挫折耐受力和挫折排解力两个方面。挫折耐受力是指人们受到挫折时经受得起挫折的打击和压力,保持心理和行为正常的能力。挫折排解力是指人们受到挫折后,对挫折进行直接的调整和转变,积极改善挫折情境,解脱挫折状态的能力。挫折的耐受力和排解力是两个既有联系又有区别的概念。两者的联系在于它们都是对挫折的适应能力,共同组成挫折的承受力。耐受力是适应的前一个阶段,是对挫折消极被动地适应,表现为对挫折的负荷能力,为排解力提供基础。排解力是适应的后一个阶段,是对挫折的主动适应,表现为对挫折情境的改造能力,是对耐受力的进一步发展。耐受力是接受现实,能够减轻挫折情绪反应的强度。排解力是改变现状,促使需要的满足和目标的实现。

2. 压力源的性质

人们之所以对压力有不同的反应,首先是因为不同的压力源给予人的压力量是不同的。所谓不同的压力源是指压力的强度、压力的持续时间和压力的可控性的不同。面对强度大、持续时间长而且不可控的压力,人们对于压力的反应就会大一些,有时甚至很难承受以致崩溃。例如,亲人突遇车祸死亡的压力量与室友偶尔打鼾的压力量显然是不同的,当事人因此表现的压力反应自然也会不同。面对重大压力的刺激出现较强烈的反应是正常的,关键不是你有没有压力,而是你有没有面对压力的承受能力和处理策略。

3. 当事人的自我强度

一个人的自我强度影响挫折承受力。面对同样的压力或挫折,为什么人的反应却大不一样呢?这是因为压力虽同而人不同。所谓人不同是指当事人的自我强度不同。人与人之

间是存在个体差异的,有的人性格刚强,有的人性格柔弱;有的人见多识广,有的人孤陋寡闻;有的人历经坎坷不言愁,有的人一帆风顺不知福;有的人自尊自信,有的人自卑自贱;有的人乐观开朗,有的人悲观狭隘等。这些不同的人在面对同样的压力事件或挫折情境时对问题的认知评估、应对技能、自我胜任感都是不同的,而那些性格刚强、见多识广,历经坎坷不言愁、自尊自信、乐观开朗、渴望挑战、喜欢冒险的人由于更有内在的力量,且更具有自我强度,而不易为压力或挫折所击倒。

4. 社会支持系统

每个人都是有局限的,没有谁能一个人解决所有的困难,没有人是永远的"擎天柱"。也就是说社会支持是非常必要的。所谓社会支持是指当我们面临困难或威胁时,在自己的社会关系网络中获得的、来自他人的物质和精神上的帮助与支援。心理学家托尼·安托努茨(Toni Antonucci,1994年)把婚姻关系、与家庭成员的关系、与朋友的关系称为"人生护卫舰"。社会支持系统就像一个缓冲器,它是高职高专大学生面对人生挑战的一个保护层,可以缓解压力情境所产生的伤害,也可以化解压力所造成的压抑后果,这种支持是具体可感的,它在很大的程度上决定着我们内心的安全感。一个完备的支持系统包括家人、亲友、同学、同事、邻里、老师、合作伙伴等,当然,还应当包括由陌生人组成的各种社会服务机构。每一种系统都承担着不同的功能:亲人给我们物质和精神上的帮助,朋友较多地承担着情感支持,而同事及合作伙伴则与我们进行业务交流。近年来,越来越多的研究显示,亲密的可信任的亲情和友情关系,是压力有效的缓冲器。总之,正是由于这个社会支持系统给予了各种我们所需要的工具性支持与情感性支持,使我们在困难的重压之下倒不下去,撑了过来。而有的人就因为没有这样的支持系统,或者是由于特殊的历史条件使他们得不到应有的支持而倒在压力之下。如果平时就注意建立具有积极意义的社会支持系统,学习一点应对压力的策略,在面对压力的时候能抱着一种健康的心态,那么压力或许就是促使你尽快成长的推进器。

三、大学生压力的反应特点

1. 压力有可能是真实的,也有可能是想象的

对于大学生来说,他们的压力有些是客观存在的,如生病、自然灾害、同学之间的冲突、社会文化差异等。还有些是他们想象的压力源。这主要是由于每个人的经历不同,对客观事件的评估也不一样,所以引发的压力感不同。在多数情况下,他们会对目前自己所处的情境进行合理判断。如果受到不合理信念的影响,判断评估的时候就会扭曲现实,进行不符合逻辑的判断,误读了信息的意义,就容易因为想象的威胁感而产生过大压力。如有些学生由于以前与同学交往失败的经验,就假想现在的同学也会难以相处,产生莫名的焦虑和压力。

2. 压力反应既有生理反应,又有心理反应

当人们面对较大压力时会产生一系列生理反应,主要表现在植物性神经系统和免疫系统方面,如呼吸急促、心跳加速、血压升高、头晕、头痛等。

除了生理反应,压力还会引起一些负面情绪和消极行为。如焦虑、情绪低落、攻击性增强、悲伤、失眠、暴饮暴食、缺乏安全感,严重的甚至出现逃避、退缩和抑郁等。突发性的巨大压力可能会出现应激性压力症候。

3. 压力体验既有暂时体验，也有长期体验

有些压力是暂时性的，随着压力的消失，压力体验也会结束，例如考试压力，考试过后就会感到轻松；有些压力是长期存在的，如生活环境的改变和学业等。有研究表明，压力是会积累的，随着压力越来越大、存在的时间越来越长，个体也会处于能量不足的状态，身心健康会受到影响。

四、压力与挫折对大学生的影响

（一）压力和挫折的积极影响

1. 激励人拼搏进取、自强不息

生命是一连串克服压力的过程。为维持正常的状态，人们需要一个最低水平的刺激输入。生活中如果没有足够的压力引发生理激活状态，人就会倦怠，生理和心理都无法正常地成长。塞尔耶说：完全脱离压力等于死亡。适度的压力是一种挑战，使人警觉性提高、反应加快、注意力集中、思维敏捷、工作效率提高、发挥更大潜能。个体的一生发展在每个阶段都需要应对新的要求。因此，没有压力，就没有成长。人的成长和发展就是不断适应环境压力的过程。

挫折可以驱走惰性，使人进步，催人奋进。培根曾说过："超越自然的奇迹多是在对逆境的征服中出现的。"对于有志向的大学生，挫折可以唤起他的斗志，激发他的进取心。

2. 磨炼意志和毅力

"宝剑锋从磨砺出，梅花香自苦寒来"。坚强的意志和优秀的品格不是天然成就的，而是生活的磨炼造就的。承受压力的过程也是人的能力和心智接受磨炼和考验的过程。从某种意义上说，经过压力和挫折的磨难会使人开阔眼界、增长智慧、增强勇气和信心。

3. 提升能力和智慧

压力和挫折可以丰富学生的阅历，促进大学生坚强、成熟，使大学生学会独立思考、独立面对现实生活，提高分析问题、解决问题的能力。为了战胜困难，总要自我反省，探究失败的原因，认真总结经验教训，寻找摆脱困境的最佳途径。因此，压力和挫折可以使人学会反省、思考和创新，不断提升自我认知并增长才智。

（二）压力和挫折的消极影响

1. 降低学习效率

学习是一种复杂的心理活动。学习效率除受个体智力水平的制约外，还与学习者的情绪状态、自信心等因素密切相关。有些大学生在经受压力和挫折后，一方面，自信心会降低，出现自卑无能的感觉；另一方面，情绪状态长期处于焦虑不安中，使原有的学习能力受到影响，从而极大地降低了学习效率。

2. 损害身心健康

大量的研究表明，长期强烈的、超过人自身调节和控制能力的压力会导致人心理、生理功能的紊乱。因此，长期的压力会危及人的心理健康。近年来，抑郁症的发病率较高，就是过大的压力导致的。有些大学生在受挫后心态受到了严重影响,长时间处在痛苦之中,使身心一直处在一种紧张、压抑或焦虑不安的状态。这种消极的心理如果延续很长时间得不到释放,就可能成为精神疾病的发病诱因,有时还会导致身体上的疾病。

3. 导致性格与行为的偏差

有些大学生面对巨大压力或重大挫折无法做出相应的调整时,往往会使某些行为反应变成相应的习惯模式或个性特征。例如,一个原本热情开朗的人,会因为在人际交往中屡屡受挫而变得孤僻内向;一个对爱情有着美好憧憬的人,会因为失恋而变得心灰意冷,甚至害怕异性。同时,由于受挫的大学生处在应激状态下,表现出感情易冲动,自控能力较差,不能正确认识自己的行为及后果,可能会做出既损害他人又对自己不利的行为,甚至走上犯罪的道路。

第三节 压力管理与挫折应对

> 课前思考:
> (1)面对不可避免的压力,你是如何应对的?有没有一套已被检验行之有效的方法,试着整理出来。
> (2)如何培养自己的挫折承受能力?怎样将威胁转化成挑战,把人生变成一场打怪升级的冒险游戏?

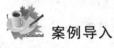

案例导入

一头驴子掉进了一口枯井里,它哀怜地叫喊求救,期待主人把它救出来,驴子的主人召集了数位亲邻出谋划策,还是想不出好的办法搭救驴子,大家最终认定,反正驴子已经老了,况且这口枯井早晚也是要填上的,于是人们拿起铲子,开始填井……当第一铲泥落到枯井里时,驴子叫得更恐怖了,它显然明白了主人的意图。当又一铲泥土落到枯井中,驴子出乎意料地安静了,人们发现,此后每一铲泥土落到它背上的时候,它都抖落身上的泥土,踩在脚下,把自己垫高一点儿,人们不断地把泥土往枯井里铲,驴子也就不停地抖身上的土,使自己再升高一点儿。就这样,驴子慢慢地升到了枯井口,在旁人惊奇的目光中,驴子潇洒地走出了枯井。

就如驴子的情况一样,在生命的旅程中,有时候难免会陷入"枯井"里,会有各式各样的"泥沙"倾倒在我们身上,而想要从这些"枯井"里脱困,秘诀就是将"泥沙"抖落掉,然后站到上面去!

一、逆商

(一)什么是逆商

每个人在生活中都会不同程度地受到各种挫折,人们在受挫折后恢复的能力却各不相同,有些人弹性十足,有些人受挫后一蹶不振,而大多数人则介于两者之间。保罗·斯托茨在 20 世纪 90 年代中期率先提出了逆境商数(adversity quotient, AQ),逆商是人们面对逆境,在逆境中的成长能力的商数,用来测量每个人面对逆境时的应变和适应能力的大小。

（二）衡量逆商的指标

1. 控制

所谓控制，是指你在多大程度上能控制局势。斯托茨认为，我们的控制能力来自我们的控制感，高 AQ 者的控制感高，低 AQ 者的控制感低。即便面临重大的挫折，控制感高的人仍然相信自己能控制局势。当别人都以为"大势已去"的时候，控制感高的人总能透过种种消极因素看到积极的、自己可以做主的地方，而决不言放弃。但控制感低的人在还掌握着很多资源的时候，就很容易觉得"大势已去"了。

2. 归因

挫折发生了，我们要分析挫折发生的原因，这就是归因。低 AQ 的人倾向于消极归因，要么他们是外部归因，将挫折归因为他人、环境等外部因素，而认为自己没有一丁点责任；要么他们是消极自我归因，认为自己应为挫折负责，但同时认为局势已不可扭转，而很容易产生被伤害感和无助感。相反，高 AQ 的人首先会主动承担责任，无论什么情况下都倾向于认为自己应该为挫折负责。同时，他们会进行积极归因，即相信自己一定能改善局面。高 AQ 的人会有这样的积极负责感：我认为我应该为改善这一局面而负责。

3. 延伸

所谓延伸，是指你会不会自动将一个挫折的恶果延伸到其他方面。高 AQ 的人，很少泛化，他们将挫折的恶果控制在特定范围。他们知道，一个挫折事件只是一个挫折事件。相反，低 AQ 的人，遭遇到一个挫折事件，很容易产生"天塌下来了"的感觉，从而觉得一切都糟糕透了。这样一来，挫折事件就像瘟疫一样蔓延到他的生活和工作的方方面面，让他因为一个挫折而否定自己的一切。

4. 耐力

这里所说的耐力并不是盲目地忍受。有些人之所以将忍受当作自己的人生哲学，只是因为惧怕得罪别人。这种忍耐力并不值得提倡。高度的耐力是高 AQ 人的最明显的特征，他们会把逆境以及造成逆境的原因看成是暂时的。这种态度将使自己的精力更加旺盛，更善于保持乐观主义精神，加强采取行动的可能性。他们的耐力是基于希望和乐观主义之上的。爱迪生为发明电池经历了 17000 次失败，他这种惊人的耐力与他对电池的了解是密切相关的；相反，低 AQ 的人即便在非常有利的时候，也会看到消极的地方，并由此产生过分的担忧，最终产生"怎么做都没有用"的想法，于是很容易放弃。

二、战胜挫折

战胜挫折，社会、学校等外界环境是重要的。但是，在众多的挫折中，许多是大学生自己主观因素导致，要真正战胜挫折，更主要的是依靠受挫的大学生自己进行自我调适。

（一）全面正确认识挫折

正确认识挫折，是大学生战胜挫折的先导和前提。从我国大学生的现状来看，大学生对挫折认识与态度上的偏差普遍存在。因此，要战胜挫折，大学生首先要克服以下这些对挫折的错误认识。

1. 主观性

要正确认识事物,需要主观与客观、认识与实践相统一起来。然而,在现实活动中,常常发生主观与客观、认识与实践相分离的情况,从而导致错误认识。这种情况在一些受挫的大学生身上有时表现得十分明显。一方面,他们初涉社会,难以分析、把握和评价复杂社会现象;另一方面,他们内心处于青年期特有的一系列心理变化与矛盾之中,因而他们遭受挫折以后,往往不能对挫折进行客观分析,以主观判断和评价面对挫折,从而得出不符事实的消极结论,加重挫折感。一名大学生这样描述他上大学的挫折感:"刚接到入学通知书时,几个晚上都不能安静,在自己的心底把大学的生活做了美好的安排。可是进来没有一个月,这些梦就被打破了,现实使我难受……"在这名大学生头脑中,他主观想象出的大学生活应该是丰富多彩、充满快乐的,大学学习应该是轻松愉快、人际环境温暖和谐,青春应该伴着鲜花和太阳,奏着优美旋律的,他在思想上对大学生活甚至连感性认识都没有,对挫折毫无准备。因而当他置身大学环境中,面对学习、生活、人际关系等各方面的压力时,只能主观地把现实置于理想的背景上,其结果,只能是深深的挫折感。

2. 片面性

不少大学生遭受挫折与他们认识上的片面有直接的关系。在现实生活中,一些大学生若在某件事情上失败了,就认为自己"没用",是一个失败者、弱者;碰到一点不幸,就觉得自己"命运不济""前途渺茫"。某一次考试不理想,就认为自己头脑笨,不是读书的材料,将来肯定不会有什么大的前途;某个同学对自己不友好,就觉得自己人缘太差,缺乏交际能力;一次失恋,就断定自己不讨人喜欢,对异性没有吸引力等。这种以一两件事来评价自己,评价自身价值的认知,其结果往往会引起强烈的挫折反应,导致自责、自卑、自弃心理,产生焦虑和抑郁情绪,容易走上自我否定、悲观失望的狭路。

3. 夸大性

由于缺乏社会经验和挫折经历,现实生活中,一些高职的大学生往往夸大挫折及对个体的影响,把小事无限夸大,甚至夸大到不可收拾的地步。在高校发生的一些大学生自杀行为,相当大的一部分与当事人认识上的这种错误的思想方法有关。

(二)善于调节自我抱负水平

在现实生活中,不少大学生在学习等方面的挫折都与自我抱负水平的确立不当有关。

因此,大学生必须学会根据自己的实际能力正确设定生活的目标,调整自我抱负水平,并在前进中及时调整自己的目标。如果在目标实施过程中,发现自己设定的目标不切实际,前进受阻,就要及时调整目标,以便继续前进。对那些远大目标,要把它分解成中期、近期和当前目标。这样,就可以在成功中体验到愉快和满足,逐步提高自信心,又能在失败、挫折后不断总结经验教训,最终战胜挫折,取得最后的成功。必须指出的是,大学生在确立自我抱负水平时,应注意把自己的目标与社会的客观环境条件、社会利益等因素综合加以考虑,这样才能有助于自身发展,做出更有益于社会的成就。

(三)确立合理的自我归因

在生活中,人们对行为的成功与失败进行归因是一件很平常的事,然而,在这一过程中形成的归因倾向则对人的心理承受力有很大的影响。心理学家的研究表明,在归因中,有些人倾向于情境归因,认为外部复杂且难以预料的力量是主宰行为的原因。例如,一个学生认为自己成绩不好主要是由于教师教学水平或是考卷难度太大等方面。有些人倾向于本性归因,即认为自身的努力、能力是影响事情的发展与行为结果的主要原因。例如,一个学生认为自己成绩不好是由于学习不够努力造成的。一般来说,进行本性归因的学生对自己的行为与学习有更多的自我责任定向与积极态度;但是从对失败的归因方面来看,由于他们倾向于把原因归于主观因素,就容易自我埋怨、自我责备。如果这种自责、悔恨过多,就会给他们带来挫折感和心理损伤。因此,大学生首先要学会多方面收集关于事件的信息,了解困难的原因所在;其次要学会合理的归因,避免归因的片面性,学会实事求是地承担责任,克服过分承担或完全推诿责任的倾向,避免过多自责带来的挫折感;再次要积极采取措施主动改变挫折情境因素,从而有效应对挫折。例如,在学习过程中发现最近学习效率不高,通过原因分析,在解决内在问题的同时,可以尝试改变学习地点、学习时间,或改变学习科目的顺序、学习结构等,从而避免学习效率不高给自己带来的压力和困扰。

(四) 正确认识自我和评价自我

由于当代的大学生大多没有经历过艰苦生活的磨炼,社会阅历不够丰富,他们往往对自我的认识与评价不到位,要么高估,要么低估。他们一般有着强烈的成就动机,总想出人头地、大展宏图,因而对自己的目标定位过高。但是,社会环境总是非常复杂的,面对激烈的竞争压力,大学生却又缺乏迎接挫折与困难的心理准备,常常在挫折面前又表现得信心不足而迷惘无措,情感表现得敏感、脆弱。因此,大学生必须正确认识自我和评价自我。

正确地认识自我和评价自我,首先是指大学生应根据自己的学习要求、成长要求,恰当地分析自身的长处和不足,对自己的不足要有充分的理解,这样才能扬长避短、取长补短,实现自我价值。其次,要根据外部条件和内在条件的变化及时调整自己的期望水平、抱负水平,避免一些无谓的"碰壁""撞墙"。

(五) 构建成熟的心理防卫机制

心理防卫机制是挫折发生后人在内部心理活动中所具备的有意或无意地摆脱挫折造成的心理压力、减小精神痛苦、维护正常情绪、平衡心理的种种自我保护方式。心理防卫机制的意义有积极和消极之分,其积极的意义在于能够使主体在遭受困难与挫折后减轻或免除精神压力、恢复心理平衡,甚至激发主体的主观能动性,激励主体以顽强的毅力克服困难、战胜挫折,其消极的意义在于使主体可能因压力的缓解而自足,或出现退缩甚至恐惧而导致心理疾病。

受挫后的心理防卫机制有很多,但有利于大学生成长的积极的心理机制表现为以下几个方面:升华、补偿、文饰、幽默等。升华的心理防卫机制能够使大学生在遭遇挫折后,把内心痛苦化为一种动力,转而投入有益的生活学习中,这无疑是人们在挫折后的最佳应用。补偿、文饰、幽默等心理防卫机制能使大学生获得平衡心理,保持自尊,减轻内心的痛苦和焦虑,因而也不失为受挫后较理想的心理防卫方式。另外,合理的情绪宣泄也是缓解大学生受挫后心理紧张和焦虑,保持其身心健康的有效机制。总之,构建成熟的心理防卫机制,不仅有助于大学生提高自身的心理健康水平,也有助于大学生自信心的培养与意志力的磨炼。

三、管好压力、激发动力

压力是对外界环境的反应,压力其实无所不在。

这里需要从压力与焦虑感在人类进化中的重要作用方面来解释。压力与焦虑感,在人类进化中的重要的作用,可以用警报、动员、行动来描述。

朋辈心理微课:
拥抱压力

(一)压力反应的生理过程

首先是出现一个压力点、一个压力事件,例如一个挫折、一场失败;有的时候却是一个很重大的任务或机会,如拿到一个高薪工作的机会、一次重要的升职,决定一个企业生死存亡的投资等。

遇到这样的状况,人的压力这个感觉就激活了,大脑皮层里的杏仁核,也就是脑子里主管情感、生存本能、记忆、有关存亡的这些重要功能的一个区域,就会产生、分泌压力荷尔蒙(cortisol,中文可以翻译成氧化可的松),也就是我们的肾上腺所分泌的皮质醇。皮质醇会起到提高血压、血糖水平和抑制免疫的作用,然后人类身体就开始反应和行动。

那有了这些身体内部的反应,人的外在表现会如何呢?

发展心理学很早就认识到,对于压力、焦虑、压力性的事件,人类的本能反应是一打、二逃。这个很容易理解,在原始丛林里,遇到兔子就应该打,遇到老虎就赶紧跑,都是生存需要。

但是现代科学对于压力反应有了进一步的新认识,发现除打、逃之外,其实还有另外两种情况,就是"三傻、四睡"。要么是吓傻了、吓蒙了,要么就闷上心头瞌睡多。也就是说,受到压力荷尔蒙的影响,当事人还会产生或是惊呆了,或是彻底停机的生理与心理的反应。

(二)压力反应的外部表现

压力是人对外界环境时时刻刻的反应。心理学里,有一个理论叫叶杜二氏法则(Yerkes-Dodson law)。早在20世纪初,叶克斯和多德逊在科研中就注意到,一个人的振奋或者是兴奋度,当然也包括焦虑、压力感,与他的工作表现、成绩是有关系的。这两个心理学家注意到,开头的时候,压力越小,人的动力也就越小,也就是说,如果工作非常简单,没有什么挑战,也没有什么太多成果的话,常常没有兴趣、动力、作为;而压力增加,动力也跟着上升,积极性、努力程度也会跟着增加。压力越大,积极性、业绩越大。当然这不是无限的。这条曲线会达到一个钟形,像一个倒扣过来的大钟,在钟的顶部,压力与动力就达到了比例的最佳点。在那之后,压力越大,动力与工作表现就会越差,这个时候,压力对于动力与工作的表现的作用,就是负面的了。

所以,一个人高水平的压力管理,是有能力调整、管理、控制自己的压力,并把它所产生的动力、能量最大化,帮助自己达成更高的人生目标。

(三)有效的压力管理的能力

1. 自我的观察能力

对自己要有所了解,并且能够注意到自己的状况、变化、情绪、工作情况起伏,对自己要有起码的了解,什么样的挑战让自己振奋、什么样的情况下会无法对应,这是压力管理的第一要素。

2. 解决问题的能力

无论你的能力、抱负，是大是小，都必须能动手做事。如果眼高手低、挑肥拣瘦，或者是没有好奇心，不能沉下心来老老实实、脚踏实地地学习技能，那你不可避免地会感到压力山大。

3. 向外求助的能力

压力过大，知道如何表达，并且知道该怎么求援，是压力管理极其重要的一环。很多时候，不管是因为自尊的关系，还是自信心的关系，很多人不能求援，让压力的情况恶化。你要知道，老板也好，同事也好，夫妻也好，都不会看相，不会"读心术"，压力之下的沟通、交流，跟你平时汇报成绩、争取项目时的沟通、交流一样，是技术活。

4. 转移注意和平衡生活的能力

一个基本良好的生活，一定有可以帮助你平衡的人或物。在家庭之外有工作，在工作之外有家庭，缺一不可。朋友、爱好、体育、旅游、烹饪，无论是什么，能够帮助你平衡，就是管理压力很重要的组成部分。

课堂互动

扫描二维码，进行抗挫折能力测试。

你的抗挫折能力怎么样

本 章 小 结

压力和挫折是生活的一部分，具有普遍性和双重性的特点，它与我们的心理健康有着直接的联系，正确认识与处理能够促进健康和成长，反之则令人烦恼丛生，甚至导致疾病。

当代大学生的压力与挫折类型与普通成人相似，但又有其特殊性。大学生心理压力与挫折具有类型化和稳定化的特点。任何事情都有两面性，既有积极的一面，也有消极的一面，压力和挫折也是如此，它们是一把"双刃剑"。对于不那么大的压力、不那么严重的挫折，正确应对也许会给我们带来一些收获。

"人有悲欢离合，月有阴晴圆缺，此事古难全"。人们在日常生活和工作中，并非是一帆风顺的。在人的一生中，只要有追求、有欲望、有需求，就会有失败、有失望、有失落。每个人都享受过成功的喜悦，也品尝过失败的沮丧。挫折和成功一样，是一个人成长和发展不可缺少的。人们不仅要有迎接成功的准备，也要有面对挫折的勇气。大学生成长的道路上总会面临学习、生活、交友、就业等问题需要去面对、去处理，同样不可避免地会遭遇各种各样的压力和挫折。因此，正确认识压力和挫折，提升管理压力和应对挫折的能力，是大学生心理健康的重要内容。

资源链接

扫二维码分享好书和电影。

第十一章
资源链接

第十二章

心理素质拓展
——心若向阳,花自盛开

章节导言

开展大学生心理素质拓展训练可以促进大学生健康成长、优化其心理素质、帮助其全面发展,因此开展训练势在必行。更主要的是,为了弘扬社会主义核心价值观,坚持立德树人、三全育人,以普及心理健康知识为抓手,以构建平安和谐校园为目标,以关爱大学生为出发点和落脚点,以其成长成才为核心,培养和提升大学生"三大能力"(基础能力、专业能力、核心能力),培育大学生自尊自信、理性平和、积极向上的健康心态,促进其心理健康素质与思想道德、科学文化素质的协调发展。本章主要引导大学生体验情绪的变化,培养其人际沟通能力。

学习目标

【知识目标】
1. 了解素质拓展活动的目标和意义;
2. 通过参与活动,了解情绪的变化和人际交往模式。

【能力目标】
1. 通过参与活动,释放压力,体验情绪的变化,识别不良情绪,学会调适情绪;
2. 锻炼团队协作能力,增强团队凝聚力。

【课程思政】
1. 认识成长的社会环境,提高生活适应能力;
2. 关心和尊重他人,体会"己所不欲,勿施于人"的道理,学会换位思考,能够与人为善;
3. 认识个人与集体的关系,关心祖国的发展和命运。

朋辈心理微课:
心若向阳,花自盛开

心理测评

情商包括以下几个方面的内容:认识自身的情绪、能妥善管理自己的情绪、自我激励、认知他人的情绪。扫码测一测你的情商。

知识拓展

扫码了解中国作家张海迪。

国际标准情商测试　　　　中国作家张海迪

课堂活动

活动一　识别情绪——头脑风暴之情绪词汇大比拼

1. 活动目的
了解情绪的基本类型。认识情绪与人们生活的关系及对人们的影响。
2. 活动准备
笔和四张 A4 纸。
3. 活动流程
分成四个小组,让同学们归纳出四种基本情绪类型(喜、怒、哀、惧),并写出表现每种基本情绪类型的词语,越多越好,哪个小组想得多,就谁赢。

活动二　体验和感受情绪——情绪百变大咖秀

1. 活动目的
表演者的面部微表情、肢体语言,能够被人及时察觉,锻炼大学生对情绪的识别能力。
2. 活动准备
卡片数张。
3. 活动流程
(1) 从情绪词汇中选出六种情绪,如惊奇、愤怒、高兴、害怕、悲伤、厌恶,分别写在六张卡片上。
(2) 将写有这些情绪的卡片分别呈现给六名同学,但不能让其他学生看到。
(3) 这六名同学分别进行情绪表演。
(4) 每一次表演完,同学们猜测是什么情绪,给予适当的评价,并谈谈自己的感受。
(5) 思考这一周来自己经常出现过哪种情绪,为什么?

活动三　人际关系之换位思考——取绰号

1. 活动目的
体验同理心。

2. 活动准备

A4纸和笔。

3. 活动流程

（1）全班同学围成一个圆圈，每个人帮自己右边的同学取一个绰号，越毒辣越好，取好之后，必须说"我帮×××同学取绰号×××"，待全部进行完毕之后，则需要将加诸在别人身上的绰号全部收回自己用。

（2）共同讨论分享心得体会：

① 帮别人取绰号时的心情。

② 绰号收回，放在自己身上时的感觉。

活动四　人际关系之团结协作——对推掌

1. 活动目的

通过活动，体会团队的力量，并思考如何建立集体荣誉感和团队凝聚力。

2. 活动场地

一定的活动空间，室内或室外。

3. 活动流程

（1）让学生面对面站立两排，一排为A，一排为B。

（2）让A排学生与B排学生手掌对手掌向自己的前方推，要求双方都尽可能地用力推对方。

（3）告诉A排学生在不提示B排学生的情况下，把力收回。

（4）A排学生与B排学生进行力量对换。

本 章 小 结

本章的心理素质拓展通过情绪词汇的总结和情绪表演的体验，再通过让团队协作的开展活动，希望同学们积极参与每个小活动，乐在其中，去感受情绪、识别情绪和体会人际关系的凝聚力，把这种体会到的心理品质运用到日习、生活和工作当中去，真正做到"心若向阳，花自盛开"。

资源链接

扫二维码分享好书。

第十二章资源链接

第四篇 珍爱生命

第十三章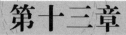

恋爱与性心理调适

章节导言

"关关雎鸠,在河之洲。窈窕淑女,君子好逑。"这是《诗经》中描写爱情的经典话语,表达了青年男子对心仪女子的爱慕、渴求之情。德国著名诗人歌德也在《少年维特之烦恼》中说道:"青年男子谁个不善钟情?妙龄女子谁个不善怀春?这是人性中的至洁至纯,啊,为什么从此中有惨痛飞迸?"可见,古今中外,爱情都是人类永恒的话题。

正值花样年华的高职学生,对爱情充满了向往和憧憬。但是真正的爱情是什么呢?果真如同文学作品、影视作品中的描述吗?随着性生理的成熟和发展,渴望爱情,想谈恋爱已成为高职学生中较为普遍的心理现象。爱情或许在不经意间悄悄生长,如同夏日里的太阳雨,美丽却又有些伤感。如何深刻理解爱情的内涵,正确看待恋爱中的心理问题以及维护性心理健康,是我们高职学生面对爱情这一让人向往的话题时需要解决的问题。希望同学们驻足片刻,共同开启关于"爱与性"的篇章。

学习目标

【知识目标】
1. 掌握爱情的定义和特征;
2. 明确恋爱中的常见问题;
3. 了解性心理困惑的类型。

【能力目标】
1. 能够理解恋爱中的常见问题,学会有效应对和调适;
2. 能够维护自我性心理健康。

【课程思政】
1. 树立正确恋爱观,领悟爱的真谛;
2. 树立科学和健康的性观念,培养健康性心理。

第一节 爱情的内涵

> 课前思考:你认为哪一部影视作品对爱情的刻画是真正的爱情?和同学们讨论你曾经追过的"CP"。听说过"婚姻是爱情的坟墓"这一观点吗?你赞成这个说法吗?为什么?

 案例导入

有一天,"乘风"话剧社刚刚排练完剧目《梁山伯与祝英台》,大家便开始七嘴八舌地探讨起了关于爱情的话题。

小美问小铃:"你为什么跟张朋在一起啊?"

小铃说:"跟张朋在一起很开心啊,他很懂事也很体贴。跟他在一起还有一种被照顾的感觉,而且他特别懂我。"

小美又问张朋:"你喜欢小铃什么?"

张朋回答道:"喜欢就是喜欢,可能就是心动的感觉吧。她就是我心中的女神。"

小铃:"得了得了,别吹了,我快找不着北了。别只问我们了,小美你呢?说说你和李南到底怎么回事儿?"

小美:"也没什么啦,就是觉得李南这人很踏实。他一旦认定了一个人,估计一辈子都不会变心的,他说会一辈子对我好。不知道怎么回事,我就是很相信他。"

以上这些对话想必经常发生在我们的身边。话剧社同学们的爱情观点你赞成吗?我们不禁会问道:什么是理想中的爱情,怎样才是好的恋爱对象呢?

一、什么是爱情

爱情是人类社会以来一直存在的社会现象。自古以来,就有许多哲学家和心理学家纷纷追问爱情的真谛。泰戈尔说:"爱情是理解和体贴的别名。"别林斯基认为:"爱情是两个亲密的灵魂在生活、忠实、善良、美丽事物方面的和谐与默契。"那么,到底什么是爱情呢?

爱情是人性的组成部分,在爱的情感基础上,爱情在不同的文化中发展出不同的特征。有人认为爱情是男女双方基于共同的生活理想,在各自内心形成的相互倾慕,并渴望对方成为自己终身伴侣的一种强烈的、纯真的、持久的感情。

马克思主义的爱情观认为,男女之间建立的情感称为爱情,而爱情是由社会属性决定的。因此男女之间真挚的爱情,不仅是自然生理与心理的需要,同时也是心灵的契合与志趣的相投。而这些都是以社会历史条件为背景,受社会关系、经济地位和文化背景的影响。

综上所述,爱情是人际吸引最强烈的形式,是身心成熟的个体对异性个体产生的有浪漫色彩的高级情感。爱情是指在一定的社会文化背景下，两性间以共同的生活理想为基础，以平等的互爱和自愿承担相应义务为前提，以渴求结为终身伴侣为目的，而按一定道德标准自主地结成一种具有排他性和持久性的特殊社会关系。

二、爱情的基本特征

（1）相异性。爱情一般是在异性之间产生的。狭义的爱情专指异性恋，不包含同性之爱。

（2）成熟性。爱情是在个体身心发展到相对成熟阶段时产生的情感体验，幼儿没有爱情体验。爱情是个体自我意识和性心理发展到相对成熟时自然而然产生的，而在未成年异性之间所产生的相互吸引现象，只能算是爱情前期的性心理发展。

（3）高级性。爱情是一种高级情感，不是低级情绪。爱情是一种以异性之间感情为基础，具有强烈的相互吸引力和愉悦体验的高级情感，人的爱情不是动物性的低级情绪。

（4）生理性。爱情有生理基础，包括性爱因素，不是纯粹的精神上的依恋。正如英国哲学家罗素所说："爱情源于性，又高于性。"丧失了性基础的爱情固然是不真实的爱情，但狂热的激情、生理的欲望则更不是爱情的本身，因为它蕴含着思想、道德、文化等丰富的社会因素。

（5）社会性。爱情是一种社会感情，既受到社会法律和道德的约束，也包含经济利益和价值利益的交换。

（6）利他性。爱情的基本倾向是奉献。衡量一个人对异性有无爱情、程度如何，可以通过"是否发自内心，帮助所爱的人做他（她）期待的所有事情"这个指标来衡量。

（7）排他性。自私与排他是爱情的本质，这是由爱情所固有的一对一的感情结构所决定的，是社会文明的必然产物，也是其区别于友情最基本的方面。

 知识拓展

扫码阅读骑士与公主的爱情寓言，通过这个寓言故事，尝试理解爱情的特征。

骑士与公主的
爱情寓言

三、爱情的三角理论

美国著名心理学家罗伯特·斯滕伯格运用定量分析与定性分析相结合的研究方法，在进行大量文献综述和实证研究的基础上提出了爱情三角理论。斯滕伯格认为，爱情是由亲密（重视彼此的喜欢、理解与期待）、激情（魅力与性吸引）及承诺（决定发展稳定的关系）三因素组成的三角形。

1. 亲密

亲密（intimacy）是指在爱情关系中能促进亲近、连属、结合等体验的情感。换言之，它能引起温暖体验，这是爱情中的情感成分。它包括如下10个部分的内容：改善所爱的人的福利的愿望；与所爱的人在一起体验到快乐；对所爱的人高度的关注；在需要帮助时能指望所爱的人；互相理解；分享一个人的自我和一个人的所有；接受来自所爱的人的情感方面的支持；对所爱的人提供情感方面的支持；能与所爱的人进行亲密的沟通交流；重视对方在自己生活中的价值。斯滕伯格提出的这一成分也广泛地存在于较深的友谊关系之中。

2. 激情

激情(passion)也叫"情欲成分",指驱力,这些驱力能引起浪漫恋爱、体态吸引、性完美及爱情关系中其他有关现象,是爱情中的动机成分。或者说,该成分就是在爱情关系中能引起激情体验的各种动机性的唤醒源。它包括一种激烈地渴望与另外一人成为一个统一体的状态。在爱情关系中,性的需要是引起这种激情体验的主导形式,除此之外,按斯滕伯格的说法,诸如自尊、养育、亲和、支配、服从以及自我实现等需要也是唤醒源。

3. 承诺

承诺(commitment)是爱情中的理智成分,它对情绪和动机是一种控制因素,具体包括两层含义:一是在短期方面,指一个人做出了爱另外一个人的决定;二是在长期方面,指那些为了维持爱情关系而做出的承诺或担保。但是,这两个方面不一定同时具备。爱的决定并不一定意味着对其的承诺;同样,承诺也不一定意味着做出决定。现实中,许多人实际上承担了对另一人的爱,却未必承认,更不说做出什么决定了。然而,无论是在时间上,还是在逻辑上,大多数的情况都是决定成分优先于承诺成分。这一成分大体上相当于我们中国人常说的"山盟海誓""天长地久""忠贞不渝"之类,但不是指行为,仅指认识(认知)方面。

总之,亲密可以看作大部分而非全部地来自关系中的情感性投入;激情可以看作部分而非全部地来自关系中的动机性卷入;承诺可以看作大部分而非全部地来自关系中的认知性的决定。从某一种角度来看,亲密是"温暖"的,激情是"热烈"的,而承诺是"冷却"的。

斯滕伯格把以上三个维度分别设置为三个顶点,组成了爱情三角形(图 13-1),称为爱情三角理论。

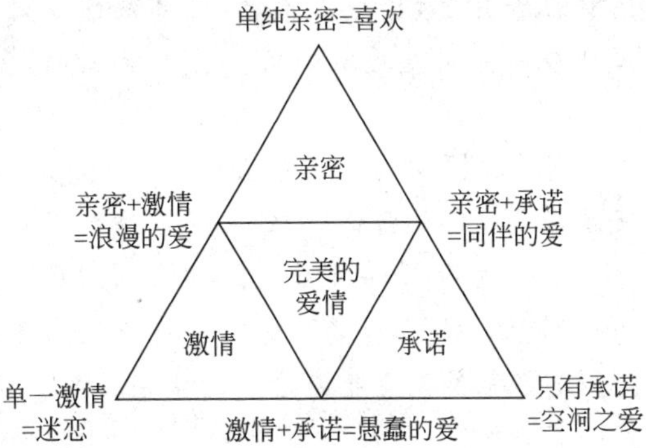

图 13-1 爱情三角形

圆满的爱包含这三个成分,根据不同成分在爱情中的多寡情况,可以把人类的爱情关系区分为八种类型:无爱、喜欢、迷恋、空洞的爱、浪漫的爱、同伴的爱、愚蠢的爱和完美的爱。爱情关系的类型见表 13-1 中的归纳,其中正号代表该成分的存在,负号代表该成分的缺乏。

表 13-1 爱情关系的类型

爱的类型	亲密	激情	承诺
无爱	−	−	−
喜欢	+	−	−
迷恋	−	+	−

续表

爱的类型	亲密	激情	承诺
空洞的爱	−	−	＋
浪漫的爱	＋	＋	−
同伴的爱	＋	−	＋
愚蠢的爱	−	＋	＋
完美的爱	＋	＋	＋

知识拓展　　　　　　　　**迷恋背后或许另有深意**

在大学中有许多追星族,他们对于某些明星的动态了如指掌,说起明星的星座、爱好如数家珍,甚至到了痴迷的状态。此状态与当年的大才子徐志摩如出一辙。林徽因是徐志摩心中的最爱,是完美女神,对于林徽因,他已经到了痴迷的程度。令徐志摩痴迷的"完美女神"与林徽因是完全一样的吗? 对于此问题,林徽因亲自给出了答案。她说:"徐志摩当时爱的并不是真正的我,而是他用诗人的浪漫情绪想象出来的林徽因,可我其实并不是他心目中所想的那样一个人。"这句话的意思是说,徐志摩把想象出来的一个完美女性加在了现实的林徽因身上,然后去爱她,而林徽因还是她自己,是和以前一样的那个林徽因。而徐志摩所爱的并不是现实的活生生的林徽因,他爱的是套在林徽因身上那个自己想象出来的"女神"。

著名哲学家马丁·布伯认为,关系分两种:我与他,我与你。试想,当我们把一个人当作实现自己目标的载体时,那么无论这个目标多么崇高,这种关系都是"我与他"。在此关系的前提下,"我"是唯一主体,而"它"则是"我"为了实现目标必需的载体。如果你的伴侣将你作为他(她)的载体,你愿意吗? 或许有人愿意,认为只要和自己喜欢的人在一起就够了,但是那些有智慧的人会拒绝这样的亲密关系。事实证明,林徽因最后选择与她青梅竹马的梁思成是正确的。

那么这种迷恋是如何产生的呢? 回答这个问题需要回到我们内心的一个关系上来,即理想异性与现实异性的关系。每个人心目中都有一个理想异性的模型,此模型主要源于异性父母,或者异性重要抚养人,而理想异性则来源于缺失和幻想。缺失是指小孩子在被抚养时产生的缺憾。如果现实中的异性父母在孩子成长的过程中给予健康的爱和宽松的成长环境,孩子就不会过多地去刻画内心的理想异性形象。相反,如果异性父母苛刻、刻板,阻碍了孩子的健康成长,那么孩子就会花大力气去描绘内心的理想异性形象,就会幻想有一个某某样子的父母该多好啊! 如果一个人从来没有在异性父母那里得到足够的爱的话,那么他内心的理想异性父母就会更重要,而这个理想异性也就会与现实异性父母差距更大。此种差距就是迷恋的根源,差距越大,就越容易让人迷恋。

大多数人的心里都有一个理想异性模型,心里有着太多的幻想,一旦遇到符合幻想的对象,这种迷恋就会被激发出来。而被迷恋者迟早会发现,对方爱的只是投射在自己身上的幻影,自己永远也得不到真爱,想必没有人能承受这样残酷的事实吧。

第二节 大学生恋爱常见的心理问题及调适策略

> **课前思考**：经常会在网上看到一句玩笑话："今天又是为别人的爱情流泪的一天。"看到这句话，你是什么感受呢？你向往爱情吗？是否也担心恋爱的失败？如果你经历过恋爱或者正在恋爱中，这份情感给你带来了什么，又让你失去了什么？

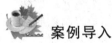

案例导入

小明为了追求小美，在小美生日那天，召集老乡一起在小美宿舍外面用蜡烛摆了一个心形。小明把生日蛋糕摆在心形蜡烛中间，在围观的众人面前向小美表白。小美备受感动，在老乡的起哄声中答应跟小明交往。但是交往时间不长，两个人就因为各种原因分手了。小明和小美稀里糊涂地开始了恋爱，又迷迷糊糊地因为琐事分了手。他们怀着美好的希冀开始，而结局却让人遗憾。小美说："当时小明表白的时候很浪漫，我以为那就是我要的爱情，可是，我发现，我好像并不知道该怎么和小明相处。"小明说："分手我很难受，但是确实没有当初追求小美时的勇气和激情了，我不想在一次又一次的争吵中继续下去，可我更不知道怎么度过这难过的失恋时刻……"

一、大学生常见的恋爱心理问题

1. 失恋

失恋是指一方否认或中止恋爱关系而另一方却难以从恋情中走出来的心理现象。恋爱开始时，双方都希望天长地久，走向成功，但是事情的发展往往不以人的意志力为转移。两个人从相识相恋，再到缔结良缘，需要经历曲折的过程和时间的考验。当恋人因为社会现实、他人干预、情意不和等因素导致感情破裂时，双方都会受到严重打击，从而影响正常的学习、工作和生活。

从心理角度来看，失恋会给当事人带来极大的精神痛苦，尤其是被迫分手的一方，更加能够体会到强烈的内心矛盾和情感冲突。失恋的痛苦可以理解，但要尽快摆脱精神痛苦而达到心理平衡，可以从以下方面调节。

（1）正视失恋的事实。每个人都有爱或不爱的权利，都有拒绝别人或接受别人爱的自由。要学会理智地接受事实，一切顺其自然，所谓"强扭的瓜不甜"便是这个道理。

（2）冷静分析失恋的原因。爱情是双向的，失恋的原因往往也是多方面的，有客观现实的原因，也可能有主观的双方的原因。一次失恋并不意味着永远失去爱情，冷静分析一下失恋的原因，可以帮助摆脱"恋"的苦恼。

（3）及时疏导心中的郁闷，合理宣泄。可以找密友倾诉，疏解痛苦；也可以痛哭一场，跑上几圈、看场电影、买点零食，缓解一下；还可以奋笔疾书，把多余的感情抒发出来。当然，释放要有"度"，否则，会陷入消极情绪之中。

（4）转移注意力，寻找新的生活和学习目标。多参加一些有意义的感兴趣的活动，例如篮球、舞蹈、弹琴、登山等；"化悲愤为动力"，树立新的学习目标，塑造更好的自己。

2. 单相思

单相思是指一方倾心于另一方,却得不到对方回应的单方面的"爱情",也叫单恋。单相思分为两种:一种叫明恋。一方向另一方明确表白了自己的爱慕之情,却遭到对方的婉言拒绝,但仍旧痴心不改,千方百计求得对方的爱慕,无奈"落花有意,流水无情"。另一种叫暗恋。对方毫无觉察,而当事人却深深地爱上了他(她),由于怯于向对方表白心迹,于是搞得自己萎靡不振、情绪低落、夜不能寐。陷入单相思的人总是自觉或不自觉地琢磨对方的言语、表情、眼神,幻想与喜爱的人在一起的种种场景。一旦从自己营造的"空中楼阁"中清醒过来,幻想被无情的现实击碎,情感得不到满足,便会陷入极度的烦恼和空虚之中。伴随不良情绪,身体机能状态也会受到影响,甚至导致疾病。受单相思困扰的人总是力图摆脱这一怪圈,但又总感到力不从心。

要克服单恋,首先,要避免"恋爱错觉",学会准确地观察和分析对方的态度,用心明辨,减少认知偏差;其次,一旦单恋已然发生,要鼓足勇气,克服羞怯的心理,大胆地表达自己的感情,如果被接纳,爱的尝试就取代了等待的痛苦,如果被拒绝,则应该面对现实,勇敢地抛弃幻想,用理智主宰感情,通过学习生活等重要目标的转移和思想感情的升华来获取心理平衡。

3. 爱情至上

有些大学生把爱情放在人生的第一位,把爱和被爱视为人生目标,成天沉溺于爱情之中,一旦失恋就痛不欲生,甚至以宝贵的生命为代价,选择殉情。这是对人本身的价值缺乏了解,对人生的意义缺乏认知的结果。部分学生一旦坠入爱河,便把爱情当作生活的全部,无心学习,无心参加各类活动,疏远了同学朋友,也丧失了理想追求。黑格尔曾对此作了明确的否定,他说:"爱情至上主义把爱情看成生活中唯一重要或至高无上的事,不仅要抛弃其他一切,和心爱的人逃到一个沙漠里去,使自己和世界隔绝,而且走到做爱情的奴隶、为它牺牲一切人类尊严的极端。"

4. 情感纠结

情感纠结是指恋爱过程中因某些主客观原因而引发的,欲爱不能、欲罢不忍的强烈内心矛盾与感情冲突。例如,陷入多角恋、爱情遭遇阻力、爱情中的误解。所谓多角恋,是指一个人同时与两个或两个以上的异性建立了爱情关系的情感现象。多角恋中的个体可能是被两个或两个以上的异性所追求,也有可能是自己同时追求两个或两个以上的异性。多角恋是情感纠结的主要原因之一,是比单恋更为复杂、更为严重的异常现象。由于爱情具有排他性、冲动性,因此任何一种多角恋都潜伏着极大的危险性,一旦理智失控,就会给对方及社会带来严重后果。

5. 完美主义

进入青春期后,伴随着性意识的觉醒,内心会产生对异性的渴慕,在投入爱情时带着很多的理想主义的成分,甚至是严重的完美主义倾向。常常把自己的理想投射到所爱的人身上,或把对方想象成世界上最完美的人。从某种意义上来说,我们是和自己的理想恋人谈恋爱,而这些理想中的场景与条件又与实际情况不相符合,当热情消退,面对现实时,失望也就随之而来了。

完美主义者对爱情要求很高,有两种表现:一是宁缺毋滥,一定要找到自己理想中的人,甚至会如"麦田定律"所讲的那样,一直到最后也找不到那一棵最好的"麦穗"。二是努力改造,面对一个不太理想的恋人,他们总是想要努力改变他(她),使之符合自己心目中的理想形象,而这种努力常常带来两败俱伤的结局。

6. 网恋

网恋是现实社会异性之间情感关系以互联网为纽带在虚拟时空中的翻版。当前,大学生网恋不仅具有比例高、公开化的特征,而且轻率、速成的程度,令人瞠目结舌。有些大学生与网友聊过一次天、发过一次电子邮件后,便一见钟情,相见恨晚。有些大学生第一次"接触"便敢说"我要娶你""我要爱你到永远",并迅速在网上确立恋爱关系。不可否认的是,确有一些大学生通过交流学习心得、人生看法,逐渐情投意合而网恋的。但就多数而言,则是经不起外界的诱惑,看见同宿舍的同学都在网上谈情说爱,觉得自己形单影只,于是也加入了网恋队伍。

网络是虚拟的,但使用网络的人是真实的,人的情感也是真实的。如果网恋的双方都投入全部情感,这在本质上与传统的恋爱方式并无不同,只是把场景从现实社会转移到虚拟的空间。但是,需要深思的是,情感终究要回到现实中来,网上的恋情能否经得住现实生活的琐事与实在的考验?更加需要警惕的是,由于网络的虚拟性,网恋的双方或一方传递虚假信息和欺骗情感的案例比比皆是。网恋的潜在危险性、隐秘性较大,欺骗性明显。网络往往是犯罪者实施犯罪的主要载体之一,网恋诈骗事件时常发生,"网恋奔现"从安全的角度考虑也需要慎之又慎。总之,对待网恋要谨慎与矜持,更应该学会最大限度地保护自己。

 知识拓展

苏格拉底式谈话法可以分为四个部分:讥讽、助产术、归纳和下定义。扫码了解一下。

苏格拉底与失恋者的对话

二、常见的恋爱心理问题调适

(一)树立健康的恋爱观

恋爱观是指个体对待恋爱问题所持的基本观点。一个人要想正确地对待恋爱,就应当有健康的恋爱心理,有正确的恋爱态度,有恰当的恋爱方式。具体来说,大学生正确爱情观的培养应当从以下几个方面做起。

1. 端正恋爱动机

大学生如果没有相对单纯的恋爱动机,而是想着通过恋爱来寻找刺激,满足好奇心、虚荣心,或是改变自己的社会地位等,都很容易走上爱情的悲剧之路。纯洁与健康的恋爱动机是保证大学生恋爱顺利进行的重要基础。对于多数大学生而言,恋爱的目的就是找寻一个能与自己在未来的人生道路上互相扶持、同舟共济的终身伴侣。

2. 准确区分爱情与友情

爱情与友情有很多相似的地方,它们都是人们之间相互倾慕的感情,同时也是人们在互相尊重、理解,相互帮助支持的前提下,共同培育出的珍贵感情。但是,友情比爱情具有更广泛的交往关系,即友情不受性别、年龄、职业及数量等方面的制约。友情的产生往往更加容易,只要交往双方在某一方面相投即可;爱情的产生却是双方全方位地碰撞,并且是含有一定生理因素吸引的。在很多时候,异性之间的友情会上升为爱情,大学生要区分异性之间的友情是否已经发展为爱情,一般主要看一方对另一方的好感有没有进一步深化。大学生只是感到交往中彼此心理上的愉悦、吸引或眷恋,却没有意识到共同的道德感和责任感,那么也不属于爱情。

3. 心理相容

所谓心理相容,并不是指恋爱双方有着一致的性格、爱好、兴趣等个性心理特征,而是指恋爱双方以共同的思想认识为基础,通过彼此之间的相互影响、互补所短,从而形成互助和谐、相互促进的良好效果。恋爱双方只有心理相容,才能保证恋爱获得成功。而且,恋爱双方心理相容的程度越高,越有可能获得和谐的爱情。

(二) 养成良好的恋爱行为

人在社会中始终不是孤立的存在,两性之间的恋爱关系对大学生而言,事实上已经超出了这种关系的本身,成为其自我认定和确立自我价值感的基础。良好恋爱行为的培养,不仅有利于保持我们在恋人心中的良好形象,还可以提升自身道德素养,构建文明和谐校园。主要从以下几个方面做起。

1. 把握感情分寸,文明表达爱情

在恋爱过程中,由初恋到产生真正的爱情,要有一个培养和发展感情的过程。一般而言,成功的爱情的形成要经过一个由低到高的发展,即由同志感情到友谊,最后再发展到爱情。任何超越恋爱的感情发展阶段"飞跃"而成的爱情,都会缺乏真正的了解和认识,缺乏必要的感情基础。因此,在恋爱过程中,恋爱双方要准确把握住恋爱中感情的分寸,既不要在"不到火候"的情况下做出过分亲昵的举动,吓跑对方,也不要在时机成熟时关起感情的闸门,使对方产生误解,以致错失良机,影响爱情的进一步发展。

高尚纯真的爱情需要在表达爱情的方式上讲究文明。人是社会的人,人的一切言行必须符合正确的社会规范和社会环境,为社会所认同和接纳。青年大学生在表达爱意上也应如此。高雅、健康、含蓄的感情表达方式给人以美的感受,使双方的人格更加崇高,灵魂得到净化,从而使人成为真正意义上的人。不分时间、地点、场合,任意放纵自己的感情,动作亲昵,举止轻浮,就可能带来不良影响,甚至毒化校园和社会风气。

2. 文雅的恋爱言谈,得体的行为举止

恋爱双方在交谈时,要自然、真诚、坦率,不可装腔作势;要在相互理解和信任的基础上进行交流,不能不可理喻地对对方进行盘问;不能说脏话或污言秽语,也不能态度高傲、出言不逊。恋爱中的双方如果不对自己的恋爱言谈加以注意,很可能会使对方产生厌恶之情,从而无法获得恋爱的成功。

一般来说,当男女双方刚刚相恋时,内心会感到非常的紧张和羞涩,但是,随着交往的进一步深入,则会变得自然而大方。在这时期,一定要非常注意自己的行为举止,避免过早出现不合时宜的亲昵动作,从而引起对方的反感。同时,恋爱双方在发生亲昵的举动时,要特别注意时间和场合,包括教室、图书馆以及校园内外的公共场合,更加应该注意自己的行为

举止,规范言行,文明而得体。

(三) 提升爱的能力

心理学家弗洛姆曾说过,真正的爱意味着"关心、尊重、责任、认识,它不是为某个人所爱之意义上的一种情感,而是为所爱的人的成长和幸福的一种积极主动的奋斗,它根植于自身的爱的能力"。爱的能力实际上是一种综合的素质,它和其他任何能力一样,也需要学习和培养。因此,大学生要想拥有持久的、健康的恋爱,就应当努力使自己具备爱的能力。具体而言,可以从以下几个方面着手。

1. 识别爱的能力

首先需要具备识别爱的能力,即能够对爱的真伪进行辨别,能较好地区分什么是好感、喜欢和爱情。大学生在培养识别爱的能力时,要注意以下两方面:一是好感并不等同于爱情。好感是一种较为浅层的感情,侧重于知觉方面的感受。对于爱情来说,虽然其萌生于某些有好感的时候,但是好感最终能否发展成爱情,会受到个人、家庭以及社会环境多方面的影响。二是感情冲动并不是爱情。人人都会出现感情冲动的时候,但它往往是短暂且脆弱的,并会导致人们做出一些不合情理或是令自己后悔的事情。虽然在爱情中,人们也需要激情的表达,会呈现出一些冲动的情感,但其往往是炽热、深沉而持久的。

2. 施爱的能力

一个人在对另一个人产生了爱意,经过理智分析之后勇敢地将自己的爱意恰当表达出来的能力,便是施爱的能力。表达爱需要勇气也需要信心,表达爱是在表明爱一个人也是幸福,即使可能得不到回报,也要让对方知道他(她)被一个人爱着。

3. 接受爱的能力

不同的人在面对别人爱的表达时,会呈现出不同的表现方式。有的人会欣然接受,有的人因害怕受伤害而不敢接受对方的爱,还有的人因感觉自己不值得被爱而不敢拥有爱情。对于大学生来说,当获得别人爱的表达时,如果自己对对方有很大的好感,就应该满怀信心地、勇敢地接受,只有这样,才可能获得真正的爱情。

4. 拒绝爱的能力

所谓拒绝爱的能力,就是对于不想得到的爱情理智地进行拒绝的能力。面对自己不想得到的爱情,如果优柔寡断或因对方的穷追不舍而勉强答应,只会给双方带来痛苦。因此,大学生一定要注意培养自己拒绝爱的能力。通常来说,拒绝爱的能力主要包括两个方面的内容:一方面是对于自己不想得到的爱情理智、果敢地说"不";另一方面是在拒绝时要运用恰当的方式,如明确地进行表示、适当地进行解释、委婉地进行劝说等。

5. 维持爱的能力

恋爱双方在确定了恋爱关系后,就需要对爱情进行维护和发展,以使爱情保持长久。维持爱情的长久,需要不断对自己进行充实和完善,以使自己不断变得丰富与深刻,从而增强对恋爱对象的持续吸引力;用无私奉献的精神对对方进行体谅和包容,并通过积极的交流与沟通有效地解决各种冲突;尊重对方的价值观念和行为方式等,并给予对方充分的信任、自由和空间,以使双方的信任感进一步增强等。这是一项综合能力,需要保持爱情的常新,需要智慧、耐力和付出。

6. 解决爱情冲突的能力

恋爱中的双方发生冲突是不可避免的,这一方面可能源于双方的性格差异,另一方面可能源于日常生活中的不一致或不协调。而当发生冲突时,恋爱双方应在相互理解、相互包容的基础上合理地进行解决。相爱的人不是寻求绝对的一致,而是看如何协调和合作。一般来说,沟通是非常有效地解决爱情冲突的方式。恋爱双方通过有效的沟通,可以使自己的思想、感受得到清晰明确的表达,从而有效地对冲突进行化解。伤害性的争吵或者冷战,都是解决爱情冲突时不可取的方式。

7. 承受恋爱挫折的能力

爱情是甜蜜的,遇到恋爱挫折则是痛苦的。在恋爱中,挫折有时候不可避免。大学生由于社会阅历较低、心理不够成熟,在遇到恋爱挫折时,往往不能有效地进行应对,从而使自己沉溺在恋爱挫折之中,自暴自弃、无心学业,甚至因此引发严重的心理问题。因此,培养承受恋爱挫折的能力也是非常重要的。

 知识拓展　　　　　　婚姻关系四大"杀手"

华盛顿大学心理学教授约翰·戈特曼(John Gottman)30 多年跟从大量夫妻做出的研究发现,婚姻的四大杀手是消极的互动模式:指责、轻蔑、防卫、冷淡。他不但分析了问题,也给了非常具体的建议,这些建议对待恋爱关系同样适用。

1. 一号"杀手"——指责

你可能会常常抱怨你的恋人,但抱怨和指责不同:抱怨仅是针对对方没有做对的事情,而指责要广泛得多,常常将负面的言辞加于对方的人格上。例如,"我们说好了昨天去逛街,但是你又放我鸽子,我很不爽。"这是一句抱怨。而"你怎么又放我鸽子,你就是没放在心上,你根本不在乎我们的关系"就是指责。

2. 二号"杀手"——轻蔑

轻蔑也就是我们平常所说的冷嘲热讽,例如,"你以为陪我去看电影就能弥补昨天你放我鸽子的过失吗?"此外,直呼其名、翻白眼、冷笑、恶意模仿及开敌意的玩笑都是轻蔑的表现。无论形式如何,作为威胁性最大的"杀手",轻蔑表示出对对方的厌恶,对两个人的关系有很大的危害。一旦恋人得知你厌恶他/她,两人之间的问题就很难得到解决。

3. 三号"杀手"——防卫

如果对方表现出指责和轻蔑,自己就会毫无疑问地表现出防卫行为,对自己的行为做出辩解。例如,"不是我放你鸽子,你又没说你已经安排好了时间,我还以为你没确定,哪天去逛街不都一样吗?"研究表明,这种防卫行为并不能起到好的作用,因为防卫本质上是指责对方的一种表现形式,防卫其实是在说"问题不在我,而在你"。所以攻击方不会因为另一方的防卫而道歉,因此防卫的结果就是导致冲突的升级。

4. 四号"杀手"——冷淡

一般来说,在婚姻关系中争吵可能会引起指责和轻蔑,然后导致防卫的产生,其后引发更多的轻蔑和防卫,最后一方宣布退出争论,这意味着第四号"杀手"已经出现。冷淡者不会向对方表示反馈,坐在那里无动于衷,像石头一样。就算是听见对方说话,冷淡者也只是表现出一副毫不关心的样子。

第三节　维护性心理健康

> 课前思考:随着社会的进步与发展,我们不再"谈性色变"。你是否思考过爱与性的关系?你对"婚前性行为"持否定还是肯定态度?分享一下你的理由。

案例导入

女生小佳,在学校社团里认识了一位同乡的男生,名叫洋洋。大一时洋洋就开始追求她,半年过去了,两人的感觉都不错,小佳也就接受了洋洋的告白。但是最近几次约会男友都暗示了性要求,小佳一一找理由搪塞了过去。为此小佳非常困惑和不安。小佳知道不能因为爱一个人就满足他的一切需求,也不想违背自己的心愿,自认为在一起的时间也很短。但是小佳不知道自己的拒绝到底有没有价值,会不会导致男友的不理解,甚至分手。而洋洋作为男生,在性方面更应该为女生考虑,不能因为一时冲动就提出对方不愿意的要求。男子汉要敢作敢为,也应当对自己的行为负责任,在你能够确定可以担负相应的责任时,才有资格得到她。对此,你怎么看呢?

一、什么是性心理

高职学生正处于青春后期,性是生活中无法回避的问题。随着性生理和性心理日趋成熟,加之很多学生不了解性的基本知识,对性产生了强烈的好奇心。

性心理是指在性生理的基础上,与性征、性欲、性行为有关的心理状态与心理过程,包括与他人交往和婚恋等心理状态。简单来说,就是与性生理和性行为有关的心理现象。性生理是性心理发展的生物学基础,性生理发育的障碍或缺陷,会使性心理的发展出现偏差。大学生正处于性生理发展成熟、性心理逐渐趋于成熟的时期,也是性生理需求与性的社会规范之间的冲突阶段。

美国心理学家赫洛克认为,青春期性心理的发展一般可分为以下四个时期。

1. 性抵触期

在青春发育之初,有一段较短的时期,青少年总想远远地避开异性,以少女表现得尤为明显。这主要与生理因素有关。由于第二性征的生理变化,使青少年对自身所发生的剧变感到茫然与害羞,本能地对异性产生疏远和反感。此时期约持续1年。

2. 仰慕长者期

在青春发育中期,男女青年常对周围环境中的某些在体育、文艺、学识以及外貌上特别出众者(多是同性或异性的年长者),在精神上引起共鸣,仰慕爱戴、心向往之,而且尽量模仿这些长者的言谈举动,以致入迷。

3. 向往异性期

在青春发育后期,随着性发育的渐趋成熟,青年人常对与自己年龄相当的异性产生兴趣,并希望在接触过程中吸引异性对自己的注意。但由于青少年情绪不稳,自我意识甚强,因而在与异性接触的过程中,容易引起冲突,常因琐碎小事而争吵甚至绝交,因此交往对象之间常有转移。

4. 恋爱期

青春发育完成,已达成年阶段,青年把友情集中寄予自己钟情的一个异性身上,彼此常在一起,情投意合,在工作、学习中互相帮助,生活中互相照顾体贴,憧憬婚后的美满生活,并开始为组织未来的家庭做准备工作。这时的青年对周围环境的注意减少。女青年常充满浪漫的幻想,向往被爱,易于多愁善感;男青年则有强烈的爱别人的欲望,从而得到独立感的满足,他们的情绪往往较兴奋。

  性心理健康的七条标准

性心理健康是指个体具有正常的性欲望,能够通过正确认识性的有关问题,并且具有较强的性适应能力,能和异性进行恰当交往,在免受性问题困扰的同时,还能促进自身人格的完善、身心健康的发展。

世界卫生组织对性心理健康所下的定义是:通过丰富和完善人格、人际交往和爱情方式,达到性行为在肉体、感情、理智和社会诸方面的圆满和协调。性心理健康是人类健康不容忽视的重要组成部分,近年来正越来越受到人们的重视。性心理健康的标准应该符合以下几点。

(1) 正确认识和接纳自己的性别。一个性心理健康的人,能正视自己的性心理发育和性心理变化,能在所处的社会环境中正确评估自己,能客观地评价自己和他人,并乐于承担相应的性别角色。

(2) 具有正常的欲望。性欲是能够获得性爱和性生活的前提条件。具有正常的性心理首先就得具有性欲望,如果没有性欲望,就不会有和谐的性生活,就会影响性心理健康。性欲望的对象要指向成熟的异性个体,而不是其他物品等替代物。

(3) 性心理和性行为符合年龄特征。即性生理和性心理的发展要保持统一。

(4) 正确对待性变化。个体在生长和发育过程中,性生理因素、性心理因素和性社会因素是交互呈现的,个体在其中要建立自我同一性才能保持三者的和谐状态。这就要求个体能够正确对待性生理成熟所带来的一系列身心变化,在出现性冲动后,能够正确释放控制、调节,使之符合社会规范的要求等。

(5) 对于性没有犹豫、恐惧感。能够把性作为生活的一部分而科学对待,不存在对性的恐惧和怀疑。

(6) 和异性保持和谐的人际关系。在交往过程中,保持独立而完整的人格,做到互相尊重,互相信任。

(7) 正当、健康的性行为,符合社会伦理道德规范。

二、大学生常见的性困惑

由于大学生的性认知、性思维和性意志等发展不够完全,对有关性的话题通常采取回避的态度,因此无法正视一些正常的性生理和性心理现象,进而产生一系列的心理困扰。

1. 性焦虑

性焦虑是指大学生对自己的形体特征、性别角色及性功能产生焦虑感。随着第二性征的出现,个体开始日益关注自身的性别角色和与之相关的形体特征,男生希望自己魁梧高大,有男子汉气质;女生希望自己苗条漂亮,引人注目。若自己的这些特征不够突出,就会感到自卑、苦恼、忧心忡忡或敏感多疑。例如,有些男生会为自己生殖器的发育状况和性功能是否正常而担忧,有些女生会对自己乳房大小等问题异常敏感。

这种性焦虑的心理,往往会使大学生因害怕遭到异性的否定而逃避与异性交往,即使有对异性的倾慕和对爱情的渴望,也会因自卑心理而被压抑,不能正常地表达自己的情感。久而久之,就会变得内向和孤僻,影响正常的人际交往和心理发展。

2. 性冲动

性冲动是男女两性在性激素作用和外界刺激下产生性兴奋及性生理的反应,并希望得到性满足的心理反应状态,是人类的自然本能。对于大学生来说,性冲动是身心发展的结果,是正常的生理和心理现象,是个体自然的、本能的行为表现。

但是,有一些大学生由于缺乏对性知识的了解,认为性冲动是不纯洁、不道德的表现,他们不能正确地看待自己的性欲和性冲动反应,并因此感到羞愧、自责、苦恼、厌烦和恐惧。这种不可避免的生理冲动与心理上对性冲动的否定,使大学生产生了极大的心理矛盾,进而引发困惑和不安等情绪。

3. 性梦

性梦是指在睡梦中发生有关性的行为。这是性成熟后出现的正常现象。异性之间的爱慕、倾心或某种外界刺激会导致性冲动,但在清醒的意识控制下,个体会主动抑制这种冲动。而进入梦境后,这种被潜意识压抑的性冲动可以不受理智和道德的约束在梦里得到释放。心理学家认为,对于大学生而言,通过性梦的方式可以使白天被社会规范限制的性冲动得到部分的满足,从而缓解性紧张。

但是,有一些学生由于不了解性梦产生的原因及存在的合理性,而对自己做性梦感到羞耻,在清醒后时常会责备自己思想肮脏和龌龊,并心神不宁,感到惶惶不安。事实上,性梦是一种自然的宣泄,可以缓解积压的紧张情绪,有利于性器官功能的完善和成熟,性梦并非病态,因此要合理看待。

4. 性幻想

性幻想又叫性白日梦,是通过想象而达到性兴奋的另一种自我刺激的性活动方式。它可以单独发生,也可以在手淫或性交时发生。性幻想表现为在某种特定的因素诱导下,自编、自导、自演与性交往内容有关的心理活动过程。它可以幻想出在日常生活中不能满足的与异性一起约会、接吻、拥抱、发生性行为等活动。当大学生与异性交往的强烈渴求不能实现时,就可能产生性幻想。

医学研究证明,在16岁以后到结婚以前,很多人都会有性幻想,这是一种普遍的心理现象,也是性冲动不可避免的结果。性幻想可以导致生理上的性兴奋,偶尔也会出现性高潮,这在一定程度上可以缓解人对于性的需求。但是,如果性幻想过分发展,使人整日沉溺于其中,甚至把幻想当作现实,就容易出现一些极端行为。

5. 性自慰

性自慰也称手淫,是指在性冲动时用手或工具自我发泄性欲的行为,它是青春期最常见的一种性行为。传统的观念认为,手淫是不道德的,因此,很多青少年常为自己的手淫行为感到自责懊悔,并为此背上沉重的心理负担。1991年6月,在第10届世界性科学大会上,提出了"手淫无害论",认为手淫是一种自然的、正常的性行为,对解除性紧张、缓解心理压力有所帮助。但过度手淫就属于一种心理障碍,并会造成一些泌尿生殖系统疾病和神经衰弱等。

据统计,20岁以上的年轻人有手淫经历的高达90%,而我国青少年自慰焦虑的发病率普遍高于西方国家,除因为性教育的普及程度低外,还与"手淫"被赋予的贬义色彩有很大关系,所以,现在已将"手淫"代之以"性自慰",借以克服偏见,消除心理压力。

在大学生不能用性交行为来释放他们内心积聚起来的性冲动能量的情况下,性自慰是他们唯一可以采取的主要性行为。性自慰的危害并不在于性自慰本身,而在于对性自慰的担忧、恐惧、羞愧和罪恶感。对性自慰的错误认识,既是大学生烦恼的真正原因,又是使之变得难以节制的心理原因。不少大学生在接受性知识教育和咨询后,一旦明白性自慰是正常的、无害的,并且性自慰并不是个别人的行为后,心理的负担卸了下来,这样性自慰的欲望和行为反而减少或容易调节了。

 知识拓展

你了解性心理障碍的类型吗?如果遇到有性心理障碍的人,该怎么办?扫描二维码,一起来了解。

关于性心理障碍的知识

三、"四部曲"维护性心理健康

(一) 正视正常的性需要

伴随着性生理的成熟,青年大学生会自然地开始思慕异性,希望获得异性的注意力;还会悄悄进行自我欣赏,与别人进行比较,可是一旦出现不如意,就会出现各种各样的烦恼和焦虑。另外,因为缺乏性知识,很多大学生会对自己出现的性需要、性欲望,感到紧张怀疑、自责、懊悔等。

事实上,大学生产生性需要和性欲望是正常的,既不应"谈性色变",把"性"看成下流肮脏的事情,也不要强迫自己否认、回避性需要,以免引发紧张、焦虑情绪,形成性压抑。但是受到西方"性解放"思潮的影响,大学生对婚前性行为越来越宽容,产生了"爱他就给他"和"贞操已经不重要"等错误思想。性是每个正常人到一定年龄都要具备的生理欲求,这是人类繁衍后代的必要手段,也是个人顺利成长的必要条件。大学生要接纳、欣赏自己的性别角色,正视自己的性需要,并能通过合适的途径释放它、升华它。

(二) 掌握科学的性知识

性是成长和学习的结果,即使没有有意识地进行性教育,性教育也会在潜移默化中发生。但对于学生来讲,他们一方面渴望了解性知识;另一方面又很难从父母、教师那里得到满意的答案,所以,有些学生会通过朋友、低级书刊、色情网站等了解性。现代化的网络、书刊等传媒系统成了大学生了解性知识、进行性教育的基本途径,但值得注意的是,媒体的宣讲门类复杂、良莠不齐,大学生如果不加以辨别地吸收,就会受到误导,尤其是那些低级的影视书刊等,特别容易引发性冲动,导致性沉迷,使性意识庸俗化。

大学生应借助正规的渠道学习和了解科学的性知识。清华大学樊富珉教授认为"性"是一门综合性的科学,它包括性生理学、性心理学、性社会学、性伦理学和性美学等。也就是说,大学生不仅要了解两性在生理构造上的差异、知道如何保持安全健康的性行为,还要培养科学的性观念,形成健全的人格,使性行为符合文明的需要、审美的需要。

(三) 培养正确的性价值观

大学生已经到了身体发育成熟的年龄,性的需要是非常自然的事,然而,人类的"性"却不纯粹是生理的问题,它还包含丰富的社会内容,例如,情感、价值观、道德规范。只有将生理需要和社会内容有机地结合起来,形成完善的性价值观,才能保持健康的性心理。

在法国,人们对孩子进行性教育时,特别强调 3R 原则,即权益(right)、责任(responsible)、尊重(respect),这三项原则成为法国青少年性健康教育的社会基石,对我们也有一定的借鉴意义。

1. 权益

法国社会对年轻人在婚前有亲密性关系持坦率和接受的态度,并且认识到这些关系是自然产生的,是一个人成长过程中的正常组成部分。所以,年轻人要坦然接受自己的性需要,保护自己的性权益。

2. 责任

权益和责任是相辅相成的。年轻人在享受权益的同时,要承担自己应该承担的个人责任和社会责任,既保护自己,也爱护他人。因为性行为不仅影响着自己的生活,也影响着对方的生活。

3. 尊重

每个成熟的大学生都应该了解个人性行为对他人、自我和社会带来的后果,要尊重他人、尊重自我,对自我的行为负责。

(四) 保持理性的性行为

性欲是正常的,也是可控制的。大学生要通过积极的方式进行自我调节。

1. 缓解性冲动

大学生要积极投入学习、工作和各种文体活动,以及正常的异性交往中,以此取代或转移性欲。要尽量避免影视、报刊、网络上过强的性信息刺激,抵制低级宣传的不健康影响。

2. 调节性心理问题的困扰

大学生要通过对性知识的学习,消除对手淫、性幻想、性梦的困扰,既不要为此感到恐惧,也不要过分沉溺其中,而应通过丰富多彩的文体活动和恰当的异性交往来平衡自己的性心理。

3. 正确把握异性交往

人与人之间的异性交往,是建立在生理需要和社会规范双重标准下的,因此,大学生在异性交往中要把握文明、适度原则。要注意场合,适当限制亲密行为,尤其要避免性行为带来的不良后果,保持身心健康。

4. 懂得寻求专业帮助

一旦感觉自己无法独立解决面临的性问题时,要及时向心理咨询和心理治疗机构寻求帮助,具有一定心理学知识和咨询技能的心理咨询师与治疗师,将会给予有益的指导和建议,帮助求助者调适、缓解心理问题。

 知识拓展

扫码了解大学生预防性传播疾病相关知识。

大学生如何预防性传播疾病

本 章 小 结

本章的学习让我们理解了爱情的含义、特征,掌握了爱情的三因素理论,感悟了爱情的真谛。我们也知道在爱情中可能会遇到各种心理困惑和心理问题,可以通过自身的努力、他人的帮助以及专业人士的支持,获得应对策略和调适方法,走出阴霾,成为更好的自己。

我们向往爱情,也希望收获爱情,所以关于爱的学习不会终止。学会在爱的关系中,树立健康的恋爱观念,不断提升爱人的能力,走向幸福!同时,我们也深刻体会到"性"既不神秘也不羞耻,只要我们用平常和科学的眼光去看待,主动学习性知识,全面了解性心理,自觉自尊自爱,就能够维护性健康。

 资源链接

扫二维码分享好书和电影。

第十三章资源链接

第十四章

生 命 教 育

➡ 章节导言

"我是谁？我从哪里来？我要到哪里去？"作为一个哲学命题,最早是由古希腊伟大的思想家、哲学家柏拉图提出的。一言以蔽之,就是生命的终极意义究竟是什么？这是人类永远追寻的问题。

生命具有物质属性、精神属性、社会属性三重属性,正因为生命是这样一个全人类的多层次存在,大学生生命教育必须以实现生命的和谐成长为宗旨,使大学生懂得珍爱生命、尊重生命、欣赏生命、追寻生命的价值与意义。

➡ 学习目标

【知识目标】
1. 认识生命及生命的意义；
2. 正确认识死亡,培养健康理性的死亡态度和有效行为。

【能力目标】
1. 能够尊重生命,珍爱生命；
2. 能够理解生命,做好人生规划。

【课程思政】
1. 树立伟大的理想信念,追寻独特的人生意义；
2. 树立为人民服务的思想,弘扬集体主义精神,把社会主义核心价值观落实到实际行动中去。

第一节 认识和珍爱生命

课前思考：

(1) 假设在一次意外中,你不幸身受重伤,还流落荒岛,此时,你的生命只剩一天,你只能在这一天内做一件事,你会做什么？

(2) 假设在生命即将终结的前5分钟,你可以打一个电话,你会打给谁？说些什么？

(3) 在生活中,哪些事物能让你感受到最大的快乐、满足与再生？怎样才能更多地获得这些事物？

(4) 你愿意在生活中增加哪项活动,来获得更多的财富和快乐？

案例导入

2019年5月2日,在纪念"五四运动"100周年文艺晚会上,由演员王洛勇与刘琳跨越时空情境演绎的诗朗诵《等待》刷爆了微博热搜榜。这段追忆与致敬两弹元勋邓稼先与其夫人许鹿希的配乐朗诵,让广大观众被感动得热泪盈眶。

在邓稼先与许鹿希漫长的人生之路上,他们点燃了彼此的生命之光。邓稼先少年时期正值国难深重,他在艰苦的环境下努力读书,后来远赴重洋,进入美国普渡大学研究生院核物理专业攻读博士学位。他仅用了23个月就提前完成博士论文获得博士学位。怀揣着科技报国的远大理想,邓稼先决定回国建设祖国。邓稼先为了研制我国原子弹、氢弹等核武器,与爱人许鹿希分别28年,隐姓埋名,艰苦奋斗,为祖国奉献了一生的光辉岁月。

当代大学生应当学习革命先烈的敬业奉献精神,树立崇高的理想,发现生命的意义,用劳动、用汗水点亮生命的价值。

一、认识和敬畏生命

(一)什么是生命

生命是我们非常熟悉的词语,日常生活中人们都在言说它,如生命价值、生命意义、艺术生命、职业生命等,可是如果想用精炼、简短的语句去概括生命、定义生命却很难做到,生命是言说不尽、不可尽述的。哲学家认为:"生命是世界绝对的、无限的本原,它跟物质和意识不同,是积极地、多样地、永恒地运动着的。生命不能借助于感觉或逻辑思维来认识,只能靠直觉或体验来把握。"

生命是什么或叫作什么?不仅科学家、哲学家、政治家、艺术家对此有不同的解释,赋予不同的意义,而且不同领域的科学家,对生命的定义也有所不同。总的来说,生命是一种物质复合体,主要特征为能执行某些功能活动,包括代谢、生长、生殖及某些类型的应答性和适应性活动。因此,生物学认为生命是动植物的一种存续状态,以新陈代谢为基本存在形式,能利用外界的物质形成自己的身体和繁衍后代,并能适应、改变环境。

(二)生命的存在形态

人的生命是自然、社会、精神三者的统一。生命的自然形态是生命的本真。生命的社会形态则反映了人与自然、人与社会、人与人之间的紧密关系,而生命中最珍贵、最重要的是人的精神形态,尤其是蕴含穿越时空永恒存在的健康人格与伟大品质。早在远古时期,我国的哲学家和思想家就开始探究生命的本质和意义,墨子说:"生,刑(形)与知处也。"意思是说,生命乃形体与心理的合一,只有形体,没有精神,不能构成生命,反之亦然。荀子云:"水火有气而无生,草木有生而无知,禽兽有知而无义;人有气、有生、有知,亦且有义,故最为天下贵也。"意思是说,无机物(水火)是没有生命的,发展到植物才有生命,但没有心理;发展到动物才有心理,但没有社会性的"义";只有人具备气、生、知、义,亦即形体、心理与社会性的统一,所以人的生命才是天下最宝贵的。

1. 人的自然形态

人的自然生命形态是生命最初的本位形态、生命的本真。这种生命形态是未受或较少受外来文明影响的原生状态,是生命个体本身的存在,是人和动物共有的属性。类似于弗洛伊德三重人格结构说中的"伊底"(本我),伊底完全是无意识的,基本上由性本能组成,按"快乐原则"活动。形体是人的生命的最基本的特性,生命是生物体、有机体存在的一种方式。具体到"人"而言,表现为生理性的生命存在,即人首先是作为自然生理性的肉体生命而存在的,这一点是和自然界的广大生物一样必须具有的基本属性。

2. 人的社会形态

人的生命是一种社会存在,只有在社会中才能找到它的意义和价值。人的行为具有社会属性,因此,人不能随心所欲、肆意妄为地活动,每个人都必须遵循有形无形的规则,越轨将受到谴责与惩罚,因此它具有一定的理性,受外部的影响,满足本能需求,按现实原则活动。与弗洛伊德三重人格结构说中的"自我"相似。每个人要想生存下去,就必须参与和融入社会活动中,在与人的沟通、交往和互动中追求生命的意义,实现自己的价值。正是这种社会性的存在让人面对千差万别、千变万化的社会生活时,能够使自己有一种生命的智慧和坚定的信念;让人面对生死离别、爱恨得失时,能够使自己有一种豁达的胸怀和安然的态度。

3. 人的精神形态

心理分析学家荣格说过:"我们生活在一个由我们自己的精神所创造的世界之中。"精神属性是生命存在的核心,为之熠熠生辉。生命个体的精神烙印鲜明而独特,是人类历史发展史中最高层的产物,它存在现实个体的差别,诠释崇高与卑微、健康与病态的人格。与弗洛伊德三重人格结构说中的"超我"相似,代表社会道德准则,压抑本能冲动,按"至善原则"活动。没有精神的生命是盲目存在。心理即精神。人之所以为人,就在于人不仅是为了满足自己的自然生命而活着,还要追求超越生物性存在的精神性存在。人要规划自己的人生,创造自己的价值。正是因为生命有了精神性,才使人的生命有了人文意义和价值,有了理性的意蕴和道德的升华。

(三) 生命的特点

从生命教育的角度看,生命具有以下特点:①生命的不可逆性。从胚胎起,生命便一直生长、发育,最终衰亡。它绝不会"倒行逆施",返老还童也绝非现实。②生命的不可再生性。任何人有且只有一次生命。"人死不得复生"说的就是这个真理。③生命的不可换性。生命为个体所私有,相互不得交换,彼此不可替代。④生命的有限性。人的自然寿命一般为70~80岁,最长可以活到100多岁。但是,人的生老病死是自然规律,旦夕祸福也是生活中的常事,任何人都逃脱不了,所以任何人必将走向死亡。正是生命的有限性才促使人发奋创造,积极生活,从而实现自己生命的意义。

人的生命生而有之,不可逆转,既不可以与他人交换,也不可代替。生命正因为唯一,所以独特。珍爱生命是大学生认识自己,发展自己的根本保障。

珍爱生命不仅要珍爱自己的生命,也要珍爱他人的生命。对于大学生而言,越是具有爱他人的情感特质,就越会受到他人的尊重和喜爱,并自觉地建立和谐的人际关系,由此就越容易在激烈的社会竞争中获得宝贵的发展机会。相反,人生经历中,如果青年大学生处处与人为敌,时时防范他人,重己私利,始终不能拥有踏实和睦的交际环境,自然会做人做事处处碰壁影响自身情绪,增加磨难指数,减少成功的概率,最终事倍功半,得不偿失。

(四) 敬畏生命

敬畏生命,意味着对一切生命,不仅指人的生命,还包括其他动物和植物的生命,都应该保持敬畏的态度。生命意识到处展现,生命渴望圆满,我们应遵循自然的法则尊重生命,敬畏生命。

对生命敬畏的感觉是绝对的伦理,它使生命序列的保持和提升顺利运作。不论在什么情况下,毁灭和伤害生命都如同恶魔一样有罪。当我们走出自己狭小的世界,走近生活,感受当下,才能感受生命的神圣和美好。爱自己,用心呵护生命的尊严,学会感谢,感受爱与被爱,你一定会最大限度地实现生命的价值,提升生命的品质。

(1) 感受生活。适当地放下"看",放下"思考",放下"期待",多"感受当下",多"感受生活",快乐便油然而生。保持一颗平常心,接纳生活、品味生活、感知生命的复杂性、偶然性和神秘性,培养自己对于生命的幸福感、庄严感、神秘感与敬畏感,才是生命的真谛。

(2) 爱从自己做起。很多人抱怨自己不被爱,不被关心,被他人所忽略,没有人可以帮助自己,然后自暴自弃,觉得生活一片灰暗。这个世界上,即便你被所有人抛弃,所有人都不爱你,可是一定还有一个人可以爱你,那就是你自己,一个值得被别人爱的人,一定是一个先爱自己的人,才会被别人所爱;爱自己的人,才有能力去付出爱,才懂得去爱别人。爱,首先要从自己做起,学会善待自己,学会感受当下,珍爱自己,珍爱生命。

(3) 学会感恩。始终怀着一颗感恩的心生活,我们会时时发现生活的美丽,感受生命的快乐。当生活失去意义时,更应该学会用心感恩生活,找出幸福的理由,罗列生命的精彩和生命的意义,以己之长比人之短,调整自己的奋斗目标,调整自己的心态,平和积极地对待生活。感恩是一种处世哲学,是一种生活态度,是一种人生智慧。怀着一颗感恩的心生活,我们会时时发现生活的美丽,感受生命的快乐。

二、尊重和欣赏生命

(一) 尊重生命

平等的生命需要尊重。这种尊重既可以体现在对人对事的平等态度上,也可以体现在言行举止的合理得体上,既可以是对自身生命行为的固有价值的理性把控,也可以是对他人生命的认可与敬畏。

1. 尊重生命就是尊重生命规律

从马克思主义哲学观来看,生命存在决定生命的意识。马克思认为:人们的社会存在决定人们的意识。人们应该敬畏存在的生命,尊重生命的价值。而尊重人的价值,即是满足人的生存和发展需要,尊重人的劳动创造精神,尊重人的做人的资格和起码的权利;另外,人的劳动贡献越大,人生就越有价值,他就会越受到他人和社会的尊重。

2. 尊重生命就是尊重人自身

生命应该是被尊重的。从为人哲学来讲,尊重生命就是尊重他人、尊重自己。从生命的可复制性来讲,尊重生命就是尊重人本身。每一个生命都承载着从个人到家庭、社会、国家赋予的责任,不可轻视,不可亵渎。为了维护生命的尊严,雅典残奥会曾取消文艺表演,其原因在于当天七名前往雅典观看残奥会的中学生在重大交通事故中不幸遇难。此举弘扬了奥运精神,也赢得了他国的尊重。在这一事件中,对生命的尊重超越了奥运会的表演。

(二)欣赏生命

1. 欣赏是一种优秀的心态

从心理学角度讲,欣赏是一种优秀的心态。每一个人都会通过言行举止有意或无意地体现出自己的价值观。要想了解生命个体的价值,就必然需要用一种欣赏的态度来观察和理解。了解生命如同了解诗人的作品一样。诗虽然是一个一个单字组成的,但是它的意义却远比字面意义要多。我们必须在诗的字里行间推敲其意义。个人的生命也是一种最丰富和最复杂的作品,因此,了解生命必须学习如何在其表现中推理。换言之,他必须学会欣赏生活意义的艺术。

2. 欣赏是一种热爱生活的姿态

生命是用来爱护的,不是用来破坏和亵渎的。人类真正的英雄就是那些创造生命、热爱生命、保护生命、捍卫生命的人。用思想家罗曼·罗兰的话讲:"世界上只有一种英雄主义,那就是了解生命而且热爱生命的人。"对生命的爱护既是指爱自己的生命,也指爱他人的生命,甚至是广义的对自然万物之爱。其内容包括维护身体健康和心理健康两个方面,这既要求物质身体的毫发无损,也要求心理愉悦,提高快乐指数和幸福指数。爱护生命的人,既可以获得身心健康,又可以获得事业的发展,当然就不会存在放弃生命的极端行为。

欣赏源于喜欢,热爱源于宽容。每个人都需要发自内心地喜欢自己、喜欢他人、喜欢所生活的这个世界,这样才能保持欣赏的眼光看待自己和他人,才能够在生命中肯定自我的价值,欣赏他人的优点。只有欣赏生命,才可以发现价值、肯定价值、践行价值、弘扬价值。

三、生命教育

(一)生命与幸福

何谓生命教育?可从两个方面来理解:一是教育"生命",即让大家既能认识生命,做到珍爱自己生命,又能关爱他人生命,最终达到尊重所有生灵,敬畏生命的高度;二是"生命的教育",即将生命意识主题贯穿于日常生活学习中,这一点对于同学们和老师来说,都是一个更高的要求。

很多大学生进入大学后开始盲目追求所谓的快乐。睡觉、喝酒、玩游戏、逃课……一开始这些的确给大学生带来了快乐,但是这些强烈的物质刺激最终导致了生活无聊,心灵空虚,生命无价值,甚至莫名的挫败感。这些贪图一时愉悦的个体被心理学家定义为"失重者",认为他们注定要承受抑郁和沮丧。因为,一味盲目追求快乐,只能让快乐离你越来越远,幸福也是如此。

读到这里,请大家思考,你属于哪种人?你是从生活点滴细微感受幸福的人,还是在物质刺激下迷失自我、忘记思考生命意义的人?

幸福源于旺盛的生命,幸福感也成就了生命的价值。何谓幸福?心理学家认为,幸福是一种心理感受,是一种内心平和与满足的感觉,是一种稳定持久的心理反应。作家毕淑敏在《提醒幸福》中写道:"世上有预报台风的,有预报蝗虫的,有预报瘟疫的,有预报地震的,没有人预报幸福。其实幸福和世界万物一样,有它的征兆。"幸福,不由外在决定,更多地取决于我们每个人内心的感受,是我们如何与自我相处、与他人相处、与世界相处的问题。

(二)生命教育的必要性

21世纪是彰显人类生命价值的时代,大学生的健康状况、人生质量与国家发展息息相关,对大学生进行生命教育,培育尊重生命、珍惜生命、欣赏生命的环境氛围,是当前教育的一项重要内容。

1. 人类生存的现状需要生命教育

21世纪以来,人类不断地发展科技文明与资本文明,以为发达的科学技术、资本文化会给人类带来幸福与快乐。但事实是,人类的生存状态反而陷入了困境中,人类被物质化、机械化、僵硬化,人的内心世界更为焦躁不安,并逐渐荒漠化。人类非但无法控制物质与工具,反而被物质异化,成为物质文明的牺牲品。生命也逐渐被弱化,生存的意义和价值受到质疑。

另外,人类也处在自然界的无常中,天灾、人祸、战争、疾病也常常让人处在无助的状况中。失恋、失业或是处在生命的低潮时,那种无价值感、绝望感和不存在感的确会让人不再珍惜与重视自己的生命,以为自己不被任何人所留恋。

面对物化的社会文明、无常的人生处境、种种的生命困惑,处在人生观、价值观形成关键时期的大学生,学会如何在繁杂沉冗的世界中找到生命的亮点,并不断地发现这个时期的美好,提升自己内在的生命价值,是大学教育非常重要的命题。

2. 当代大学生的健康成长迫切需要生命教育

大学生生命教育旨在帮助大学生树立健康生命观,具备积极生命意识,学会对自己的生命负责,尊重他人的生命,建立乐观自信的阳光心态,热爱生命,善待生命,自我肯定,使生命得以蓬勃发展。大学生在接受高等教育时,不仅学习科学文化知识技能,同时必须认识到生命的脆弱与伟大,保护、热爱一切生命,主动追求积极的生活态度,全力找寻生命的意义,学会维护心理平衡、建立良好人际关系、从容应对生活危机和摆脱生命困境,在人格上得到健全发展,进而支持、推动大学生生命的成长、发展和完善。

第二节　重视生命的意义

课前思考:2008年5月12日14:58,四川汶川发生了震惊世界的里氏8.0级地震,6万多同胞在短短的12秒被夺走了生命。

2011年3月11日,日本当地时间14:46,东北部海域发生里氏9.0级地震并引发海啸,造成重大人员伤亡和财产损失。地震震中位于宫城县以东太平洋海域,震源深度20km。东京有强烈震感。地震引发的海啸影响到太平洋沿岸的大部分地区。地震造成日本福岛第一核电站1~4号机组发生核泄漏事故。4月1日,日本内阁会议决定将此次地震称为"东日本大地震"。截至当地时间4月12日19:00,此次地震及引发的海啸已确认造成13232人死亡、14554人失踪。

地震让你对生命有什么样的认识和思考?死亡是否可以避免?该如何珍惜生命?

案例导入

著名心理学家弗兰克尔是20世纪的一个奇迹。纳粹时期,作为犹太人,他的全家都被关进了奥斯威辛集中营,父母、妻子、哥哥相继死于毒气室中,只有他和妹妹幸存下来。这段经历让弗兰克尔不但超越了这炼狱般的痛苦,更将自己的经验与学术结合,开创了意义疗法,替人们找到绝处再生的意义,也留下了人性最富光彩的见证。

弗兰克尔这位亲历集中营,每天与死亡擦肩而过的并能存活下来的犹太人向人类发出了质问,也针对这样的问题送给人类一个特别的解决方案——意义治疗法。他作为大屠杀的幸存者,通过亲身经历残酷的迫害的感受,在无情的岁月中发现了生存的动力和人生的意义,并能将其植入心理学的研究领域,意义治疗法,实为20世纪存在主义哲学的伟大发明。

他并不是当年集中营里编号为119104的待决囚徒,而是让人的可能性得以扩大的圣者。这位历经沧桑的圣者对生命充满了热情,67岁开始学习驾驶飞机,并在几个月后领到驾照。80岁竟然还登上了阿尔卑斯山。

大学生应将自己的兴趣建立在社会兴趣的基础上,努力发展自我,将自己对生活、对生命的感受与生命意义结合起来思考,完善自己的人格,认识到自己生命的珍贵性、生命的脆弱性及生命的价值性。人的生命价值具体表现为生命存在与延续的价值、超越生命的价值,概括而言包括自我价值与社会价值。

正如奥斯特洛夫斯基所言:人最宝贵的东西是生命。生命对于我们只有一次。一个人的生命应当这样度过:当他回首往事的时候,他不因虚度年华而悔恨,也不因碌碌无为而羞愧——这样,在临死的时候,他就能够说:"我整个的生命和全部精力,都已经献给世界上最壮丽的事业——为人类的解放而斗争。"

中学教育大多属于"成才教育",此时的教育需要塑造人才,强调要考取好大学。虽重视了文化理论知识的传授,但缺乏对于生命的价值和意义等更深层次思考的引导。而大学教育应该是"成人教育",此时的教育目标是塑造成熟的个体,所以更重视对大学生进行受益终生的意志品质培养,引导大学生思考生命的意义。事实上,很多学生在考上大学后常常陷入人生低谷。理想和目标的缺失、大学宽松的时间管理和富有诱惑的外界环境,使得不少自制力较差的大学生很快颠覆以往良好的生活方式和学习习惯,失去人生目标,甚至质疑生命的意义。如果任由发展而不及时引导,就很容易陷入惰性思想的泥淖,沉迷网络或是用其他途径寻找最直接的乐趣,沉溺其中不能自拔。更严重的可能还会出现抑郁、自闭甚至自杀等极端事件。因此大学阶段的生命教育意义重大。

一、生活失去意义——"空心症"

在大学生中,觉得生活失去意义,整天浑浑噩噩、麻木不仁者不在少数。学者称其为"空心症"。

在2016年第九届新东方家庭教育高峰论坛主题演讲"时代空心病与焦虑经济学"上,北京大学心理健康教育与咨询中心副主任徐凯文在题为《30%北大新生厌学,只因得了"空心症"?》的演讲中提到:"空心病看起来像是抑郁症,表现为情绪低落、兴趣减退、快感缺乏,如果到精神科医院的话,一定会被诊疗为抑郁症。但问题是所有药物都无效。造成'空心症'

核心的问题是个体缺乏支撑其自身意义感和存在感的价值观。"

1."空心症"主要表现

"空心症"主要表现为以下几个方面：①从症状上来讲，它与抑郁症表现相仿，符合抑郁症的诊断；②患者会有强烈的孤独感和无意义感；③患者通常人际关系是良好的；④对生物治疗不敏感，甚至无效；⑤患者有强烈的自杀意念；⑥患者出现这个问题已经不是短时期的；⑦传统心理治疗疗效不佳。

2. 造成"空心症"的原因

"为什么要学习，对他们来说最重要的东西是什么？为什么要活着？他们觉得现在活着只是按照别人的逻辑活下去而已，他们不知道为什么活下去，活着的价值和人生的意义是什么？"徐凯文在提到大学生患"空心症"的原因时这样说。"他们为什么找不到自己？因为没有能够让他们看到一个人怎么样有尊严、有价值、有意义地活着，这个大概是根本原因。"大学生为什么会缺乏支持其意义感和存在感的价值观呢？

（1）成长过程中没有被真正地尊重，没有获得应有的尊严。尊重是对他人最大的善举。任何生命都应该被尊重。生而为人，就应当被无条件地尊重。这一点对任何人都非常重要。尊重不应该是附带条件的，否则就变成了某种变相的要挟。家长和老师应当在言传身教中表现尊重。尊重是当看到清洁工人辛苦地工作时感叹："看他们多辛苦啊，用双手勤恳地做好自己的工作！"而不是鄙夷地嘲讽："看吧，不好好学习的话，以后也就只能扫大街了……"后者会让人得到这样一个结论："原来，只有学习成绩好才能被外界尊重。"在这种教育下，孩子们学会了要拼尽全力去追求完美，一旦出差错，便陷入无尽地焦虑之中。

对大学生来说，亲人的尊重是在自己一次次犯错、一次次失败后仍能接受，并给予无限的理解和无尽的支持，而不是一味地数落、斥责和传递失望情绪。后者会加剧追求完美的焦虑情绪，因为亲近的人的消极态度和评价是致命的。这种对待错误的不宽容和不接受会成为极度迫使大学生"走正道"的紧箍咒，使他们伴着痛苦前行。

（2）成长过程中没有被充分地信任，缺乏应有的自信。从出生起，父母便充当了指导者和权威者。大多数人都是在"我来教你""我告诉你这样做才对""不听老人言，吃亏在眼前"之类的教导下长大的。在很多家长看来，孩子是没有独立思想和观点的，因而剥夺了孩子表达自我的权利；又自信地以为自己的看法和观点永远是对的，进而又否定和贬低孩子哪怕一点点的想法。长此以往，个体独立的观点就这样被扼杀在摇篮里了，长期的打压与否定也使其失去了自信。信任是给予个体时间和空间去完成力所能及的任务，是在历经失败和无助时，有人静静地陪在身旁，轻拍肩膀，给予鼓励和信心，而不是因失望的恶言相向。只有给予信任，才能使大学生身心健康。

（3）自身身心调适能力不足。新时代的大学生站在校园里眺望社会，大学生活也是逐步社会化的过程，人生价值观在这一时期形成并固化。学生从应试教育明显的高中进入更多追求"自我个性发展"的更高学府，部分学生会出现适应障碍，如由于考试方式的改变、家庭条件的影响、住宿环境的不同、就业压力的存在、人际关系的障碍、父母期望与自我个性发展不符等造成的适应不良。随着生理、心理和生活环境的改变，原有的心理预期被打乱，很容易使大学生心理失衡。面对心理的冲击，大部分学生可以通过身心的自我调适，达到身心的平衡和自我的和谐悦纳。身心健康且人格健全的生命积极热情，遇到困难和挫折可以迎难而上；但在自我探索的过程中，也有部分学生因为自我调适不当容易形成心理障碍、生命困境，如网瘾沉溺、自我否定、理想真空、人际焦虑等。研究表明，自我价值缺失和生命无意义感的学生容易陷入上述生命困境。同样，生命意义缺失情境下的个体容易出现负性情绪、空虚心理及自我认同危机，感到生命空虚，活着没有意义，自我没有价值。

因此，作为个体，首要的是树立珍爱生命的信念。在广袤的宇宙之中，每一个生命的降临都是一份极其宝贵的礼物，它并不仅属于拥有那个生命的人。我们没有理由剥夺作为礼物的生命，对此法国存在主义哲学家加缪做过最为精彩的论述。他认为"真正严肃的哲学问题只有一个——自杀"。在他看来，生活世界是荒谬的，燃烧又冰冷，生活要想有价值和意义，就得激情地反抗，"我抗争故我在"。一言以蔽之，要在荒谬而冰冷的世界里激情地燃烧，直到生命耗竭为止，这正是生命的尊严所在。"毫不妥协地非自愿地死是本质性的。自杀是一种弃绝。"加缪给了我们深刻的启示：在这个存有荒谬的世界上，重要的是我们要拒绝自杀，好好活着。蒙田也说："只有乐于生的人才能真正不感到死之苦恼。"

二、生命的责任感

奥地利心理学家维克多·弗兰克曾说：每个人都被生命询问，而他只有用自己的生命才能回答此问题，只有以"负责"来答复生命，因此"能够负责任"是人类存在的最重要的本质。我们是生命的歌者。我们的生命不仅是我们自己的，还是家人的、朋友的、社会的。尊老爱幼，宽容谦让，珍惜生命，倾情回报，都是我们的责任。世界因生命的存在而精彩，我们的生命因责任而升华！俄国著名作家车尔尼雪夫斯基也说过："生命，如果跟时代的崇高的责任联系在一起，你就会感到它的永垂不朽。"这是生命与责任的关系，就像鱼和水，两者密不可分。可以这样说，责任是生命的依托，如果丧失了责任感，生命就会成为枯枝败叶，没有鲜活的生气与价值。

（一）生命因责任而高贵

人间最珍贵的莫过于生命，而责任却给生命增加了生存的价值，增添了生命的活力，渲染了生命的色彩。责任，在中国思想史上最初有两种含义：一是表示臣民对君主、帝王，对"天"主动尽职和效忠；二是表示个人对自己行为的不良后果和过失负责。在西方思想史上，古希腊唯心主义哲学家苏格拉底把"责任"看作是"善良公民"为国家和人民服务所应具备的本领和才能。德莫尔利特指出，应当认定国家的利益高于一切，以便把国家治理好，决不能让争吵破坏公道，也不能让暴力损害公道。在这里，他把国家利益放在第一位，他认为公民要对国家利益负责任。可见，人的责任不是从人的生理需求和本能欲望中自发产生的，也不是上帝规定的，而是由人的职责、使命和任务规定的。归根到底是由社会地位决定的。

（二）生命因责任而精彩

1. 生命因承重和履行社会的责任而显得亮丽

世界上的每个生命都是唯一的，都是不同寻常的。生命的意义绝不在于一己之享受，既然来到这个社会上，就有责任为人类的进步、为社会的繁荣做贡献，做一个高尚的对社会有益的人。生命是一种与生俱来或后天萌发的责任，承担和履行这种责任的过程，就是探索和实现生命价值的过程。生命因承重、承担和履行着对自己、对他人、对社会的责任而显得亮丽、充实而富有意义。英国物理学家斯蒂芬·威廉·霍金被誉为当今最伟大的科学天才之一。他患上肌肉萎缩症,半身不遂,长年坐在轮椅上;他丧失语言能力,表达思想的唯一工具是一台计算机声音合成器;他用仅能活动的几个手指,操纵一个特制的鼠标器,在计算机屏幕上选择字母,单词造句,通过计算机播放声音,表达一个普通的句子都要花上五六分钟。但他仍然积极从事科学研究工作,他对时间、空间、黑洞、宇宙的起源与未来的创新理论,震撼整个科学界。

2. 生命不同的时期有不同的责任

懂得和敢于承担责任的人,即使被命运踩在脚底下也能够战胜命运爬向成功的巅峰。早在明末清初时期,我国大思想家顾炎武就发出了"国家兴亡,匹夫有责"的呐喊。华夏悠悠五千年,有屈原投身汨罗,虽九死其犹未悔;有杜甫闻官军收河南河北,"漫卷诗书喜欲狂";有陆游晚年悲痛地喊出"家祭勿忘告乃翁";有文天祥被捕入狱豪情挥洒"人生自古谁无死,留取丹心照汗青"……这些英雄,他们出色而悲壮地尽到了个人生命对于国家的责任。截瘫的史铁生因为对生命的责任而讲述遥远的清平湾的故事;残臂抱笔的朱彦夫因为对生命的责任写出了30万字的极限人生;"面对瘫痪我不哭",桑兰用迷人的笑容征服了世界。他们因为责任而在逆境中挣扎,使山穷水尽变得柳暗花明,也使悲剧性的生命变得伟大。

(三) 生命因责任而美丽

1. 个人对社会都负有使命和责任

在现实生活中,人们彼此之间存在着种种社会联系,并对社会和他人承担不同的责任、任务和使命。凡是在共同生活和活动的地方,都有责任和义务存在,也可以从个人对民族、国家、阶级、政党、团体等关系中发生。人作为一个民族、国家、社会和团体的成员,就负有对民族、国家、社会、团体和家庭的使命、责任或义务,因而也就有对社会和他人履行这些社会义务的责任。马克思曾经说过:"人们只有为同时代人的完美,为他们的幸福而工作,才能使自己也达到完美。"这就是说,只有为人民造福,使同时代的人更美好,为社会做出贡献,有较高的社会价值,才能使自己也达到完美,有较高的自我价值。过度关注自我价值的人,则会终生纠缠在"小我"的得失、悲欢中不能自拔。所以只有个体超越现实的物欲满足,超越生命自身的有限时空,追求精神的提升,从而得到人生幸福和存在的意义。

2. 真正的猛士敢于直面惨淡的人生

人从母体呱呱坠地就有了责任,童年时代的责任是健康成长,学生时代是学习,工作后便是对职业岗位负责。一旦明确了自我的角色,就要敢于承担,不管这种责任是大还是小。每个人的人生都不是一帆风顺的,抱怨没有用,逃避不可能,想飞也只是梦想。人生是现实的,现实的人生需要用现实的方法来处理。

因为责任,我们必须在逆境中挣扎,只有挣扎,才会使山穷水尽变得柳暗花明,才会使悲剧性的生命变得伟大。当人身处痛苦与灾难仍然能够自觉地选择某种道德及利他的行为时,他便无形中把痛苦与灾难转换成了某种人生的成就;因其有此成就,而使他在痛苦与灾难之中获得了意义与价值;因其有意义与价值,而使他有了活下去的愿望与追求;因其有了这样的愿望与追求,他就有可能在最为艰难的处境下、在最痛苦的状态里生存下去,从而使自我的生命保有了尊严。

3. 珍爱生命是一种责任

美国学者柏忠言在其著作《西方社会病》中,把自杀看成一种"社会病"。在他眼里,自杀既是缺乏社会责任感的结果,也是缺乏社会责任感的典型表现。社会责任感表现为不畏艰辛地承担生活中应当承担的责任,多为他人和社会着想,勇于自我牺牲,不是一心追求个人的享乐。在柏忠言看来,这正是现代西方自我毁灭者最缺乏的。弗兰克在其名著《活出意义来》中写道:一个人不能去寻找抽象的人生意义,每个人都有他自己的特殊天职或使命,而此使命是需要具体地去实现的。他的生命无法重复,也不可取代。所以每一个人都是独特的,也只有他具有特殊的机遇去完成其独特的天赋使命。"一个人一旦了解他的地位无可替代,自然容易尽最大心力为自己的存在负起最大责任。他只要知道自己有责任为某件尚待完成的工作或某个殷盼他早归的人而善自珍重,必定无法抛弃生命。"面对越来越多的自杀现象,启迪青年人的社会责任感,使他们能自觉以"人类一分子"或"社会公民"或"父母之子"的姿态反观自己的生命,努力地生活,克服因人生短暂和社会变化无常而滋生的虚无之感是至关重要的。

人类在享受自身发明创造成果的同时,也承受着前所未有的重负。一方面,生态环境的破坏、资源的日益枯竭、恐怖主义的泛滥、贫困、疾病和犯罪等,这一切都直接或间接地削蚀人的生命感,威胁着人类的存在;另一方面,人们都生活在追求成功的沉重压力之中,而成功并不一定使他们有幸福感,相反,面对传统文化所建构的意义世界的解体,面对瞬息万变及复杂多样的现代生活,不少青年人逐渐丧失了支撑其生命活动的价值资源和意义归宿,从而陷入了一种"存在性危机"中,处于深刻地"和自然疏离""和社会疏离"及"和人自身疏离"的困境焦虑之中。现代人对于死亡的态度表现为截然相反的两种:一种是生命意义的丧失会主动选择死亡;另一种则是由于贪恋现代科技发展所带来的物质财富等,而对死亡产生了比传统人更为强烈的死亡恐惧。这两种截然相反的态度,都是因由现代人不能够正视死亡,不能够正视人生而造成的无谓痛苦所致。有科学的死亡观才会有积极的人生观,只有真正地看清人生的短暂和无常,才会去珍惜和热爱活着的每一天,人才会活得充实和有意义。

心理学是对个体生命过程和意义的深层次的全面探索,既然死亡和生命本来就是互相依存的,我们怎么能忽略死亡呢?人们一直意识到所有的事物都会消亡,尽管有着恐惧和无所不在的消逝,我们仍必须找到一种方式去生活。许多思想家已经告诉我们:学会很好地生活就是学习如何能够很好地死去。

生命的责任同人生一样,也是一个过程,它随着生命主体之生命的延展而有所发展。换言之,生命的责任本身也具有其自身的生命,此即责任的生命。责任的生命在发展的过程中,既可以随着人生阅历的增加而有所提升,如孟子所说的"穷则独善其身,达则兼济天下";也会有减弱或消失的情况出现,如导致人生意义的失落,甚至导致对生命的否定等。因此,对于责任的生命,我们也要保证其能够健康地发展。这就需要首先肯定人是一种"意义的存在",在此基础上,进一步正视生命的责任,通过对于"生命的责任"与"责任的生命"的相互诠释,进一步肯定人之生命存在的意义与价值,以弥补现代人的人生意义的失落,重新确立起现代人的安身立命之本,重建现代人的精神家园。

三、生命的意义感

曾几何时,人类对于自身生命的意义发出了如下疑问:"生命的意义是什么?""何为生命之源""何为生命的本质""我为何而生""生命的真谛是什么",科学理论、哲学、神学等都做过形形色色的解答,但并没有达成共识。因为生命的意义并不单纯属于某个领域,任何只从某个领域去分析并给出的答案都是片面的,但是可以多层面去了解生命的意义所在。

生命意义感是指个体所赋予自己生命的独特理解和感受,它包含个体对生活的态度、生涯的规划及生命价值的看法。生命意义感是在动态的实践中,在感悟生命历程、适应生活、改造生活的过程中逐渐彰显出来的,生命意义感来自生活体验。只有把生命意义不同的生活状态置于更大的生活结构之间,才能从中找到以某种方式生存的理由及达到生命的永恒、理解死亡的意义。人只有在生活体验中才能获知人生的意义,感悟生命存在的幸福。因此,不同的生活状态会引发不同的生命意义感。

生活状态包含物质层面和精神层面。物质层面是指物质经济状况等。经济状况固然会影响人们对生命意义的理解,但精神层面的生活状态更加影响人们对人生意义的看法。人们一般不会因为家庭贫穷而自杀,可是如果个体觉得自己的生活状态很糟糕,就有可能结束自己的人生旅程。心理学研究表明:积极的生活状态,促使人不断地拓展生命的存在空间,不断地发展滋养生命、丰富生命的内涵,促进个体生命健康成长,从而达到实现自身成长的目的。具有积极生活状态的人,会立足当下,展望未来;会在当下的生活体验中认识生命的意义,以今日的努力去赢得明日的生命价值。即使现在物质匮乏,也绝不会将贫穷当作包袱而自卑。相反,贫穷的现实状况会成为他们改变现状的奋斗动力。即使在生命发展中遇到了挫折,也会采取积极的态度去应对,决不会以逃避的方式面对挫折。他们更容易树立正确的人生价值取向,对社会更有正义感、责任感,也更独立。他们既关注自身的工作、学习、爱情、家庭、事业发展;也关注社会发展、公共利益、法律规范。具有积极生活状态的人,更能体验到人生意义的伟大、生活的愉悦和幸福,更愿意创造生命的辉煌。

消极的生活状态,会消磨人追求生命意义的意志,颓废无聊、虚度光阴。具有消极生活状态的人,生活是盲目的,生命内容是空虚的,容易随波逐流,无法体验到人生的意义和愉快。尤其是当他们遇到挫折时,更容易出现逃避现实、抱怨生活、愤慨社会、推卸责任、敌对他人的情绪和行为,对人生产生失落、无奈和迷惘,以放弃生命的方式逃避面对的困难。

我国著名哲学家张岱年说过,人之所以为人,应该具备两个条件:一是拥有独立人格,即对自然、社会、自我的关系有充分的认识能力;二是有社会责任感。个人的成长过程就是个人从不完整的人成长为完整的人,不断提高自我认识能力和社会责任感的过程。

何为生命的意义?这个问题并没有一个简单的答案,因为在生命中的每一个人,每一天每一刻都是不同的。所以重要的不是生命之意义的普遍性和标准答案,而是在特定时刻每个人特殊的生命意义。你不应该问抽象的生命的意义是什么?每个人都有自己独特的使命,这个使命是他人无法替代的,完成使命的时机也是特定的。

由于生命的每一种情况,对人来说都是一种挑战,都会提出需要解决的问题。所以生命意义的问题,实际上被颠倒了,不应该问生命的意义是什么?而是要问生命向他提出了什么问题。简单来说,生命对每个人都提出了问题,他必须通过自己对生命的理解,来回答生命所提出的问题,对待生命,他只能担当起自己的责任。

四、死亡和死亡的价值

死亡意味着生命个体的终结,意味着个体的毁灭。从人生学的意义上讲,死亡就是对人的现实生命的最终否定。人的死亡既是自然现象又是社会现象。作为大学生,正确面对生死问题,应该做到以下几点。

1. 明白死亡是自然规律的体现,是自然变化流转的一个环节

史蒂夫·乔布斯在斯坦福大学2005年毕业典礼上的演讲中说过,"记住你即将死去"是我一生中遇到最重要的箴言。它帮我指明了生命中重要的选择。主动思考生死问题,自觉地对自我生存环境进行体察,克服死亡焦虑和恐惧,思索生命价值,在有限的生命中活得更有价值和意义。

2. 有意识地培养自己的生命责任意识

生命是一种责任,承担和履行这种责任的过程,就是探索生命价值的过程。大学生对生命的漠视,自杀、杀他等行为其实就是缺乏一种对自己、对他人生命的责任感。在对大学生生命责任意识的培养上,高校应让学生首先自我肯定、忠实于自己,为自己的生命负责,并真诚地立足于自己的生命去寻求人生的意义。对自己的生命负责,这是一个人最起码的责任心。只有对自己人生负责的人,才可能对其他人、其他事情负责,才会珍惜生命。我们应该知道生命是有尊严的,要善待自己的生命,并且由此推己及人,善待一切生命。另外,还应了解,大学生在尊重自己生命的同时,也要尊重他人的生命,要懂得每个人都有拥有自己生命的权利,尊重他人的生命权,才能保证自己生命权利的完整性。

3. 平时应该加强对抗挫折的素质培养

大学生处于心理成熟的关键期,依赖性与独立性在头脑中共存。为了更好地适应社会,也为了自身更好地成长与发展,大学生应该有意锻炼自己克服困难、经受考验、承受挫折的能力。因为进行生死教育,甚至生命教育的落脚点就是要提升大学生面对困难和挫折的能力,形成朝气蓬勃、昂扬向上的精神状态,学会砥砺意识、调控心理、挑战苦难,不断在实践中了解自我、改变自我、接纳自我,从而从容应对压力、竞争、选择和变化。

4. 培养自身的生命信仰

信仰,是人们对其所认定的体现着最高生活价值的对象始终不移的信赖和执着不渝的追求。作为一种终极价值目标,信仰是人类精神生命的最终依托。德国著名哲学家卡西尔说过:"人用以与死相对抗的东西就是他对生命的坚固性、生命的不可征服性、不可毁灭的统一性的坚定的信念。"

5. 追寻生命的价值和意义,探寻心理深层的精神世界

生命价值是指具有生物属性和社会属性的完整的人的生命价值。判断生命价值的依据主要有两个因素:一是生命本身的质量,即内在价值;二是某一生命对他人、社会的意义,即生命的外在价值。增强学生的生命力和对生命质量追求的意识。大学生应当去主动认识、追求真、善、美的意义,使大家在意义体验、追求中肯定自我、完善自我,不断提升生命质量,实现人生社会价值和自我意义的融合。

6. 提高自身面对死亡威胁时的自救能力,掌握基本的应急避险技能和生存本领

拥有较高的心理素质,能够在遭遇地震、火灾、车祸、溺水等灾难时,不慌张、不盲从,做到冷静自救、救他,从容互帮互助。

最后,请同学们面对死亡问题时不必过于紧张,其实每个人面对死亡都会存在一定的恐惧心理,而适度的死亡焦虑,可以让人们正视生命是有限的,能够更加珍惜自己所拥有的一切,在有限的生命中实现自己的价值和意义。因此,这种适度的焦虑能产生强烈的内驱力,让人们更加爱护自己的身体,努力生活,认真工作,并迸发出旺盛的创造力和斗志。

第三节 提升生命的价值

课前思考:
(1) 生命的价值是什么?当我们觉得生命有价值、有意义,就不会焦虑于生或死的问题。
(2) 美好的人生是被爱所唤起,并被知识所引导,而最好的生活是建立在创造生活的基础上的。人的生命都是有限的,怎样在有限的生命中使自身价值最大化?

案例导入

喀喇昆仑高原,横亘西部边境。这里是祖国的西部边陲,也是守卫和平安宁的一线。来自天南海北的一茬茬官兵,扎进茫茫群山,挺立冰峰雪谷,用热血和青春筑起巍峨界碑。2020年4月以来,有关外军严重违反两国协定协议,在加勒万河谷地区抵边越线修建道路、桥梁等设施,蓄意挑起事端,试图单方面改变边境管控现状,甚至暴力攻击我前往现地交涉的官兵。

面对外方的非法侵权挑衅行径,我边防官兵保持克制忍让,尽最大诚意维护两国关系大局和边境地区和平安宁。在忍无可忍的情况下,边防官兵对暴力行径予以坚决回击,取得重大胜利,有效捍卫了国家主权和领土完整。

官兵们敢于斗争、敢于胜利,展现出誓死捍卫祖国领土的赤胆忠诚和一不怕苦、二不怕死的战斗精神,涌现出某边防团团长祁发宝、某机步营营长陈红军和战士陈祥榕、肖思远、王焯冉等先进典型,彰显了新时代卫国戍边英雄官兵的昂扬风貌。在前出交涉和激烈斗争中,团长祁发宝身先士卒,身负重伤;营长陈红军、战士陈祥榕突入重围营救,奋力反击,英勇牺牲;战士肖思远,突围后义无反顾返回营救战友,战斗至生命最后一刻;战士王焯冉,在渡河前出支援途中,拼力救助被冲散的战友脱险,自己却淹没在冰河之中。

中央军委授予祁发宝"卫国戍边英雄团长"荣誉称号,追授陈红军"卫国戍边英雄"荣誉称号,给陈祥榕、肖思远、王焯冉追记一等功。

一、生命价值

生命价值是人的价值的重要组成部分。人作为有生命的存在物,不同于一般生命,因为一般生命只是具有"物"的价值,而人的生命却具有"生命价值"。裴多菲说:"生命的多少用时间计算,生命的价值用贡献计算。"人的生命的价值具体表现为生命存在的价值、生命延续的价值和超越生命的价值。无论是寿命的长短还是个人享受的多少,个人在延续生命过程中所创造价值的大小才是衡量人的生命延续价值的唯一正确尺度。既然生命只有一次,我们还有什么资格漠视生命?是的,生命是美好的,我们都应珍惜生命,敬畏生命,敢于直面人生,从而活出生命的价值。

人的生命是无价的。人的生命从属性上划分为自然生命和社会生命。如果说生命是无价的,那是从自然生命的意义来说的。这是因为一个新的生命的降生,其价值是难以估量的,更何况父母授之以身,在时间和历史的长河流动中,人的生命再还原或者说回归到自然起点是不可能的。无论卑微还是高贵,一个生命一旦逝去,无法再有另一个替代者。人的一切活动都是在人的生命的存在这样一个前提下进行的,因此,人最宝贵的是生命,生命属于每个人只有一次,惊鸿一般短暂,夏花一样绚烂,我们应该热爱、珍惜我们自己的生命。

从生命的社会价值来看,一个人的生命活动对他人和社会的贡献越大,其社会价值就越大。这个贡献可以是物质的,也可以是精神的。浪费生命就是放弃创造人生价值的机会,就是放弃人生责任。上苍赋予了我们生命,不管我们的生命或强或弱,但都不能抹杀我们生存的意义,也不能否定我们生命的价值。

生命的价值不在于生命的长短。有一道雨后的彩虹看到弧形的石桥,对她说:"我的大地上的姐妹,你的生命可比我长久多了。"石桥回答:"怎么会呢?你那么美,在人们的记忆中必然是永恒的。"不错,彩虹的生命没有石桥永久,石桥也的确没有彩虹美丽。然而石桥固然不美,但它长久地稳固地架于两岸之上,默默地沟通彼此,默默地为人们工作,这是它生命的价值;彩虹的存在固然只是雨过天晴的瞬间,但它那瞬间的美丽却给人们留下永久的记忆。这同样是生命的价值。生命的价值不在于时间的长短,而在于生命的宽度,还在于它给人们留下了什么样的记忆。

人的生命之所以具有价值,还在于它具有创造价值的价值,即人的生命具有潜在的创造性劳动能力。这种劳动能力的展开和发挥就是生命的社会价值。由人的潜在的创造性劳动能力所构成的生命价值具有两层含义:第一层是由人的个体天赋、智能、身体素质、知识修养和智慧储备等综合因素构成的,能创造出一定的物质财富的劳动力价值,这是可以用一个确定的量来衡量的物化形态价值;第二层是由传统、风俗、习惯以及思想政治教育、道德品质修养等因素在心灵深处所构成的,能创造出一定的精神财富的伦理思想价值,又叫道德价值。因此生命不是无价的,价值的大小在于每一个人的生命活动对自身对社会的满足程度,因此,应该使有限的生命发挥应有的价值。

知识拓展　　　　　　　**理解生命的八个HOW**

(1) 你如何定义你的出生?

(2) 你如何解读发生在你身上的事情?

(3) 你如何理解已经发生或是可能发生在你或别人身上的疾病?

(4) 你如何体验亲密关系?

(5) 你如何体验爱?

(6) 你如何在活着的时候,展示你的生命?

(7) 你如何理解这个世界?

(8) 你如何体验死亡并从中有所学习?

二、提升生命价值

(一) 重拾自我勇气,主动面对逆境

请大家思考一个问题:人类对珠穆朗玛峰的攀登挑战是否有意义?为什么明知"问天

难",偏偏"向天问"?而且为何那么多的探险者偏向"虎山"行?

答案是肯定的。因为在极限环境中,人们通过战胜自然困难和人性的弱点可以升华自我甚至人类生命的价值。而生命之于每个人只有一次,那么,我们要想在有限的生命中展现与提升生命的价值,就需要在下面这几个方面重拾勇气,主动面对逆境或挑战。

1. 勇于犯错误

大学生都是天之骄子,大家都认为暴露自己的不完美或犯错误,可能会伤害自尊,以致内心充斥诸如负罪感、全能感幻觉破灭、害怕他人目光、对以后生活充满担心。但是,犯了错误就一定会一蹶不振、不能翻身吗?我们要相信,如果让错误孕育未来的成功,在失败时勇敢直面自己的得失,我们就能够重新站起来,也能让生命之花绽放得更加精彩。

2. 敢于承担责任

当遇到困难,指责别人总是最容易做的事情,然而,只有勇于承担责任,才是迈向积极转变的第一步。

从心理学角度来说,如果一个人在心理成长的过程中,自我发展受到妨碍,就会出现这种情况。如果个体挫折耐受力极差,一旦出现问题,就会认定自己是受害人,自然而然地把责任归咎他人。当受害人的好处,是不用承担责任,并且可以得到他人的同情。在大家直面错误、承担责任的过程中,需要坚强的意志、宽广的胸怀,还有就是时间。在转变的过程中,会战胜恐惧和成见,转变对他人和自己的看法。

3. 在适当时刻敢于说"不"

作为群居动物的我们在人群中很难反驳、不同意,甚至发脾气。但是,我们应该学会适时拒绝那些过分的要求,学会表达自己的愿望,学会说"不"。敢于说出"不"表示反对,学习说出"是"表示真诚,这么做的目的,是因为我们真正关心自己与他人关系的质量,我们希望这种关系不再是出于客套或是利用了别人的企图,而是建立在真诚和尊重的基础上——真实地尊重他人,尊重自己,尊重生命。

4. 敢于面对变化

不论变化是否出自我们的意愿,我们都会不可避免地要远离已经熟悉的路线,进入新的环境,例如升学、毕业,任何时候,生命都会不可遏止地往前行进。此时,我们要懂得,过去建立的习惯不再起作用,只能依靠对于生命价值和意义的信念前行。

(二)养成乐观习惯,提升生命价值

平时出现的焦虑、抑郁等心理症状,都是源自不安全感滋生而出的不良思维习惯。如果想摆脱这些不良心理,就要改变习惯。当然,改变多年的思维习惯并非易事,建立积极的思维,养成良好乐观的习惯,用不懈努力,换来精彩变化。

课堂互动

1. 案例呈现

张桂梅同志扎根边疆教育一线40余年,默默耕耘、无私奉献,为了改变贫困地区女孩失学辍学现状,在党和政府以及社会各界的帮助下,推动创建了一所免费招收贫困女生的高

中,2008年建校以来已帮助1800多位女孩走出大山、走进大学,用知识改变贫困山区女孩命运,用教育阻断贫困代际传递;她教书育人、立德树人,引导学生从小树立远大志向,倡导女性自尊、自信、自立、自强,注重言传身教,传承红色基因,让"感党恩、听党话、跟党走"成为广大学生自觉追求;她坚韧纯粹、甘当人梯,用爱心和智慧点亮万千乡村女孩的人生梦想,展现了当代人民教师的高尚师德和责任担当,被孩子们亲切地称为"张妈妈"。她曾当选党的十七大代表,荣获"全国三八红旗手标兵""全国优秀教师""全国教书育人楷模""全国五一劳动奖章"等荣誉称号。2021年2月17日,被评为"感动中国2020年度人物";2月25日,荣获"全国脱贫攻坚楷模"荣誉称号;6月29日,张桂梅被中共中央授予"七一勋章",并在"七一勋章"颁授仪式上发言讲话。

2. 案例讨论

(1) 结合自身谈谈你对生命价值的理解。
(2) 如何提升自己的生命价值?

知识拓展

扫码阅读用智能产品赋能美好生活。

用智能产品
赋能美好生活

本章小结

认识生命是生命教育的重要内容之一,其目的在于使大学生认识生命、认识自己,了解生命的源起、发展、终结等自然特性,从根本上体悟生命的有限性,在全面认识自己的基础上,科学地正视生命,理性地面对死亡,尤其是对死亡问题采取不回避、不惧怕的态度,在珍爱自己生命的成长历程中,始终关注健康,保持阳光心态,成为热爱生活的强者,帮助和引导大学生认识到生命的宝贵、生命的独特,从而更加珍爱自己、珍惜生命。

人不仅是环境和生物条件的产物,人是有自由的选择权利的,但是自由同时还意味着责任,意味着我们必须对自己的决策和行为负责任。

所以我们要认真对待自己的生命,赋予自己正确的使命和意义,才能发挥自己的潜能,让生命更有价值。

生命是一个奇迹,作为青年一代的大学生,要学会珍惜有限的生命,提高幸福感,活出生命的精彩。对于我们每个人而言,没有了生命,就没有了一切的基础,放弃生命,就是放弃存在的基础。唯有生命的存在,我们才能感知与这个世界的联系,才能在存在中绽放我们的美丽,把有限的生命投入到无限的为人民服务中去,才能体现自身的个人价值。

资源链接

扫二维码分享好书和电影。

第十四章
资源链接

第十五章

心理危机应对与幸福人生

章节导言

生命是一切智慧、力量和美好情感的唯一载体。苏格拉底曾说,生命中最有价值的事,莫过于生命本身。

通过本章节的学习,理解生命的内涵,把握大学生常见心理危机的种类和特点,学会敬畏生命,树立更好的珍爱生命的意识;掌握心理危机识别、预防和处理的策略,从而更加珍惜生命,找到通往幸福人生的途径,绽放生命之美。

学习目标

【知识目标】
1. 了解心理危机的概念;
2. 熟悉大学生心理危机特征和表现;
3. 学习了解积极心理学理论。

【能力目标】
1. 掌握初步干预心理危机的方法;
2. 熟练掌握幸福人生的策略。

【课程思政】
1. 树立正确的网络观;
2. 自觉养成健康的网络意识。

第一节 大学生心理危机概述

> 课前思考:请闭上眼睛,让身体处于放松状态,左手轻轻搭在右胳膊上,右手轻轻搭在左胳膊上,拥抱自己,静静地感受内心涌起的温暖,开始思考以下问题。
> (1) 你是否经历过重大的危机事件,哪些属于心理危机?
> (2) 心理危机产生的原因是什么?心理危机有哪些表现?

 **案例导入**

2020年年初,一场突如其来的新冠肺炎疫情打破了我们以往正常的生活。新冠肺炎疫情发生后,党中央高度重视,习近平总书记指示:"要把人民生命安全和身体健康放在第一位。"党中央迅速做出部署,提出"内防扩散、外防输出"的总体要求,把控制传染源、切断传播途径作为关键着力点;实施全国一盘棋,在党中央的统一部署下,全党、全军、全国人民众志成城、团结奋战,在湖北花10天时间建成火神山医院、12天时间建成雷神山医院,短时间内建立了20座方舱医院;同时迅速组织全军及29个省区市共330多支医疗队紧急驰援湖北,共41600多名医护人员投入这场没有硝烟的人民战争。各级基层党组织按照党中央"全面动员、全面部署、全面防控"的要求,从城市到乡村、从医院到社区、从工厂到学校,全面落实联防联控措施,确保党中央的决策部署落实到位。危急时刻,广大党员干部率先垂范,冲锋在前。老党员钟南山,以八十四岁高龄再次出征;火神山工地,270名党员组成的党员突击队昼夜奋战;广大党员医务工作者身先士卒,奔赴救治一线……广大党员以生命守护生命,用担当践行誓言。

突发的疫情是威胁人类生存的外在危机,威胁人类生命安全的还有内在的心理危机,例如互联网上常常能看到大学生因为恋爱、人际关系、亲子关系冲突等原因轻视生命的想法和行为的报道。危机时刻存在,应该怎样应对这些危机呢?

一、心理危机的概念

心理危机(psychological crisis)是指个体在遇到突发事件或面临重大的挫折和困难,当事人自己既不能回避又无法用自己的资源和应激方式来解决时所出现的心理反应。

美国心理学家卡普兰(1964年)首次提出心理危机理论。他认为,每个人都在努力保持一种内心的稳定状态,使自身与环境稳定协调,当重大问题和剧烈变化使个体感到问题难以解决时,平衡就会被打破,正常的生活受到干扰,内心的紧张不断积累,继而出现无所适从甚至思维和行为紊乱,进入一种失衡状态,这就是心理危机的状态。

张光涛等认为心理危机可以指心理状态的严重失调,心理矛盾激烈冲突难以解决,也可以指精神面临崩溃或精神失常,还可以指发生心理障碍。它是由一些心理冲突引起的一种内部心理状态或生理反应,包括:个体或群体面临的损失、危险、不幸、羞辱、不可控性、日常生活的崩溃、不确定性和隐性的沟通。

大学生心理危机就是指学生个体运用寻常应付方式不能处理目前所遇到的内外部应激而陷于极度的焦虑、抑郁甚至失去控制、不能自拔的状态。

二、大学生心理危机的现状和表现

(一)大学生心理危机的分类

对大学生这个特殊群体,从危机的性质、危机刺激来源以及危机生活事件三个角度,将大学生心理危机分为以下几类。

(1)根据危机的性质,将大学生心理危机分为四类:发展性危机、境遇性危机、存在性危机和内心危机。发展性危机是指个人在正常的成长和发展过程中,急剧的变化或转变所产生的异常反应。境遇性危机是指个人无法控制或预测的突发或超常事件,例如交通事故、自然灾害等。存在性危机是指一些人生重要而根本问题(人生目的、意义、价值、责任等)的出现导致的个人内心的冲突和焦虑。内心危机是指潜意识中固有的某种心理问题的爆发。

(2)根据危机刺激的来源,将危机分为两种情况:内源性危机和外源性危机。内源性危机实质上就是成长性危机;外源性危机又称环境性危机或适应性危机,是由外部事件引起的危机。

(3)根据心理危机的生活事件集中体现,将大学生心理危机分为五类:学业危机、境遇危机、适应危机、人际危机和爱情危机。学业危机是指与学习有关的心理危机,例如不喜欢自己的专业、考试失利、网络成瘾、考研压力、不能正常毕业等。境遇危机是指由外在的应急事件导致的一些突如其来的、无法预知的心理危机,例如父母离异、遭遇交通意外、突发重大疾病等。适应危机主要表现为新生入学适应问题、离开父母和高中好友的心理适应问题、缺乏归属感等。人际危机主要是指不能建立起正常的人际关系,例如觉得交朋友很麻烦、无知心朋友、人际矛盾或冲突等。爱情危机主要指恋爱关系终止后的心理冲突、婚前性行为的困扰、单相思的心理困扰等。

(二)大学生心理危机的特征

(1)危险与机遇共存。对于处于危机中的大学生来说,危机既意味着危险,又蕴藏着机遇。如果危机过分严重,压力状态下会导致大学生生理功能的紊乱或精神上的崩溃,甚至出现自伤或伤人,这就是危险。如果在危机的状态下,个体及时得到了适当有效的治疗性干预或帮助,并从中学会了新的应对技能,不但重新得到心理平衡,还能让心理发展更成熟,这就是机遇。

(2)复杂与系统并存。危机是复杂的,它不遵循一般的因果关系规律。危机的症状就像一张网、个体环境的所有方面都相互交织在一起。一旦危机出现,会有很多复杂的问题同时出现。此外,个体的外部环境决定着危机处理的难度,个体的社会支持系统就直接影响问题解决的新的平衡状态的形成。

(三)大学生心理危机的产生原因

大学生心理危机的产生不是单方面的原因引起的,而是综合多方面的原因。包括个体与自我的冲突、个体与他人的冲突、个体与环境的冲突、观念和文化的冲突等。

1. 个体与自我产生冲突引发的心理危机

(1)个人心理发展的冲突。大学生处于心理发展的特殊时期,心理结构各部分发展不平衡,其自我意识常有矛盾的状况,表现为理想与现实脱节、理性与非理性相交织、独立性与依赖性共存等,一旦受外界困扰,就容易引发心理危机。

(2)人格发展不完善。樊富珉认为容易陷入心理危机状态的个体在人格上有一定的特异性,表现在以下几方面:看问题比较表面和消极;过分内向;做事瞻前顾后,犹豫不决;情绪不稳定;自信心低;过于依赖他人;行为冲动等,这种类型的人比较容易产生心理危机。张金明认为,人格的核心是价值观,在个体的心理及行为系统中起核心和支配作用。在应试教育的影响下,部分大学生自我价值取向单一,把学习成绩看作评价自己价值的唯一标准,而忽视其他各方面素质的培养,上大学后发现自己很多地方不如别人,容易产生自我认识偏差,从而引发心理危机。

2. 个体与他人产生冲突引发的心理危机

(1) 人际关系适应不良或交际困难。来自不同地方的同学之间,由于生活习惯、性格、兴趣的差异不可避免地产生摩擦或冲突,有的大学生不能正确处理这种冲突,导致心理失衡,表现为自卑、抑郁、悲观、怨恨等负面情绪,从而引发心理危机。

(2) 失恋或情感问题。当前,大学生谈恋爱的现象越来越普遍,但是大学生的身心发展还不成熟,由于缺乏经验,不能正确处理复杂的感情纠葛问题,一旦失恋有些大学生就会产生情感危机。

(3) 心理支持系统的缺乏。大学生要维持自己的心理健康,需要有一个来自亲人、朋友、同学等多方面的心理支持系统。有很多大学生的心理比较闭锁,即使有心理问题,也不愿向周围的人倾诉、不愿意求助专业人员,长久积累下去,一旦超越心理承受能力,必然引发心理危机。

3. 个体与环境产生冲突引发的心理危机

(1) 个体与社会环境的冲突。现代社会转型加速,科技迅猛发展,市场经济初步确立,导致社会竞争压力加大,使得不少大学生精神迷茫,常常陷入剧烈的心理冲突之中。

(2) 个体与学校环境的冲突。一方面来自学习压力。学校为了提高毕业生的就业率以在生源竞争和高校评估中居于更好的位置,于是在学科设置、课程数量、质量评估等方面带给学生一些压力。另一方面来自就业压力。近年来就业形势严峻,大学生为增加就业机会,拼命参加各种形式的等级考试和资格考试,使得部分大学生长期处于身心疲惫状态,从而引发心理危机。个体与家庭环境的冲突。高校并轨招生以来,学费成为贫困地区学生沉重的经济压力和心理负担,由此出现了贫困生的心理危机问题。

(3) 个体与网络环境的冲突。网络媒体构筑的虚拟空间,易使人心理变异,部分大学生长期沉溺于网络,以致分不清虚拟与现实。另外,由于受网络暴力和网络色情的影响,部分大学生滋生暴力倾向,自我与现实产生冲突,进而引发心理失调。

4. 观念价值体系与文化价值体系的冲突引发的心理危机

心理危机实质是观念价值体系与文化价值体系的冲突。我们日常所指的价值体系,一个蕴涵于我们所生活的文化精神中,另一个存在于人的意识和观念中。价值观念决定着人的行为的心理基础,它规定着人们追求"什么是应当""什么是有意义",而现代社会意义追求的物质化、主观化和禁锢化,使得人的价值观念体系的追求无法得到文化精神所做出的承诺,从而产生心理危机。

  春季预防心理疾病

春天是心理疾病患者最危险的季节,由于天气变化,病人情绪波动大,成为心理疾病发作的主要诱因。春季容易发生心理疾病的原因有三方面:一是气压比较低,人感觉比较压抑;二是由于生物的代谢进入旺盛期,周围的物体在这个季节会发出一种次声波,影响人的内分泌系统,导致人体内分泌的激素紊乱;三是春天气候变化比较大,影响人的情绪发生波动。加上早春天气变化大,会造成人体一些内环境的变化,心里烦躁空虚,容易引发各种精神疾病的发生和复发。一些性格孤僻的人,甚至会产生自杀心理。

在春季的各类精神疾病中,抑郁症较为常见。心理学专家研究结果表明,一般来说,生活比较单调或内向、不合群、不爱说话、独往独来、孤僻及心理素质比较低的人比较容易患抑郁症,他(她)们平日里比较沉默寡言,喜欢沉湎在自己的精神世界里,不愿与人交往。与此同时,这些人性格软弱、多愁善感、对自身的健康过分关注,当遇到不良的心理社会因素,如工作压力过重、人际关系紧张、家庭矛盾、患有躯体疾病等因素时易出现担心、焦虑、无助,加上春季这样特殊的气候,难免发生抑郁苦闷悲观情绪。

治疗抑郁症的专家指出,抑郁症大致可以分为轻度抑郁、中度抑郁和重度抑郁,一般轻度抑郁比较容易通过多种方式自行缓解,而重度抑郁则可使人产生自杀倾向,"抑郁自杀的成功率比正常自杀的成功率要高20倍"。所以,如果抑郁症得不到很好的疏导和治疗,进入重度抑郁阶段,就很容易酿成悲剧。有调查表明,在春季,凌晨三四点时是抑郁症患者自杀的高峰期。

三、大学生心理危机的产生阶段

大学生心理危机的形成和演变过程分为以下四个阶段。

1. 警觉阶段

大学生在面临创伤性应激事件时通常会导致情绪焦虑水平上升并影响正常生活,他们会立即调动自己以前在压力下习惯采用的策略或常用的应对机制来抵抗焦虑所导致的应激和不适,试图恢复原有的心理平衡。处于这一阶段的大学生多半不会向他人求助,有时还会讨厌别人对自己处理问题的策略指手画脚。

2. 功能恶化阶段

经过第一阶段的尝试和努力,处在困难中的大学生发现自己惯常使用的解决问题的办法未能奏效,常用的应对机制不能解决目前所存在的问题,创伤性应激反应持续存在,焦虑程度开始增加,生理和心理等紧张表现加重及恶化。在这个阶段,个体的社会适应功能明显受损或减退。为了找到新的解决办法,他开始尝试错误的方法来解决问题,向外界求助。需要指出的是,这时的求助行为只是他尝试错误的一种方式。高度情绪紧张多少会妨碍当事人冷静地思考,也会影响他采取有效的行动。

3. 求助阶段

如果经过尝试错误未能有效地解决问题,当事者的情绪、行为和精神症状进一步加重,内心紧张程度持续增加,促使其想方设法地寻求和尝试新异的解决办法,应用尽可能地应对或解决问题的方式来力图减轻心理危机和情绪困扰,其中也包括社会支持和危机干预等。在这一阶段中,当事人的求助动机最强,常常不顾一切,不分时间、地点场合和对象而发出求助信号,甚至尝试自己过去从来不会去做的事情,例如向心理咨询师求助。值得一提的是,此时的他最容易受到别人的暗示和影响。

4. 危机阶段

如果当事者经过前三个阶段仍未能有效地解决问题,他很容易产生习惯性无助。他会对自己失去信心和希望,甚至对自己整个生命意义发生怀疑和动摇。很多人正是在这个阶段应用了不恰当的心理防御机制,使得问题长期存在、悬而未决,当事者可出现明显的人格障碍、行为退缩、精神疾病。有的甚至企图自杀,希望以死摆脱困境和痛苦。强大的心理压力有可能触发从未完全解决的、曾被各种方式掩盖的内心深层冲突。有的当事人会产生精神崩溃和人格解体。

第二节　大学生心理危机预防与干预

课前思考:根据下面的描述,判断哪些是心理危机的信号?
(1) 流露出绝望、无助,对自己或这个世界感到气愤,将死亡或抑郁作为谈话、写作、阅读的内容。
(2) 情绪明显不同于往常,焦躁不安、常常哭泣、行为怪异粗鲁。
(3) 抓伤、划伤自己的身体,或在身上做标记。
(4) 陷入抑郁状态,食欲不良、沉默少语、失眠。
(5) 回避与他人接触,不愿见人。
(6) 情绪突然高涨,如个性行为突然改变,像变了一个人似的。
(7) 学业质量突然显著恶化或好转,慢性逃避,或拖拖拉拉。
(8) 无缘无故收拾东西,向人道谢、告别,归还所借物品,赠送纪念品。

案例导入

小亮是某高职院校某专业大一新生,性格内向、沉默少言,平时唯一的爱好就是玩手机游戏。入校以来,与同寝室同学关系较疏远,有时还会因为一点小事情与同学发生争执,给同学和老师的印象就是内向、孤僻,不合群。父亲在外打工,平时与父亲关系疏远,和母亲的关系也不太好,时常与母亲发生争吵,心里太难受时,还会用铅笔划伤自己的手腕。国庆节回家后,和母亲的矛盾爆发,在和母亲的争吵中不慎将母亲推倒。事后,他又生气又自责,心里想不开,于是他来到河边打算跳下去……闻讯赶来的邻居,将他救了回来。

案例中的小亮性格比较内向偏执,在与亲人发生矛盾后,不知道如何缓解心中的消极情绪,谋生了自杀的想法,并想自杀结束生命。这就是典型的心理危机案例。

一、心理危机的识别

(一)心理危机的识别标准和指标

心理危机通常是突发的,如果能得到及时的控制和缓解,可以避免重大的生命安全事件发生,这就要求同学们要掌握一定的识别心理危机的方法。具体来讲,大学生识别心理危机主要有以下的标准和指标。

1. 确定心理危机的三项标准
(1) 存在具有重大心理影响的生活事件。
(2) 引起急性情绪扰乱或认知、躯体和行为等方面的改变,但又不符合任何精神病的诊断标准。

(3) 危机当事人用现有的防御机制和应对方式无法有效处理当前的问题和困难。

2. 诊断的具体指标

根据郑希付先生的《临床心理学》有关内容,可以把情绪、认知、行为、躯体四个方面的表现作为大学生心理危机的识别重要指标。

(1) 情绪方面。当事人表现高度的焦虑、紧张、丧失感、空虚感,且可伴随恐惧、愤怒、罪恶、烦恼、羞惭等。

(2) 认知方面。身心沉浸于悲痛中,导致记忆和知觉改变,难以区分事物的异同。体验到的事物间关系含糊不清,做决定和解决问题能力受影响,有时害怕自己发狂,一旦危机解决,可迅速恢复知觉。

(3) 行为方面。不能专心学习或工作;回避他人或以特殊方式使自己不孤单;令人生厌或黏着性;与社会联系破坏,可产生对自己或周围的破坏性行为;拒绝帮助;认为接受帮助是软弱无力的表现;行为和思维情感不一致;出现过去没有的非典型行为。

(4) 躯体方面。有失眠、头晕、食欲不振、胃部不适等情况。

当大学生出现四个方面中的两个或两个以上方面的表现,可判断为他出现了心理危机。

(二) 自杀的识别

1. 自杀概述

自杀是有意识地、自愿地结束自己生命的行为。自杀一般包括三个方面的内容:自杀意念、自杀未遂、自杀死亡。

2. 自杀的主要原因

(1) 突发应激事件导致的自杀。人在特殊的情境下或者面对某个目标任务时,会产生强大的心理压力,例如遭遇情感受挫、学业困难、经济压力、就业压力、突发身体疾病、家庭重大变故等。大学生在遭受这些应激事件时,只有较少部分人会选择用自杀的方式来结束生命。

(2) 由人格障碍导致的自杀。成长过程中,不同的个体形成了一些独特的认知体验和行为反应倾向,当个体遭遇特定事件时会出现消极的认知和行为反应。例如,当一次考试失败就感觉糟糕至极,觉得自己人生再也没有希望,无法坦然地面对失败。

(3) 因为心理障碍和心理疾病导致的自杀。研究表明,抑郁症和精神分裂症是导致大学生自杀的重要原因。

3. 自杀危机的识别

(1) 自杀的阶段。自杀不是突然发生的,它有一个发展的过程。日本学者长冈利贞指出,自杀过程一般经历:产生自杀意念→下决心自杀→行为出现变化+思考自杀的方式→选择自杀的地点与时间→采取自杀行为。对于不同年龄、不同个性、不同情境下的人,自杀过程有长有短。

我国学者一般把自杀过程分为三个阶段。

① 自杀动机或自杀意念形成阶段。表现为遇到难以解决的问题,想逃避现实,为解脱自己而准备把自杀当作解决问题的手段。

② 矛盾冲突阶段。产生了自杀意念后，由于求生的本能会使打算自杀的人陷入生与死的矛盾冲突之中，从而表现出谈论自杀、暗示自杀等直接或间接表现自杀企图的信号。

③ 自杀行为选择阶段。从矛盾冲突中解脱出来，决死意志坚定，情绪逐渐恢复，表现出异常平静，考虑自杀方式，做自杀准备。如买绳子、搜集安眠药、爬高楼等。等待时机一到，即采取结束生命的行为。

知识拓展

你了解自杀吗？请扫二维码一起来看看关于自杀的误解。

关于自杀的误解

（2）大学生自杀危机的识别。在大学生实施自杀行为之前，通常都会释放出求救的信息，这些信息可以帮助我们捕捉到他们的"求救"信号，只要及时干预，就能挽回一条生命。

① 分析危机当事人的言语信息。危机当事人直接或者间接传达出死亡的相关言论，例如"或者没意思""死了就没烦恼了""如果我死了，或许他们会更好"等。直接或者间接地谈论自杀计划，包括自杀的方法、时间和地点等；常常开自杀的玩笑，或者突然交代后事、与朋友亲人告别等。

② 分析危机当事人的情绪反应。大多数有强烈自杀愿望的人都表达出持续的情绪异常，例如抑郁、悲伤、自卑、焦虑、愤怒等。

③ 分析危机当事人的行为反应。行为突然变得异常，例如不爱说话，中断接触外界，出现自伤和伤害他人行为；无缘无故送东西、道歉，安排身后事等。

二、心理危机的干预

（一）心理危机的干预模式

危机干预模式主要有四种，即平衡模式、认知模式、心理社会转变模式和折中模式。心理危机干预模式为不同的危机干预策略和方法奠定了基础，为危机干预的实践提供了理论依据。

1. 平衡模式

平衡模式也称平缈失衡模式。该模式认为，危机中的个体处于心理失衡状态，原有的应付机制和解决问题的方法不能满足他们的需要，干预的目的在于帮助他们获得危机前的平衡状态。平衡模式最适合早期干预，此时危机者失去对自己的控制，分不清解决问题的方向且不能做出适当的选择，除非个人再获得一些应对的能力。

2. 认知模式

认知模式认为，危机植根于对事件和围绕事件的境遇的错误思维，而不是事件本身或与事件和境遇有关的事实。在危机事件中，持续的、折磨人的处境使人衰竭，推动其对境遇的内部感知向越来越消极的自言自语发展，直到再也不能使他们自己相信，在他们的境遇中还存在积极的成分。接着，他们的行为会跟随消极的否定性的自言自语，自以为对境遇是无能为力的。这种消极思维使危机持续存在下去。该模式的基本原则是，通过改变思维方式，尤其是通过认识其认知中的非理性和自我否定部分，练习和实践新的自我说服，使个体的思想改变更为积极，更为肯定。

3. 心理社会转变模式

心理社会转变模式认为人是在不断变化的社会环境中成长和发展的，危机不是一种单纯的内部状态，而是受到内外因素的影响。危机的产生与内部的（心理的）和外部的困难有关，危机干预的目的在于与求助者合作，以测定与危机有关的内部和外部困难，帮助他们选择替代他们现有行为、态度和使用环境资源的方法，如同伴、家庭职业、宗教和社区等。

4. 折中模式

折中模式以任务指向为基点，认为危机干预应从所有危机干预方法中有意识地、系统地选择和整合各种有效的概念和策略来帮助求助者。它的主要任务包括：①确定各种系统中有效的成分，并将其整合为内部一致的整体，使之适于需要阐述的行为资料；②根据对时间和地点的最大限度的了解，考虑所有相关的理论、方法和标准，以评价和处理临床资料；③不确定任何特别的理论，保持一种开放的心态，对得到成功结果的方法和策略进行不断的实验。对每一种类型的危机，平衡/失衡模式、认知模式、心理社会转变模式都将被纳入危机干预策略中。

（二）大学生心理危机的干预

1. 大学生心理危机的自我干预

自我干预是大学生心理危机干预的最佳方式。大学生在面临危机时，受传统文化和社会舆论的影响，主要依靠自我调节和向好友倾诉来解决。产生大学生心理问题的原因固然十分复杂，但有一个共性的原因就是缺乏适当的自我调节方法，学会自我认识、自我调适、自我发展、自我完善，是解决大学生心理困扰的有效手段。从某种程度上说，心理危机干预的本质也就是助人自助，充分调动学生的内在心理资源，让其自己领悟，认识到自己的问题所在，自己战胜危机，从危机中走出来。因此，引导学生学会自我干预的方法是解决大学生心理危机的最佳选择。

朋辈心理微课：
大学生心理
危机自我调适

（1）培养科学的价值观，优化认知结构。价值观是指人们对周围客观事物的意义、重要性的评价和看法。由于人们追求的价值不同，表现出对其态度也不一样。不同的态度产生不同性质的情绪，不同性质的情绪产生不同的心理与行为，因此，正确的价值取向是应对心理危机的基本保证。大学阶段是学生的世界观、人生观、价值观形成的重要时期，大学生不仅要学好专业知识，而且也要掌握必要的哲学、逻辑学、社会学、心理学、医学等方面的知识，用辩证唯物主义思想和思维方式构建自己的认知结构，树立正确的学习观、恋爱观、就业观，从而克服错误的认知和盲目的行为，不断地提高自己的心理素质。

（2）注重人际交往，构筑社会支持系统。现代社会人与人之间的联系越来越紧密，良好的人际交往可以缓解大学生的不良情绪，促进学习效率的提高。因此，大学生不仅要学好专业知识，而且要学会妥善地处理人际关系，构筑起自己的社会支持系统。大学生在遇到心理危机时，如果拥有他人的关心、有用的社会信息等强有力的社会支持，那么他的抗压能力就会提高。

（3）增强生物免疫系统的抗压能力。健康的心灵寓于健康的身体，较好的身体素质是抵御心理危机的基本条件。首先，大学生应积极参加体育文化运动。运动能显著松弛人们紧张的神经，改善人们的自我感觉，消除失望或沮丧情绪。其次，大学生还应学会一些积极有效的放松技术，增强应对压力的能力。如静坐，这是放松心境的方法，是一种积极的休息。许多专家研究指出，放松训练时，身体内部会产生一系列（如氧气消耗量降低、肌肉放松等）

生理变化,从而缓和心理矛盾。

 大学生心理危机自救小知识

(1) 尝试通过运动锻炼、听快乐的音乐、看搞笑或励志的电影、练习瑜伽、调整呼吸等方式让自己尽快放松。

(2) 保证充足的睡眠,缓解焦虑和不安。

(3) 通过积极的自我暗示,增强内在自信。

(4) 合理调整自己的饮食,养成良好的饮食生活习惯。

(5) 建立心理支持系统,在郁闷难以排解的时候,向朋友、家人、心理咨询专家等"诉苦",寻求心理帮助。

(6) 改变自己是更有效的办法。

(7) 当人们请求你帮忙做事情而给你造成压力时,学会说"不"。

2. 大学生心理危机的干预步骤

当大学生通过自我调适仍然无法摆脱心理危机时,就应该对其进行危机干预,具体来讲有以下六个步骤。

(1) 科学地确定问题的性质和严重程度。危机干预的第一步重点是通过认真倾听,利用开放式提问的方式,确定危机当事者目前的主要问题是什么,为进一步准确有效的干预打下基础。

(2) 评估当事者目前的危险程度。处在危机中的当事者,无疑是危险的,危机干预的首要原则就是"安全第一"原则。因此,需要科学地评估当事者目前的认知状态、情绪状态、精神活动等层面的危机严重程度,评估当事者的社会支持、可利用资源、自杀风险等。

(3) 给予当事者必要的支持。危机干预全程中非常重要的一点就是要给予危机当事者足够的支持,例如无条件倾听和接纳的态度,更能够给予当事者心灵上的慰藉,帮助他重塑内在的自信和解决苦难的勇气。

(4) 提供问题处理的方法。危机干预第四步就是要在确定危机当事者重大心理问题的基础上,帮助他厘清思路,探索可以利用的积极资源以及有效的应对问题的方法和途径,让他能看到选择的可能性,问题并不是他所认为的那么绝对和"糟糕至极"。

(5) 帮助当事者制订计划。选择了恰当的解决方法后,还需要就这些问题解决制订切实可行的计划。危机当事者的思路往往受到情绪的影响,在创伤情境中很难制订出合理的计划,因此需要帮助和引导他们分析当前的局势,看到自己的优势和劣势,制订出易操作的实施计划。

(6) 得到当事者的承诺。制订计划时,需要让危机当事者感受到自己作为计划实施的一部分,可以增强他的控制性和自主性。在这个过程中与危机当事者商讨和签订协议或承诺书,并鼓励他遵守执行,让危机当事者在计划实施的过程中能够恢复自制能力,并不依赖危机干预者。

3. 大学生自杀危机的应对

(1) 面对有自杀征兆的同学时,应当警觉他们发出的求救信号,当听到他们想要自杀的想法时,要冷静,不做任何的评价。

(2) 避免"责备和轻视"。当他们感觉自己很糟糕、情绪非常低落时,一定要给予更多的鼓励;当他们说出自己轻生的念头和想法时,要认真对待,特别是对已经有自杀计划的同学,千万不能答应他们保密。

(3) 面对有自杀征兆的同学时,不要否认他们的感觉,要让他们相信能够寻求到帮助。同时,还要告知与他关系密切的人,说服他们和你一起来帮助当事者。

(4) 当发现有高自杀风险的同学时,应立即向他的辅导员和上级主管部门报告。与此同时,不能让该同学独处,应安排值得信任的人陪伴。必要时,陪伴该同学到学校心理中心或专业精神卫生机构寻求帮助。

第三节 积极心理与幸福人生

> 课前思考:打开手机,找出一张让你觉得幸福开心的照片,思考以下问题。
> (1) 幸福是什么?
> (2) 自己具有哪些积极心理品质?
> (3) 如何提升主观幸福感?

案例导入

巴雷尼小时候因病成了残疾,妈妈的心就像刀绞一样,但她还是强忍住自己的悲痛。她想,孩子现在最需要的是鼓励和帮助,而不是妈妈的眼泪。妈妈来到巴雷尼的病床前,拉着他的手说:"孩子,妈妈相信你是个有志气的人,希望你能用自己的双腿,在人生的道路上勇敢地走下去!好巴雷尼,你能够答应妈妈吗?"

妈妈的话,像铁锤一样撞击着巴雷尼的心扉,他"哇"的一声,扑到妈妈怀里大哭起来。从那以后,妈妈只要一有空,就带着巴雷尼练习走路、做体操,常常累得满头大汗。有一次妈妈得了重感冒,她想,做妈妈的不仅要言传,还要身教。

尽管发着高烧,她还是下床按计划帮助巴雷尼练习走路。黄豆大的汗水从妈妈脸上淌下来,她用干毛巾擦擦,咬紧牙,硬是帮巴雷尼完成了当天的锻炼计划。体育锻炼弥补了由于残疾给巴雷尼带来的不便。母亲的榜样作用,更是深深教育了巴雷尼,他终于经受住了命运给他的严酷打击。

他刻苦学习,学习成绩一直在班上名列前茅。最后,以优异的成绩考进了维也纳大学医学院。大学毕业后,巴雷尼以全部精力,致力于耳科神经学的研究。最后,终于登上了诺贝尔生理学和医学奖的领奖台。

巴雷尼因病导致残疾是他早年人生中的不幸,但在妈妈爱的鼓励下,用他顽强而乐观的精神,诠释了不一样的人生,历经苦难,终于找到了人生的意义。

一、积极心理学理论

(一) 积极心理学研究的兴起

"积极"一词来自拉丁语 positism,具有"实际"或"潜在"的意思,这既包括内心冲突,也包括潜在的内在能力。积极心理学的研究可以追溯到20世纪30年代Terman关于天才和婚姻幸福感的探讨,以及荣格关于生活意义的研究。20世纪60年代,人本主义心理学和由此产生的人类潜能研究奠定了积极心理学发展的基础。20世纪末西方心理学界兴起的一股新的研究思潮——积极心理学的研究。这股思潮的创始人是美国当代著名的心理学家马丁·塞利格曼、谢尔顿和劳拉·金,他们的定义道出了积极心理学的本质特点——"积极心理学是致力于研究普通人的活力与美德的科学。"它是利用心理学目前已比较完善和有效的实验方法与测量手段,研究人类的力量和美德等积极方面的一个心理学思潮。

> **知识拓展**　　　　　　**马丁·塞利格曼与积极心理学**
>
> 　　马丁·塞利格曼当选美国心理协会主席时,并不知道他的任期主题会是什么——每届主席都应有自己的任期主题。但后来他顿悟了,事情发生在他和他的女儿妮基在花园里的一次谈话后。
> 　　那是妮基五岁生日两个星期后的一天,他们一起在花园里忙着除草,妮基却玩儿得正欢,她不停地跳着,还把杂草抛向空中。塞利格曼冲着妮基大吼:"妮基,赶紧去干活儿或者去看书!"妮基看看爸爸,然后走开了。接着她又走回来说:"爸爸,我能和你谈一谈吗?"
> 　　赛利格曼:"当然,妮基,你想谈什么?"
> 　　妮基说:"爸爸,你记得吗,我以前是个爱哭鬼,每天都哭哭啼啼的。"
> 　　赛利格曼:"是的,我当然记得。"
> 　　妮基:"好吧,那你有没有注意到,自从五岁生日之后,我就再也没有哭过了?"
> 　　赛利格曼:"是的,你真的已经变成一个快乐的小姑娘了。"
> 　　妮基又说:"爸爸,在我五岁生日的时候,我决定再也不哭泣抱怨了,那是我做过的最困难的事情。如果我能停止抱怨哭泣,那你一定也可以不再像这样发脾气。"
> 　　经过与妮基的对话,赛利格曼意识到了三件事,并从顿悟中找到了人生的使命。
> 　　他意识到的第一件事是妮基说的是对的,他那时确实脾气不好,还为此洋洋自得。但是通过这次对话,赛利格曼第一次意识到,也许他做的所有的好事,只是与他爱发牢骚的性格同时存在,而不是因为他爱发牢骚才做出了这些好事。于是,他决定做出改变。
> 　　他意识到的第二件事是他的育儿观念、教养理论都是错误的。按照那种错误的教养理论,他可能会培养出一个模范型的完美孩子,但现在他和妮基一起意识到,是她自己纠正了自己的错误。作为父母的任务不是告诉她哪里错了,而是要认识并挖掘她哪里做的是正确的。帮助她引导自己的生活,并帮助她利用自己的最大优势,在生活中取得成功。
> 　　他意识到的第三件事是现行的心理学理论和实践还不够成熟。那时的心理学关注的都是人类的痛苦和疾病。心理学不应该只专注于改变那些破坏、摧毁生活的因素,还应该来界定那些能使生活充满意义的因素,并寻找到达幸福和快乐的干预测量措施。
> 　　事实上,这就是积极心理学在做的事情。积极心理学是对个人幸福的研究,是对优势的研究,也是对促进人们幸福的制度的研究。

(二)积极心理学的基本理论

1. 积极心理学的主要观点

积极心理学主张研究人类积极的品质,充分挖掘人固有的潜在的具有建设性的力量,促进个人和社会的发展,使人类走向幸福。积极心理学理论强调对人性优点和价值的研究,重视对心理疾患的预防,并认为它们在预防工作中所取得的巨大进步,主要来自个体内部系统的塑造能力,而不是修正其缺陷。积极心理学认为,通过挖掘困境中的个体的自身力量,就可以做到有效地预防。

2. 积极心理学的研究内容

(1) 积极主观体验研究。积极情绪是积极心理学研究的一个主要方面,它主张研究个体对待过去、现在和将来的积极体验。在对待过去方面,主要研究满足、满意等积极体验;在对待当前方面,主要研究幸福、快乐等积极体验;在对待将来方面,主要研究乐观和希望等积极体验。

(2) 积极人格特质的研究。积极人格特质是积极心理学得以建立的基础,因为积极心理学是以人类的自我管理、自我导向和有适应性的整体为前提理论假设的。积极心理学家认为,积极人格特质主要是通过对个体各种现实能力和潜在能力加以激发和强化,当激发和强化使某种现实能力或潜在能力变成一种习惯性的工作方式时,积极人格特质也就形成了。积极人格有助于个体采取更有效的应对策略,这方面具体研究了 24 种积极人格特质,包括自我决定性、乐观、成熟的防御机制、智慧等,其中引起关注较多的是自我决定性和乐观。积极心理学家认为培养这些特质的最佳方法之一就是增强个体的积极情绪体验。随着积极心理学的发展,人格特质的研究范围也会越来越广。自我决定性是指个体自己对自己的发展能做出某种合适的选择并加以坚持。积极心理学从三个方面研究了自我决定性人格特质的形成:先天学习、创造和好奇的本性是其形成的基础;这些先天的本性还必须与一定的社会价值和外在的生活经历相结合并将之转化为自己的内在动机和价值;心理需要得到充分满足是其形成的前提,这里包括三种基本的心理需要:自主性、胜任和交往。

(3) 积极社会环境的研究。心理学家马斯洛、罗杰斯等人指出,当孩子的周围环境和教师、同学和朋友提供最优的支持、同情和选择时,孩子就最有可能健康成长和自我实现。相反,当父母和权威者不考虑孩子的独特观点,或者只有在孩子符合一定的标准才给予被爱的信息的话,那么这些孩子就容易出现不健康的情感和行为模式。不同文化对人的生活满意度的判断的感觉有很大的差别。在个人主义文化为主的国家中,当判断自己有多快乐时,会理所当然地参照他们的情感,经常感受到快乐是生活满意度的一个预测因子。相反,集体主义文化下的人们则倾向于参照一定的标准来判断他们是否快乐,并且在评估生活时,会考虑家庭和朋友的社会取向。因此,在不同文化中,人们认为与生活满意度相关的因素也是有差别的,这或许源于文化对人们的价值观和目标所带来的影响。

二、幸福的内涵与积极心理品质

(一) 幸福的含义及原理

1. 幸福的含义

马斯洛提出幸福就是攻坚克难时真实的情感体验。直接追求幸福的行为并不是从心理上获得有价值的生活的一种有效方式。相反,幸福可能只是一种副产品、一种附带现象、一种顺带而来的东西。能够使自己回过头来认识到自己原来很幸福(尽管当时可能并没有认识到这一点)的最好方法就是,让自己全身心投入一份有价值的工作或事业之中。

总的来说,幸福的定义就是:幸福是人们的渴求在被得到满足或部分被得到满足时的感觉,是一种精神上的愉悦。

课堂互动　　　　　　　　**感悟幸福真谛**

(1) 故事分享:扫码阅读追寻幸福的蜗牛。

(2) 分享讨论:

① 小蜗牛米拉找到它的幸福了吗?

② 这个故事告诉我们什么?

追寻幸福的蜗牛

2. 幸福的原理

幸福是个人对生活的一种主观感受,它以能够引起幸福感的客观条件为基础。但客观条件仅是基础,相同的条件,每个人的感受却差异巨大。因此,人的思维方式极大地影响了对幸福的感受。

(1) 幸福原理公式:幸福＝正确的思维方式＋基础生存条件＋健康＋爱＋天伦(指家庭血缘类)＋友谊＋其他。在等式右边的项目,数量越多和品质越好,幸福值就越大。

(2) 幸福原理研究。当代人类学家张荣寰(2007 年)重新定义"幸福"和推论了幸福原理:①幸福是人在创造生活条件的社会实践中,由于感受和理解到个人、集体乃至人类的目标,理想和正义公益之事业的实现而得到人格上的满足。②幸福是人与人激情的热流从心河弛向爱之深海的温馨,是善良人的单纯。当人们付出责任的汗水,其额头必然散发出幸福的光芒。

张荣寰(2008 年)在相关学术中阐述和总结了幸福原理:①幸福不是宗派神学的禁欲体验,也不是礼教理学的享乐感受,更不是金钱地位的无限欲望,而是信念和向往实现的人格满足。②幸福来自从我做起的祝福,即来自每个人由衷的祝福,只要你选择首先祝福他人,幸福就从此开始蔓延。③幸福来自依靠,最直接的是依靠自我人格的提升,将人格、生态、产业和一切公共事物赋予理性,最有价值的幸福就此诞生。人的幸福只能是人格社会的产物,是新淑女、新君子和谐共进的结果。④幸福是自我人格影响的正面结果,是幸福人格的正确的思想、仁爱的情感、文明的意志、高雅的个性、光明的行为。⑤幸福是与生俱来的使命,是幸福的人格、崇高的理想、合理的生活过程、文明的风尚和逐步完善的幸福生活,幸福的幸仰是与生俱来的使命。⑥幸福是价值观的实现,只有幸福观念才能引导幸福,幸福实现人生目的、社会价值。⑦幸福是生命乐趣的抒发,幸福一旦继续,博爱般的奇迹就会长盛不衰。⑧幸福是正视人生的信仰,幸福的信仰一旦被漠视,人格便会堕落,社会便会倒退。⑨幸福是终极信仰,一切信仰终极目标是一种人格的最终满足,或者说超越暂时的幸福,以一种阶段性的幸福状态表现一个人的信念乃至步入最后永恒幸福的大门时所证明自身认同真理的正确性。

(二)积极心理品质

1. 积极心理品质的内涵和标准

1999 年,希尔森和马德首次提出"积极品质"的概念,后来,塞利格曼在其著作中分别使用了"积极个人品质""积极品质"。塞利格曼在《积极心理学导论》中认为"积极个人品质"由主观幸福感、乐观、快乐和自决等构成。两年后他用"积极品质"一词,并认为美德和力量是个体积极品质的核心,具有缓冲器的作用,能成为战胜心理疾病的有力武器。在某种意义上讲,塞利格曼是将美德和力量与积极品质等同看待的,对美德和力量的考察也成为积极心理学兴起后研究的重点。2000年7月在克里斯托弗·彼得森等人的领导下,研究者们通过拜读大量名人著作,并从中归纳出了200种人类拥有的美德,并在此基础上提出了普遍著作和观点都支持的六种美德:①智慧与知识;②勇气;③爱与人性;④正义;⑤节制;⑥灵性与超越。人类积极心理品质的概念就是由以上六种人类核心品质组成。但是这些概念都比较抽象,测量起来较困难,为此,人们开始转向研究实现这些美德的途径。例如,节制能通过自律、谦虚、谨慎等来达到;人性可通过仁爱、爱与被爱的能力、同情等属于"力量"的概念来获得。因此,"力量"是培养人类积极品质的途径。

克里斯托弗·彼得森和乔治·维兰特领导的小组通过研究发现了这六种美德,它们是智慧与知识、勇气、人性、正义、节制及超越,见表15-1。

表15-1 核心美德的分类

分 类	具 体 内 容
智慧与知识	创意,好奇,开明,爱学习,智慧
勇气	英勇,坚毅,诚实,活力
人性	爱,善良,人际交往能力
正义和爱	公民性,公平,领导能力
节制	宽恕和怜悯,谦虚,谨慎,自我控制
超越	审美和优秀,感恩,希望,幽默,灵性

同时,该小组还提出了积极力量的七条标准。
(1) 这种积极力量是一种特质,具有跨情境的一般性和跨时间的稳定性。
(2) 积极特质可以帮助自己或他人更幸福地生活。
(3) 积极特质接受道德的评估,而不是结果。
(4) 当个体表现出积极特质时,能激发周围的人也显露这种特质。
(5) 文明为积极力量提供着强有力的支持。
(6) 有公认的榜样存在。
(7) 每个积极特质都不能再被分解成其他优点。

2010年,我国积极心理健康教育课题组对积极心理品质一词做了概念解释,即"是个体在先天潜能和环境教育交互作用的基础上形成的相对稳定的正向心理特质"。

2. 大学生的积极心理品质

(1) 大学生积极心理品质的分类。中共教育部党组印发的《高等学校学生心理健康教育指导纲要》中指出:坚持育心与育德相统一,加强人文关怀和心理疏导,规范发展心理健康教育与咨询服务,更好地适应和满足心理健康教育服务需求,引导学生正确认识义和利、群和己、成和败、得和失,培育学生自尊自信、理性平和、积极向上的健康心态,促进学生心理健康素质、思想道德素质和科学文化素质协调发展。

孟万金教授编制的《中国大学生积极心理品质量表》中总结出智慧与知识、勇气、人性、公正、节制、超越六大维度的20个积极心理品质。天津大学的刘媛媛确认了96项积极品质,结合已有的人格理论,建立了有13项潜变量的大学生积极心理品质结构方程模型,包括自信、社交能力、严谨性、乐观性、躯体特征、智慧品质、意志力、可靠性、思维品质、自主性、体贴性、进取性、理性。

孟万金、官群通过研究发现,当代大学生发展水平较高的前五位积极心理品质从高到低为心灵触动、团队精神、勇敢坚持、感受爱、爱与友善。排在后五位的积极心理品质从低到高依次为自制、思维力(开放思维与洞察力)、领导能力、幽默风趣、创造力。

课堂互动　　你有哪些积极品质

下面是一组描述积极心理品质的词语,请根据自己的实际情况,挑选出属于自己的积极品质:_____
_____。

积极心理品质:自立自强、勇敢、坚强、独立、上进心、有毅力、执行力强、悲观、诚实、勤奋、有责任心、重承诺、成熟、积极向上、聪明、懂事、爱学习、理解力、好奇心、求知欲、体谅、宽容、包容、合作、自爱、乐观、自信、满怀希望、有理想、善良、自尊、朝气、乐于助人、感恩、友善、活泼、内敛、相信未来。

(2)大学生积极心理品质的培养途径。从积极心理学的角度来看,大学生心理品质的培养需要以大学生本身为着力点,发掘自身的积极品质,提升大学生的幸福感,建立乐观积极的人生观和价值观,开发潜能,从而能够更轻松地应对社会压力和环境,更好地实现人际交流和个人成长。

① 大学生是培养积极心理品质的主体,培养积极的心理品质必须从大学生本身抓起,给予足够的教育、引导和支持。大学生要树立自信心,学会发现自己在日常中的积极表现,发现自己的优势和特长,积极与人为善,培养自己的良好品质,提高修养内涵,处理好与同学、老师、朋友之间的关系;学会发现自身周围学习环境、交友环境和家庭环境的特点,用积极向上的心态适应所在环境,汲取周围环境对自己发展的积极影响;同时需要大学生对自身的实力有具体的把握,明确自己力所能及之处,实现大学生自身情绪感情的成长和完善,实现大学生的个人能力的增长和发展。

② 学校是大学生学习生活的环境,也是大学生间接接触社会的渠道,大学生要积极融入学校环境。一方面要积极转变自身的观念,把消极被动学习转化为积极主动学习,课堂上积极表现,课后认真参加各类实践、活动等,不断激发学习动力和学习热情;另一方面,大学生要对自身日常的心理问题予以积极疏导,培养健康的心态。积极参加学校组织的心理健康教育知识宣传、社团活动,积极争取并把握住锻炼自己、提升能力的机会,在和谐的氛围中逐渐养成积极健康的心理品质。

③ 家庭是个人心理品质形成最开始的地方,父母和家庭环境对于个人心理的健康成长有着深远且不可磨灭的影响。大学生要主动营造一个温馨的家庭环境,有助于他们积极人格的培养和形成;增强与父母等家庭成员之间的情感交流,增进家庭成员之间的感情互动,同时在家庭内树立正能量的家庭理念,继承和发扬优秀的家风观念,能够积极促进大学生的情感成熟,帮助大学生树立健康的人生观和价值观,促进大学生的全面发展。

④ 大学生是即将步入社会的人才,在当前就业压动巨大的情况下,大学生应充分发挥个性和内在潜力,将所学的理论知识和技术运用到实际中,例如多参加创新创业比赛、职业生涯规划大赛、社会实践等,寻找合适的途径,加入创新创造和自主创业中去。在这个过程中,难免会遇到许多的困难和压力,大学生要尽量以积极的心态应对社会问题和压力,实现个人生活质量与社会生活质量的双向提高,实现人生价值。

三、大学生的主观幸福感

(一)主观幸福感的概念

近几年,大学生负性生活事件的出现率逐年攀升,因精神疾病休学、退学的人数占退学总人数的比例不断增加,而且普遍存在着不同程度的心理问题。大学生主观幸福感缺失是造成其产生心理问题的重要原因,提升大学生的主观幸福感至关重要。

主观幸福感(subjective well-being)是衡量个人生活质量的重要综合性心理指标,心理学家埃德·迪纳(1984年)认为:主观幸福感是个体依据自定的标准,对其生活质量的整体性评价。

学者趋向于认为主观幸福感由两个部分构成:情感平衡和认知评价。情感平衡是指与不愉快的情感体验相比较,占相对优势的愉快体验,是个体对生活的一个总体、概括的评价。情感平衡包含积极情感和消极情感两个维度,但这两个维度并不具有必然的相关性,是两个相对独立的变量。认知评价是个体对生活质量的综合判断,通常用生活满意度来表示。作为认知因素,它独立于积极情感和消极情感,是衡量主观幸福感更有效的指标。各种因素对构成主观幸福感及其不同维度的影响不尽相同。国外学者针对主观幸福感已做了大量研究,但国内对于幸福感的研究起步较晚,针对特定大学生的研究也为数不多。

主观幸福感具有以下三个特点:①主观性,是指它的评价完全依赖于个体的标准,即评价者主观的标准而非来自他人的标准。②稳定性,是指主观幸福感,测量的是长期而非短期的生活满意度和情感反应,不随时间和环境的改变而发生重大变化。③整体性,是指它是一个综合评价,包括对情感反应的评估和认知判断,是对生活的总体满意感。

(二)影响大学生主观幸福感的因素

1. 大学生的人际关系

人际关系是影响情感维度,包括积极情感和消极情感的重要因素。当大学生被人误解或错怪、受人歧视冷遇、与同学或好友发生纠纷、当众丢面子及被家庭施加压力时,大学生的积极情感减少、消极情感增加。尤其是在积极情感中,人际关系对积极情感的影响比其他因素都重要。

研究表明,与他人的积极关系是预测主观幸福感的因素之一。校园内外良好的人际关系对于学生的主观幸福感可以产生积极影响。作为当代大学生,学习成绩不再是评价自身价值的唯一标准。社会活动的增加,对于学生良好的交际能力提出了更高的要求。而以往缺少这方面的教育和锻炼的学生,可能会因为人际交往中的不顺而感到心理受挫,产生不正确的认知,错误地高估了挫折所造成的后果,从而降低了积极情感,增加了消极情感。

2. 大学生的人格因素

人格是成人独特的性格反应倾向,既表现生物的特质,又有后天习得的成分。大学生性格外向,喜好交际,向往富于变化或有挑战的生活,他们更易体验幸福的感觉,产生积极情感。与之相反,内向的大学生不喜欢刺激,向往平静、有秩序的生活,富于内省,他们对幸福的体验较少,产生的积极情感也比较少。心理学家埃德·迪纳认为人格是预测主观幸福感最可靠、最有力的指标之一。内外向和主观幸福感存在相关性,也在研究中得到反复证实。有研究表明外倾性对积极情感和消极情感具有较高的气质易感性,即对主观幸福感存在气质性作用,具有先天的遗传特性。心理学家科斯塔等研究了1100名成人被试者发现,外向性与积极情感和生活满意度有关,主观幸福感依赖于人格特质,人格甚至可以预测10年后的主观幸福感。国内关于大中学生幸福感的研究表明,幸福感与外向性正相关。

3. 大学生的应对方式

应对方式并不是独立起作用的,当大学生的生活中出现了生活事件,或者称为应激源,才会有采取应对方式的必要。应对方式又涉及大学生对生活事件的认知评估。积极的、乐观的评估可以促使大学生正确认识生活事件所产生的影响,采用积极的应对方式,从而增加大学生的积极情感和对生活的满意度,增加大学生的幸福体验。消极的、悲观的认知评估,可能导致大学生高估了生活事件所造成的影响,或低估了自己应对生活事件的能力,出现抑郁、焦虑等负性情绪,从而降低了幸福感。因而,应对方式是影响大学生主观幸福感的重要因素。

课堂互动

想知道遇到问题时,用什么方法应对吗?是消极回避,还是积极面对?请扫右侧应对方式二维码测一测吧!

应对方式
评定量表

4. 大学生的地域来源

研究表明,虽然在情感和认知维度上,来自不同地域对他们没有显著影响,但对于总的幸福感,本籍学生要明显高于非本籍学生。非本籍大学生人际关系因子明显高于本籍学生,表明他们在人际交往方面的困惑比本籍学生明显要多,在处理与同学、好友或亲人的关系时遇到更多的问题,这也许是他们虽然能体会到社会支持,却不能有效利用社会支持的原因。

一些学者曾对外国青少年移民的生活满意度进行研究,结果表明移民青少年的生活满意度要低于当地同龄青少年。在跨文化研究中,可以发现不同文化背景的大学生主观幸福感存在差异。对中国大学生的研究表明,城乡的大学生在主观幸福感上存在差异。各地在风土人情和文化习俗方面存在很大差异,学生对幸福的主观感受也必然受到他们成长的地域文化的影响。

5. 大学生的年龄状况

研究发现,不同年龄组的大学生在积极情感上有差异,年龄小于20岁的大学生积极情感要高于年龄大于或等于20岁的大学生。将年龄与主观幸福感进行单因素分析时,不同年龄组的大学生,在积极情感上不存在差异。但进入多因素分析时,不同因素间交互作用导致年龄进入了Ordinal回归结果。所以在考虑诸多因素对积极情感的综合影响时,年龄也是一个重要的影响因素。有研究表明18~19岁年龄段的个体主观幸福感呈逐渐下降趋势,20岁前后是主观幸福感和积极情感比较高的时期。

6. 大学生的家庭经济因素

大学生作为社会的缩影,也必然受到经济发展所带来的冲击。同处一室的同学,家庭经济状况可能存在极大差异,这也可能给学生的心理造成不良影响。学生将自己家庭经济情况和家庭所在地的其他家庭、大学同学的家庭经济情况进行比较,在于明确大学生认为金钱和财富在其生活中的重要性。

研究发现,不是家庭经济状况最好的同学感觉最幸福,而是经济状况一般或较好的同学,幸福感要高于其他同学。这也表明金钱和幸福之间并不具有必然的相关性。大学生朝气蓬勃,对未来满怀希望,他们即将成为社会财富的创造者,因此目前的家境并不影响他们对幸福的主观体验。

(三) 提高大学生主观幸福感的举措

(1) 塑造积极的人格。大学生处于气质和性格发展的重要时期,人格特征尚未完全定型,人格与幸福感关系紧密。大量研究表明,幸福者大多拥有乐观、外向、自尊和内控这些个性特征,这种个性使得乐观者比悲观者更易达到目标并获得成功。

(2) 提高对主观幸福的认知能力。社会比较理论认为,幸福感产生于认知个体与外界的比较,当比较对象低于自身实际时,主观幸福感提高;反之,则降低。而对标准的判断和评估是以主体已有认知结构(已有经验)为基础的,大学生如何理解幸福的内涵是提高幸福感的前提,而不能把拜金、抽烟、摆阔气、欺侮他人等内容当作自己的幸福标准。

(3) 构建良好的社会支持网络。环境对于人的影响至关重要,在较为和谐的人际环境中,人的情绪体验也会比较积极,易感受到幸福感。人际交往作为一种社会支持网络,能够有效地帮助大学生摆脱各种困惑,走出情绪低谷。例如,在学校与老师、同学建立稳定和谐的关系,保持交流畅通,积极锻炼自己的能力,重塑自信心;与父母建立良好的亲子关系,不定期地主动与父母沟通,建立稳定的社会支持网络,展现自己独立的生活自理能力,从心理上断奶,学会独立思考和解决问题。

课堂互动　　　　**寻找你的社会资源**

(1) 当你喜悦得意,会找谁分享?　_____
(2) 当你遇到烦恼,会找谁倾诉?　_____
(3) 当你身体不舒服,会找谁照顾?　_____
(4) 当你碰到困难,会找谁帮忙?　_____
(5) 当你遭遇不公,会找谁安抚?　_____
(6) 当你身心疲惫,会找谁支持?　_____
(7) 当你困惑迷茫,会找谁指引?　_____
(8) 当你悲观失望,会找谁陪伴?　_____

(4) 确立合理的生活目标。活动目标理论认为,主观幸福感与目标是否得以实现紧密相关。一般来说,积极的、快乐的情感与目标的出现和维持有关,也与靠近目标及实现目标有关。而缺少目标、目标之间的矛盾和冲突、指向目标活动的受挫则会使人产生消极的、不愉快的情感体验。大学生应结合自身实际进行职业生涯规划,合理规划自己的目标。在学校认真学习专业理论和专业技能,鼓励自己参加社会实践活动,不断培养和强化专业技术水平;同时积极从事快乐的、公益的活动,在社会上得到锻炼,培养自身奉献社会的品质,在奉献中逐渐实现自己的价值。

本章小结

大学生心理危机就是指学生个体运用寻常应付方式不能处理目前所遇到的内外部应激而陷于极度的焦虑、抑郁,甚至失去控制、不能自拔的状态。大学生心理危机可以根据危机的性质、危机刺激的来源、心理危机的生活事件集中体现进行分类。

大学生心理危机的产生原因包括个体与自我的冲突、个体与他人的冲突、个体与环境的冲突、观念和文化的冲突等;大学生心理危机的表现归纳为情绪、认知、行为、躯体四个方面;大学生心理危机的形成和演变过程分为警觉、功能恶化、求助、危机四个阶段。

本章主要讲述了大学生心理危机的识别重要指标,包括情绪、认知、行为、躯体四个方面的表现;自杀的主要原因有三个:突发应激事件导致、人格障碍导致、心理障碍和心理疾病导致。

幸福是人们的渴求在被得到满足或部分被得到满足时的感觉,是一种精神上的愉悦;影响大学生主观幸福感的因素包含人际关系、人格因素、应对方式、地域来源、年龄状况、家庭经济因素;提高大学生主观幸福感的举措有塑造积极的人格、提高对主观幸福的认知能力、构建良好的社会支持网络、确立合理的生活目标。

资源链接

扫二维码分享好书和电影。

第十五章资源链接

第十六章

心理素质拓展
——感悟生命,珍爱生命

📖 章节导言

生命是幸运的,更是珍贵的。每一个人都应珍惜生命,懂得欣赏生命的多姿,发现生命的意义和价值,享受生命的快乐和幸福。

本章为心理素质训练,通过活动体验,帮助学生树立珍惜生命的意识,感悟生命的意义,探索幸福人生的途径。

📖 学习目标

【知识目标】
了解生命的形成过程。

【能力目标】
1. 积极参与体验,感悟生命的意义;
2. 引导学生了解自己的幸福感受,探索幸福人生途径。

【课程思政】
1. 引导大学生树立正确的生命观;
2. 自觉养成并维护珍爱生命的意识。

心理测评

想知道你的幸福指数吗?请扫二维码测一测吧!

幸福感自评量表

课堂活动

活动一 生命的奥秘——认识生命演变

1. 活动目的

(1)让学生直观地感受到生命演变的历程和轨迹,唤醒学生的生命意识。

(2)通过活动让学生了解生命的可贵、成长的不易,引导他们更加珍爱生命。

2. 活动准备

"生命演变"视频、课件、背景音乐等。

视频:生命的起源和进化

第十六章 心理素质拓展——感悟生命，珍爱生命

3. 活动流程

第一步：短片——了解生命的演变历程。

（1）教师大致介绍生命演变的过程。

（2）扫码观看生命的起源和进化短片。

（3）同学们分享感悟，教师总结。

第二步：游戏——成长五部曲。

（1）游戏导入。从远古生物进化到今天的人类社会，人类历史经历了漫长的发展与变化。一部人类进化史就是一部人类的成长史。同样，我们每个人也要经历成长，在成长的不同阶段，我们会遇到许多成长中的问题、困惑、无奈、失望与悲伤。与此同时，成长也是一件美好的事情，充满奇特、幸运、感动与创造。成长过程中的点点滴滴需要我们悉心体味。

（2）规则与程序。

① 所有学生需完成从蛋—小鸡—鸟—猴子—人的五级进化过程。

② 每级生物都有自己独特的代表性动作，蛋是蹲下抱头；小鸡是半蹲着左右舞动双手；鸟是站着左右舞动双手；猴子是单足站立着、一只手在额前；人是直立行走。

③ 活动过程中，学生都以身体姿势代表每级生物所处的阶段，不能用语言交流。

④ 每一次进化采用"锤子、剪刀、布"的方式进行，首先两个同类的生物猜拳竞争，谁赢了就往上进化一级。输的一方仍然要找同级的生物进行猜拳，赢的一方往上进化，直至进化为人。

⑤ 进化到人的学生可以先站到场地的一边，观察活动的进行。没有完成进化的学生要在场地中继续完成进化。最后，在活动的结束阶段，总会留下个别学生没有完成进化。

⑥ 活动时间为 10～15 分钟。

（3）活动分享。

① 当你从蛋升级为人的过程中，你是否体会到了成功和失败，反观我们成长的路途上，生命的真谛是什么？

② 人的一生是充满欢乐与痛苦的，但在失败之后，除带给我们失败和痛苦的体验之外，我们还可以做些什么呢？

（4）教师总结。

① 生命是可贵的，成长是艰难的。每个人的生命都是宝贵的，但是要成长起来并不是一件容易的事，学习、做人、处事都需要我们经年历事，需要我们不断反思，总结过去的经验与教训，延续成功的方法。成长犹如蚕蛹到蝴蝶的蜕变，"破茧成蝶"也是人生的写照，要想使自己成为美丽的蝴蝶，我们必须经历和忍受破茧的过程。

② 每个人的成长方式都是不同的。每个人的成长环境也不一样，家庭、学习环境、相处的人群以及自身条件等，这些复杂的因素造就了我们每个人不同的成长方式。只有了解各自的成长方式，才会更加理解、宽容与尊重别人。

③ 了解真实的自我。游戏过程中，我们每个人都以自己的方式表现自我：有的人积极参与，有的人被动等待；有的人漠视这些真实的情境，冷眼旁观等。其实诸多不同的表现都会折射出一个人不同的自我状态。只有不断地了解自我、认识自我并改变自我，才能让自我取得更大进步和日臻成长、成熟。

活动二 生命的色彩——感悟生命意义

1. 活动目的

(1) 通过活动体验,帮助同学们更深入地了解自己,感悟生命的意义。

(2) 通过活动引导同学们思考生命的流逝,以及如何在有限的生命中规划人生。

2. 活动准备

学生自备一颗小石头、黑色签字笔;教师准备红色、蓝色彩笔若干,A4白纸若干,舒缓的背景音乐、课件等。

3. 活动流程

第一步:热身活动——生命之石。

(1) 导语。每位同学都带来了属于你们自己的石头。现在请大家跟随音乐一起,来感受你的生命之石。

(2) 活动过程。每位同学将生命之石拿在手中,通过视、听、触、碰、嗅等亲密接触方式,与石头进行链接(包括看看它的形状、感受它的温度、它的味道,以及摸起来的感受等,过程中播放舒缓的轻音乐)。

(3) 分享交流。

① 为什么选择这块石头?石头与自己有哪些相似之处?

② 这块石头上面有哪些是你不喜欢的部分?

③ 如果石头代表的是你自己,你能接受这样的自己吗?

第二步:活动——画出自己的生命线。

(1) 导语。观察我们的生命历程,像一条不断延伸的路线,通向未来的人生,这就是我们的生命线。你的生命线走向哪里呢?下面,来做一个互动,画出你的人生路图。

(2) 规则。拿出准备好的一张白纸,一支黑色签字笔,一支红色彩笔,一支蓝色彩笔。先把白纸横放摆好。在白纸的中部,从左至右画一条长长的横线。然后在这条线上加一个箭头,让它成为一条有方向的线。接着,请在线条的左侧标上0的刻度,在线条的右方,箭头的左方,标上你为自己预估的寿终正寝的岁数,可以是70岁,也可以是100岁。再画上现在年龄的刻度。现在,这三个数字组成了AB、BC两条线段。最后,请在这条标线的最上方,写上"某某(姓名)的生命线",游戏的准备工作就完成了。

下面请闭上眼睛,在脑海中细细搜索,在过往的岁月中,找到三件对自己有重要影响的事件,在AB段中标注出来,建议用红色笔标注正向事件,蓝色笔标注负向事件。标注完了,请你再次闭上眼睛,憧憬未来,在BC段标注自己未来最希望实现的三个愿望,同样用红、蓝两色区分心情。

(3) 活动分享。邀请男生和女生分别分享交流。交流的内容包括:把生命的终点预设到什么时候;过去最重要的三件事情,对自己有什么影响;算一算,预设的未来生命时光还有多少,感悟生命的意义;怎样才能实现自己未来的三个愿望。

活动三 幸福的人生——探索幸福密码

1. 活动目的

(1) 通过活动引导学生了解自己的幸福感受,学会体验并记录自己的积极情绪。

第十六章 心理素质拓展——感悟生命,珍爱生命

(2)通过活动引导学生观察生活中的细节,了解到"日常生活中处处存在着幸福",从而提升主观幸福感。

2. 活动准备

教师准备:彩笔、"幸福记录簿"、课件等。

同学们准备:拍摄"我的幸福生活"照片1~2张。

3. 活动流程

第一步:我的幸福记录。

(1)发给每一个学生一张"幸福记录簿",上面印有十颗幸福之星,请每位同学用自己手中的彩笔,将代表自己幸福感受的星星涂上颜色。

(2)分享我们的幸福。

① 学生思考每一颗被涂上颜色的星星代表什么含义,没有被涂上的星星表示自己在哪些方面不够幸福?

② 每组交流各自的幸福账本。

③ 请每组有代表性的学生发表自己的看法。

(3)别人的幸福有几分。

① 课件呈现图文资料:贫困山区儿童眼中的幸福。

幸福就是喝上干净的自来水。

幸福就是依偎在妈妈温暖怀抱里的温馨。

幸福就是每天可以吃上白米饭。

幸福就是可以重新捧起书本。

幸福就是赤裸的双脚能有一双新鞋。

幸福就是每天的饭盆里有一块肥肉。

② 请学生分享看完图片的感受。

③ 教师总结:相较于贫困山区的儿童,我们有太多的幸福可以炫耀。之所以我们没有感受到,是因为我们没有在意。正如同学们所说,如果我们用心地感受,就会发现,其实生活中处处都有幸福。

第二步:感受生活中的幸福。

(1)课件展示同学们的"我的幸福生活"照片作品。

(2)学生分享看后的感受。

(3)教师小结:我们的生活中不缺少幸福,而是缺少发现幸福的眼睛、耳朵和心灵,关键是我们能否用心去感受、去体验。

第三步:重打幸福指数。

(1)再次拿出自己的幸福账本,重新为自己打一个幸福指数。

(2)如果学生的幸福指数有了提升,请学生思考:多出来的星星包含哪些内容。

(3)全班分享交流。

(4)教师总结:愿每个同学用自己的眼睛、耳朵、心灵去发现、去感受、去体验我们身边的幸福,记下生活中的点点滴滴,去寻找和感受生活的乐趣。

活动四 成长日记

请在这里写下你的成长日记:
(1) 幸福的定义是什么?
(2) 如何规划自己的人生?
(3) 在未来的生活中,你会通过什么方式获得幸福?

本章小结

每个生命都是独一无二的,成长的方式都不同,家庭、学习环境、相处的人群以及自生条件等,这些复杂因素造就了每个人不同的成长方式。

成长是艰难的,需要不断反思,总结过去的经验与教训,延续成功的方法,要想使自己成为美丽的蝴蝶,必须经历和忍受破茧的过程。

生命的意义不应用生命的长短来定义,要在有限的生命里,规划好自己的人生,让人生更有意义。

生活中处处都有幸福,需要每个人用眼、用心去发现。

资源链接

扫二维码分享好书和电影。

第十六章资源链接

参考文献

[1] 郑子捷,赖芳,殷润林.大学必修的十堂课[M].北京:高等教育出版社,2011.
[2] 方珏.阳光成长:高职大学生心理健康教育教程[M].北京:高等教育出版社,2020.
[3] 陈辉.现代营养学[M].北京:化学工业出版社,2005.
[4] 黄冬福.大学生心理健康[M].北京:高等教育出版社,2017.
[5] 严玲,常雅娟.大学生心理健康教育[M].北京:高等教育出版社,2015.
[6] 邓彦.大学生心理健康教育实用教程(双色版)[M].上海:上海交通大学出版社,2018.
[7] 郑晖.大学生心理健康教育[M].长沙:湖南师范大学出版社,2011.
[8] 谢特秀.大学生心理健康教育[M].沈阳:东北大学出版社,2015.
[9] 韩兹莹,刘绪,李泽虹.大学生心理健康教育[M].北京:高等教育出版社,2020.
[10] 黄希庭.大学生心理健康教育[M].上海:华东师范大学出版社,2004.
[11] 郭永玉.人格心理学导论[M].武汉:武汉大学出版社,2007.
[12] 汪海燕,马奇柯.高职高专学生心理健康指导[M].北京:高等教育出版社,2015.
[13] 沙治邦,李怡宁,杨欢欢.健康心灵 美丽心灵:大学生心理健康教育[M].上海:上海交通大学出版社,2019.
[14] 李文莲,李规,阳娟.综合素质拓展[M].北京:北京理工大学出版社,2019.
[15] 邱美玲.心理健康[M].北京:北京出版社,2016.
[16] 苏淼.新时代大学生心理成长的困境与策略研究[M].北京:中国水利水电出版社,2019.
[17] 管以东.班级积极心理团体辅导设计[M].合肥:合肥工业大学出版社,2016.
[18] 张静.新编大学生心理健康教育[M].北京:电子工业出版社,2017.
[19] 谭亚菲.大学生心理健康教育[M].长沙:中南大学出版社,2017.
[20] 陈娟,龚燕.大学生心理健康:体验与训练[M].重庆:重庆大学出版社,2017.
[21] 万维钢.学习究竟是什么[M].北京:新星出版社,2020.
[22] 叶蓉,冯玫.大学生职业指导[M].2版.北京:高等教育出版社,2018.
[23] 邱兴萍,黄美煜,龙星.高职学生心理健康教育[M].2版.北京:高等教育出版社,2017.
[24] 夏翠翠.大学生心理健康教育(慕课版)[M].北京:人民邮电出版社,2017.
[25] 高忠有,高燕,李旸.阳光·青春·梦想:大学生心理健康教育教育[M].上海:上海交通大学出版社,2019.
[26] 陈树,张铮,何玉梅.大学生心理健康教育[M].北京:高等教育出版社,2019.
[27] 李小融.高职学生心理健康教育[M].3版.北京:高等教育出版社,2020.
[28] 任占国.心理健康教育教程[M].2版.大连:大连理工大学出版社,2017.
[29] 樊玲,唐立.心理健康教育教程[M].北京:高等教育出版社,2020.
[30] 张雅伦,周兰芳.大学生心理健康[M].北京:北京理工大学出版社,2019.
[31] 徐龙海.高职学生心理健康教育与指导[M].北京:高等教育出版社,2019.
[32] 邱国成.关爱心灵,健康成长:大学生心理健康问题研究[M].北京:中国水利水电出版社,2018.
[33] 张公善.小说与生活:探索一种小说教育学[M].北京:北京大学出版社,2016.
[34] 钱东霞,曹畅.大学生心理健康素质拓展手册[M].北京:高等教育出版社,2018.